나는 이제 마음 편히 살기로 했다

精神科医が教える ストレスフリー超大全
― 人生のあらゆる「悩み・不安・疲れ」をなくすためのリスト
樺沢紫苑 著
ダイヤモンド社刊
2020

SEISHINKAI GA OSHIERU STRESS FREE CHO TAIZEN
by Shion Kabasawa
Original Japanese language edition published by Diamond, Inc., Tokyo.

✦ 매일 부지런히 행복해지는 멘탈 관리의 기술 55가지 ✦

나는 이제 마음 편히 살기로 했다

가바사와 시온 지음 | 조해선 옮김

북라이프
booklife

일러두기
- 본문의 인명, 지명 등은 국립국어원 외래어 표기법에 따랐습니다.
- 도서명은 우리나라에 출간되어 있을 경우 한국어판 제목으로 표시하였고, 미출간일 경우 우리말로 옮긴 후 원어를 병기하였습니다.

나는 이제 마음 편히 살기로 했다

1판 1쇄 발행　2021년 3월 30일
1판 6쇄 발행　2024년 1월 26일

지은이 | 가바사와 시온
옮긴이 | 조해선
발행인 | 홍영태
발행처 | 북라이프
등　록 | 제2011-000096호(2011년 3월 24일)
주　소 | 03991 서울시 마포구 월드컵북로6길 3 이노베이스빌딩 7층
전　화 | (02)338-9449
팩　스 | (02)338-6543
대표메일 | bb@businessbooks.co.kr
홈페이지 | http://www.businessbooks.co.kr
블로그 | http://blog.naver.com/booklife1
페이스북 | thebooklife
ISBN 979-11-91013-15-3　03190

스트레스에서 자유로운 사람이 되자

우선 질문이 있다.

> 스트레스는 아예 없애는 편이 좋다.
> '예스'일까 '노'일까?

아마 '예스'(Yes)를 고른 사람이 많을 것이다.

답은 '노'(No)다. 지금부터 이유를 설명하겠다.

결론부터 말하자면, 스트레스를 없앨 필요는 없다.

일반적으로 '스트레스는 없애는 편이 좋다'라고 생각하기 쉽지만 스트레스가 전혀 없는 것도 문제다.

이를테면 업무 관련으로 중요한 거래나 발표가 있다고 가정해 보자. 분명 긴장해서 상당한 심리적 부담을 느끼고 스트레스를 받을 것이다.

하지만 우리는 스트레스 덕분에 열심히 자료를 찾아보고 준비하고 수차례 연습한다. 그 결과 실력이 늘고 더욱 성장한다.

때로는 인간관계에서 스트레스를 받기도 한다. 하지만 이를 해소하기 위해 자신의 성격이나 태도를 되돌아보고 상대의 기분을 헤아린다. 조금이라도 더 나은 인간관계를 만들기 위해 애쓴다. 이러한 노력은 인간적인 성장으로 이어진다.

이와 같은 종류의 스트레스는 '좋은 스트레스'다.

왜냐하면 살아가는 데 꼭 필요한 자극을 주기 때문이다. 적당한 스트레스는 뇌 기능을 활성화하고 집중력을 강화하고 기억력을 높인다.

부담이 없는 간단한 일만 하면 실력이 늘지 않는다. 큰 스트레스를 받을 일은 없겠지만, 목표 달성 후의 성취감이나 성장의 기쁨을 느낄 기회도 없다. 불분명하고 만족스럽지 않은 나날이 이어진다.

즉 좋은 스트레스가 사라지면 성장 없이 제자리걸음만 하는 인생을 살게 된다.

사실 우리의 일상은 스트레스 요인으로 가득하다.

직장 내 인간관계를 비롯해 출퇴근이나 통학, 집안일과 육아까지, 무엇이 힘든지 이야기하기 시작하면 밤을 새워도 모자라다.

이러한 일에서 모두 벗어나 스트레스의 원인을 없애는 것은 불가능하다.

어느 정도의 스트레스는 있어도 괜찮다. 살아가는 데 필요한 자극을 주고 삶의 질을 높이기 때문이다. 하지만 반대로, 스트레스를 너

과도한 스트레스 상황에
지속적으로 노출되면 어떨까?
그것도 위험하다!

무 많이 쌓아 두면 몸이 망가지고 우울증을 비롯한 마음의 병에 걸린
다. 그러니 다음의 두 가지에 유념하자.

① 스트레스가 없는 상태에서 잔다.
② 스트레스와 피로를 다음 날까지 끌고 가지 않는다.

스트레스를 전부 없애는 것이 스트레스에서 자유로워지는 길은 아
니다.

낮에 정신없이 일하느라 스트레스가 쌓여
도 밤에 제대로 풀어 주면 된다. '스트레스
에서 자유로운 사람'이란 스트레스와 잘
지내는 방법을 터득해 스트레스를 쌓아 두
지 않는 사람을 말한다.

버티는 사람과 유연한 사람

연장 근무와 야근을 일삼는 블랙 기업에서 근무하다가 블피 및 일 반
에 우울증에 걸리는 사람이 있다.

한편 같은 직장에서 몇 년씩 일해도 아무 일 없이 지나가는 사람도

있다.

왜 이러한 차이가 생길까?

'회복 탄력성'(resilience)이라는 심리학 용어가 있다. '회복력'이나 '복원력'이라고도 부른다.

동일한 환경에서 같은 스트레스를 겪어도 사람마다 느끼는 방식이 다르다. 회복 탄력성이 높은 사람은 스트레스를 받아도 참고 견디다가 부러지기보다는 용수철처럼 유연하게 제자리로 돌아온다.

그러니 회복 탄력성을 '받아넘기는 힘'이라고 불러도 좋을 것이다. 나는 '마음의 유연성'이라는 표현을 즐겨 쓴다.

'마음이 꺾인다'라는 말이 있는데, 마음이 꺾이는 이유는 버티려 하기 때문이다. 스트레스를 유연하게 받아넘길 줄 아는 사람은 절대 꺾이지 않는다.

버티는 사람

더는 못 하겠어.

유연한 사람

이 정도쯤이야!

회복 탄력성이 높은 사람은 놀신해 오는 스트레스(쇼)를 먹아시지 않고 살짝 피합니다

내 임상 경험으로 미루어 보면 꼼꼼하고 성실한 사람일수록 우울증에 잘 걸린다. 이러한 성향의 사람은 스트레스 요인을 정면으로 받아 내려 하기 때문에 쉽게 불안을 느끼고 고민에 빠지며 부정적 감정을 해소하지 못하기 때문이다.

이때의 불안과 고민은 앞서 말한 '좋은 스트레스'가 아니라 '나쁜 스트레스'다.

스트레스에서 자유로운 사람이 되려면 나쁜 스트레스를 없애야 한다.

사람은 대부분 불안이나 고민에 맞닥뜨리면 원인을 제거하려고 한다. 원인이 제거되지 않으면 절망에 빠져 한층 더 몸과 마음의 에너지를 소모한다. 그런데 '스트레스의 원인'은 제거할 필요가 없다.

사고방식과 대처법만 살짝 달리해도
스트레스를 유연하게 받아넘길 수 있기 때문이다.

이 방법만 써도 불안과 고민은 사라진다.

이제 이 책이 나설 차례다.

이 책에서는 우리를 나쁜 스트레스에 시달리게 하는 인간관계, 사생활, 직장 생활, 몸 건강, 마음 건강이라는 다섯 가지 주제와 관련한 '과학적 근거'(Fact)와 '지금 당장 할 수 있는 일'(To Do)을 명

확하게 제시한다. 사실(Fact)을 파악하고 할 일(To Do)을 알면 고민의 90퍼센트는 해결할 수 있다. 이제부터 실천하기만 하면 되기 때문이다.

건강한 몸과 마음을 위한 안내서의 결정판

비슷한 주제의 책들은 대부분 '스트레스에서 벗어나라', '스트레스 따위는 신경 쓰지 마라'와 같이 정신론만 늘어놓는다. 하지만 그런 조언은 남의 일처럼 들려서 현실적으로 도움이 되지 않는다.

나는 이 책에서 정신과 의사로서 경험한 일을 바탕으로 현실적이면서도 효과적인 노하우만을 소개해 두었다.

그동안 나는《아웃풋 트레이닝》,《하루 5분, 뇌력 낭비 없애는 루틴》을 비롯해 많은 책을 세상에 내놓았다. 그리고 어느 책에서든 '몸과 마음의 병을 줄이고 스스로 목숨을 끊는 사람이 없는 세상을 만들고 싶다'라는 이야기로 끝을 맺었다.

그래서 매일 뉴스레터를 발행하고 유튜브 '가바 채널'에 '병에 걸리지 않는 방법'이나 '마음의 병을 예방하는 방법' 같은 정보를 꾸준히 올린다.

이 책은 직장이나 일상에서 인간관계로 생기는 불안과 고민을 해소하고 건강한 몸과 마음을 갖추도록 돕는 안내서의 결정판이다. 그동안 집필 활동과 다양한 채널을 통해 제공하던 정보를 집대성해 한 권에 담았나.

2020년 현재 이 책을 집필하던 중, 신종 코로나바이러스의 영향으로 외출을 제한하거나 자제하면서 다양한 환경 변화에 적응해야 하는 부득이한 상황이 벌어졌다.

'애프터(after) 코로나', '위드(with) 코로나' 시대에는 평범한 일상에서도 불안과 스트레스를 많이 느낄 수밖에 없으며 이러한 상황은 앞으로도 계속될 것이다. 따라서 불안과 스트레스에 대처하는 방법을 반드시 익혀 두어야 한다.

불안, 고민, 스트레스에 휘둘리지 않고 살아가는 방법을 터득하자. 그러면 아무리 시대가 변해도 우리의 인생은 분명 밝을 것이며 무언가를 이뤄 내고 성장하는 행복한 나날이 계속될 것이다.

이전과 다르게 살고 싶다면 바로 지금이 기회다!

이 책을 읽으면서 불안과 고민에 대처하는 방법을 하나라도 더 많이 익히자. 그리고 '행동'하자. 착실하게 실행에 옮긴다면 인생은 분명 달라진다.

우선 머리말에서 제안하는 다섯 가지 방법을 실천해 보자. 그러고 나서 제1장에서 제5장 사이의 내용 중 관심이 가는 항목을 골라 읽자.

마지막으로 맺음말까지 마스터하면 스트레스에서 완전히 자유로운 사람이 된다.

이 책이 여러분 인생의 전환점이 된다면 저자로서 더없이 기쁠 것이다.

차례

머리말

모든 고민의 바탕이 되는 해결법
스트레스 공략을 위한 기본 전략

제1장

남이 아닌 나를 바꾸자
인간관계

제2장

가족과 친구를 삶의 활력으로 삼자
사생활

제3장 천직을 목표로 억지로 하는 일에서 벗어나라
직장 생활

제5장

마음을 가다듬고 새로운 자신으로 업데이트하라 마음 건강

특징 1 ▶ 누구나 고민하는 문제의 90퍼센트를 해결한다

나는 유튜브 채널에서 사람들에게 질문을 받는다. 매일 수십 건이 접수되는데 질문의 90퍼센트는 예전에 받은 것과 똑같다. 이미 답변한 적이 있는 질문이다. 하지만 고민의 소용돌이 안에 잠겨 있거나 구렁텅이에 빠진 사람은 차분하게 알아볼 여유가 없기 때문에 누군가 했던 질문을 다시 한다.

검색하면 바로 대처법을 알 수 있는 문제 때문에 고민하고 괴로워하며 때로는 마음이 병든다. 참으로 안타까운 일이 아닐 수 없다.

고민 자체를 없애는 것은 불가능할지도 모른다. 하지만 적어도 대처법은 제시할 수 있다. 그것을 실천할지 말지는 여러분에게 달렸다. 본문에 적힌 실천법을 따르면 고민은 반드시 줄어들 것이며 해결도 가능하다.

이 책에서는 나에게 접수된 대표적인 고민을 다루었다. 이는 누구에게나 해당하는 '공통의 고민'이므로 책을 읽고 실천한다면 고민의 90퍼센트는 해결할 수 있을 것이다.

특징 2 ▶ To Do를 집중적으로 다루었다

이 책을 집필하기에 앞서 '고민'이니 '삶의 방식'을 다룬 심리학, 사회학, 철학, 종교에 관한 서적을 100권 이상 다시 읽었다. 세상 사람들이 고민하는 대부분의 문제와 어떻게 살아야 하는지에 대한 답은 책 속에 이미 나와 있다.

하지만 '우선 무엇을 해야 할까?', '지금 당장 무엇부터 시작하면 좋을까?'에 대한 답은 가르쳐 주지 않는다. 고민 해결의 '방향성'은 제시되어 있지만 '무엇을 해야 하는지'(To Do)는 알기 어렵다. 그래서는 의미가 없다.

마음의 평온은 얻었어도 지금 당장 해야 할 일이 무엇인지 모르면 움직일 수 없다. '행동 정지' 상태에 머무르면 현실은 바뀌지 않는다.

그래서 이 책에서는 모든 항목에 To Do를 제안하고 집중적으로 다루었다.

특징 3 실제로 효과 있는 대처법과 도움이 되는 콘텐츠를 제시한다

내 유튜브 채널에는 고민 해결을 다룬 영상이 2500편 이상 올라와 있다. 사람들은 댓글을 달고 '좋아요'와 '싫어요' 버튼을 눌러 도움이 되었는지를 평가한다.

영상 아래에는 '실천하고 바로 효과를 봤어요!'와 같은 고마운 댓글이 많이 남겨져 있다. 그것을 참고로 '실제로 효과를 거둔 조언', '실천하면 확실하게 효과가 나는 대처법'만을 모았다. 다시 말해 실효성이 있었는지를 중시했다.

과학적 근거에만 집중한 책은 유감스럽게도 '어디에서 들어 본 듯한 뻔하고 막연한 조언'만을 다룬 경우가 많다. 그래서 나는 경험에 근거한 생생하고 현실적인 대처법만을 제시하기로 마음먹었다.

이해하기 쉽도록 간결하게 썼기 때문에 '더 깊이 알고 싶다'라거나 '전문적으로 배우고 싶다'라고 느끼는 사람도 있을 것이다. 그런 사람들을 위해 책이나 영화 같은 도움이 될 만한 작품을 말미에 소개해 두었다.

초심자 대상부터 전문가 수준의 콘텐츠까지 다양하게 다루었으며 난이도를 파악할 수 있도록 '★'(초급), '★★'(중급), '★★★'(상급)을 표시해 두었다. 꼭 참고하기 바란다.

스트레스에서 벗어나는 길

○○에 의한 피로를 해소하자

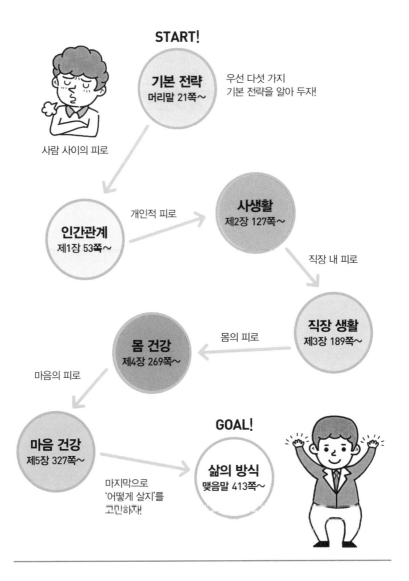

START!

기본 전략
머리말 21쪽~

우선 다섯 가지
기본 전략을 알아 두자!

사람 사이의 피로

개인적 피로

인간관계
제1장 53쪽~

사생활
제2장 127쪽~

직장 내 피로

직장 생활
제3장 189쪽~

몸의 피로

몸 건강
제4장 269쪽~

마음의 피로

마음 건강
제5장 327쪽~

GOAL!

마지막으로
'어떻게 살지'를
고민하자!

삶의 방식
맺음말 413쪽~

모든 고민의 바탕이 되는 해결법

스트레스 공략을 위한 기본 전략

01 불안은 행동하면 사라진다

키워드 ▶ 노르아드레날린, 행동

──────── 많은 사람이 '다음 주에 있을 발표 때문에 불안하다', '잠자리에 누우면 불안감이 엄습해 온다', '미래가 불안하다' 같은 고민에 시달린다. 한 조사에 따르면 '최근 불안을 느끼는 사람'이 70퍼센트 이상에 달한다고 한다. 그러니 우선 불안에 대처하는 방법부터 설명하겠다.

Fact 1 ▶ 왜 불안해질까?

어떤 이유로 고민하거나 괴로워할 때면 반드시 '불안'이 따라붙는다. 심각하게 고민하는 상황에서 불안을 느끼지 않는 경우는 아마 없을 것이다. 불안의 반대는 안심이므로, 스스로를 안심시키면 고민은 해결된다. 뇌 과학적으로 불안의 본실이 무엇인지 알면 대처법은 명확해진다.

뇌 과학적인 관점에서 보면 불안은 노르아드레날린이 분비되는 상태다. 인간이 긴장, 불안, 공포의 감정을 느낄 때 뇌에서는 신경 전달 물질인 노르아드레날린이 분비된다.

노르아드레날린은 '싸움 또는 도주의 물질'로 불린다. 원시인이 맹수와 맞닥뜨린 장면을 상상해 보자. 맹수는 이미 인간의 존재를 알아차리고 공격 태세를 취하고 있다. 인간은 싸우든가 달아나든가 둘 중 하나를 선택해야 한다. 넋 놓고 가만히 서 있다가는 죽음을 면치 못할 것이다.

싸울까 달아날까. 노르아드레날린이 분비되면 뇌가 예민해져서 집중력이 올라가고 앞으로 어떻게 하면 좋을지 순간적으로 판단할 수 있게 된다.

또한 노르아드레날린과 함께 아드레날린이 분비되면서 심장 박동이 빨라지고 온몸에 혈액이 빠르게 돌아 안절부절못하는 상태에 빠진다. 온 힘을 다해 달아날까, 아니면 맹렬하게 싸워서 쓰러뜨릴까. 노르아드레날린이 일으키는 불안과 공포가 위기에서 벗어나는 에너지로 작용한다.

즉 위기의 순간에 '재빨리 움직여!'라며 맹렬한 기세로 우리를 다그치는 물질이 노르아드레날린이다.

Fact 2 ▶ 불안은 가만히 있으면 커지고 움직이며 작아진다

불안은 위태롭거나 난처할 때 찾아온다. 그리고 우리에게 '빨리 몸을 움직여서 벗어나!'라고 소리친다. 그것이 불안의 생물학적 존재 이유

다. 따라서 아무것도 하지 않고 방치할수록 불안은 더욱 강해진다.

이불 안으로 들어가 '어떡하지, 어쩌면 좋지' 하고 고민할수록 불안은 커진다. 많은 사람이 고민을 안고 불안해졌을 때 저지르는 실수는 '어떡하지, 어쩌면 좋지' 하고 같은 생각을 반복하는 것이다. 하지만 행동하지 않으면 아무리 열심히 고민해도 문제는 절대 해결되지 않는다.

불안을 없애는 방법은 간단하다. '행동'하면 된다.

순식간에 불안이 전부 사라지지는 않겠지만 몸을 움직이면 불안은 반드시 가벼워진다. '아무것도 하지 않으면' 불안은 계속 커지므로 '뭐든 하기만 하면' 기분을 바꿀 수 있다.

> 인간의 가장 근원적 감정은 공포와 불안이다.
>
> – 토머스 홉스(영국의 철학자)

불안의 근원인 노르아드레날린은 행동을 위한 에너지, 즉 '행동의 휘발유'다. 우리를 고통에서 구해 줄 에너지가 바로 '불안'인 셈이다. 불안이라는 에너지를 태워 몸을 움직이자. 불안은 태울수록 줄어들고 마음은 그만큼 편안해진다.

Fact 3 ▶ 행동하면 현실이 달라진다

세상에는 '인풋 세계'에 사는 사람과 '아웃풋 세계'에 사는 사람이 있다. 정보나 지식을 아무리 열심히 받아들여도 그저 뇌 안의 데이터만 늘어날 뿐이다. 바깥 세계, 즉 현실에 전혀 영향을 미치지 못한다. 실질적인 변화도 일어나지 않고 자기 성장도 이룰 수 없다.

고민을 해결할 때도 마찬가지다. 인터넷이나 책에서 대처법을 알아보면 약간의 아이디어는 얻을 수 있겠지만, 소리 내어 말하거나 글로 쓰거나 몸을 움직이지 않는다면 현실은 전혀 변하지 않고 상황도 나아지지 않는다.

'인풋 세계'에서 살아가는 한, 불안은 계속되고 고민이나 문제도 해결되지 않는다. 소리 내어 말하고 누군가와 의논하고 글로 써내자. 작은 행동을 하나씩 실천해야 불안이나 고민이 해소된다. 앞으로 어떻게 살고 어느 방향으로 나아가야 할지도 보이기 시작한다.

To Do 1 ▶ 세 가지를 실천하자

막연히 '행동하라'고 하면 조금 어렵게 느낄 수 있으므로 이 책에서는 '확실하게 행동할 수 있는 대처법'(To Do)을 제안하겠다.

예를 들어 매일 오전 11시까지 자는 환자에게 "아침 일찍 일어나세요"라고 말하면 그 즉시 "못 해요"라는 대답이 날아온다. 하지만 "평소보다 15분만 일찍 일어나 보지 않으시래요?"라고 제안하면 그들은 "할 수 있을 것 같아요"라고 말한다.

모든 행동은 세분화할 수 있다. 행동의 문턱을 낮추면 할 수 있는 일이 뭐든 하나는 생기게 마련이다.

그림 ▶ 행동의 문턱을 낮추자

| 아침 일찍
일어난다 | → | 평소보다
한 시간만
일찍 일어난다 | → | 평소보다
15분만
일찍 일어난다 |

우리가 하는 고민의 대부분은 대인 관계, 소통, 사회생활에 관한 문제다. 타인과 얽히는 가운데 생기는 문제를 가만히 방 안에 틀어박혀 고민해 봤자 해결될 리가 없다.

고민은 행동하면서 해결해야 한다. '인풋 세계'에서 정보만 모으고 있으면 끙끙거려 봤자 절대 아무것도 변하지 않는다. 그러니 일단 움직이자. 이 책에서는 실천 방식을 크게 다음의 세 가지로 나누었다.

(1) 말하기

친한 사람이나 전문가에게 상담하는 것도 말하기에 해당한다. '바보야!'라고 크게 외치면 속이 후련해져서 스트레스가 풀린다. 친구와 수다를 떠는 것도 좋은 방법이다. 잡담을 하면서 더 돈독한 관계를 만들 수도 있다. 적절한 질문을 던지면 문제가 신속하게 해결되기도 한다

(2) 쓰기

쓰기는 한층 강력한 아웃풋 행동이다. 고민을 글로 적기만 해도 스트레스가 풀린다. 문장으로 남기면 머릿속이 정리되어 고민이 명확해진다는 장점도 있다. 매일 일기를 쓰면 스스로를 통찰하는 힘이 길러진다.

글로 적으면 머릿속이 정리되어 자신을 더 깊이 이해하게 되므로 그릇된 생각이나 부적절한 감정이 보이고 어떻게 고치면 좋을지 깨달음을 얻을 수 있다. 앞으로 쓰기에 관한 다양한 방법을 소개하겠다.

(3) 움직이기

만일 강한 불안감이 도저히 가라앉지 않는다면 지금 당장 밖으로 나가서 100미터를 전력 질주하자. 마음이 꽤 개운해질 것이다.

불안은 '뭐라도 해!'라고 부추기는 에너지이므로 온 힘을 다해 무언가를 하면 줄어들거나 사라진다. 가장 좋은 방법은 운동이다.

운동을 하면 세로토닌이 활성화되어 노르아드레날린이 정상화된다. 머릿속이 진정되고 마음이 편안해져 부정적인 감정이 가라앉는다. 자세한 내용은 뒤에서 다루겠다.

마음이 불안하다면 우선 '행동'하자.

혼자 힘으로 해결하는 방법

키워드 ▶ To Do, 피드백

─────── 무언가를 고민하는 것은 흔한 일이다. 사람들은 대부분 고민을 안고 산다.

그렇지만 고민을 해결하고 스트레스가 줄어들면 인생이 더 편해지는 것만은 분명하다. 지금부터 고민 해결의 가장 기본적인 과정을 소개하겠다.

Fact 1 ▶ 고민이란 무엇일까?

애초에 '고민'이란 무엇일까? 어떤 문제 때문에 괴로움을 느끼고 골머리를 앓고 있는 상태를 말한다. 괴로움이 사라지고 이런저런 생각에서 벗어나면 고민이 해결된 상태라고 봐도 좋다.

나에게 오는 고민 상담 메일을 분석해 보면 대부분 비슷한 형식을 띠고 있다.

"어떻게 하면 상사와 원만하게 지낼 수 있을지 고민입니다. 방법이 있을까요?"

"우울증 때문에 3년 동안 치료받았는데 전혀 나아지질 않습니다. 어떻게 하면 좋을까요?"

"아침에 일어나기가 너무 힘듭니다. 뭔가 좋은 방법이 없을까요?"

즉 공통적으로 '어떻게 하면 좋을까?'에 해당하는 대처법, 해결법을 알고 싶어 한다.

해결할 방법을 모르겠는데 상황도 나아질 기미가 보이지 않기 때문에 불안하고 걱정되고 기분이 가라앉고 괴로움을 느낀다. 이것이 고민하는 상태다.

그러면 어떻게 해야 고민을 해결할 수 있을까?

고민을 해결하는 절차는 간단하다. 대처법과 해결법을 알아내서 (Know) 실행에 옮긴다(Do). 이게 전부다.

그림 ▶ 고민 해결 과정

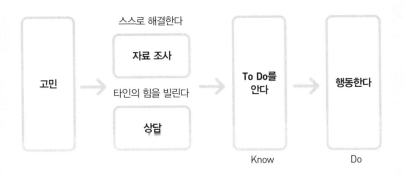

대처법을 알려면 스스로 자료를 찾아보거나 다른 사람에게 상담해야 한다.

짙은 안개 속을 걷다 보면 목적지에 도달할 수 있을지 불안해진다. 나아갈 길이 불투명하기 때문에 '앞으로 어떻게 될까', '어떻게 하면 좋을까'라는 걱정이 앞선다.

그러다 안개가 걷히고 저 멀리 목적지가 보이기 시작하면 어떠한가? 목적지까지 그저 걸을 뿐이다. '이렇게 하면 해결된다'와 같은 명확한 대처법이 보이면 눈앞이 맑게 갠다. 목적지가 도달할 수 있는 장소로 보이기 시작한다.

고민의 해결법을 아는(Know) 데 걸리는 시간은 하루면 충분하다. 며칠, 몇 달, 몇 년씩이나 고민을 이어 갈 필요는 없다.

To Do 1 고민을 To Do로 전환하자

고민은 정해진 절차와 방법을 따르면 해결할 수 있다. 다시 말해 정해진 절차를 밟으면 누구나 고민을 없앨 수 있다. 고민을 없애는 4단계 방법은 다음과 같다.

(1) 고민을 글로 쓴다

먼저 자신의 고민을 종이에 최대한 자세히 쓴다.

'상사와 사이 나쁨', '상사에게 자주 혼나서 분위기가 험악함', '업무 관련 실수가 잦음'과 같은 식으로 하나하나 써도 좋다. 어하튼 되도록 많이 쓰자. 자세히 쓸수록 고민을 단기간에 해결할 수 있다.

이어서 각 항목을 조합해 글을 쓴다. 문장을 만들 때는 다른 사람에게 상담하는 상황을 가정하면 좋다.

> (예) 과장님과 사이가 나빠서 고민입니다. 과장님은 사소한 실수에도 지나치게 반응해요. 왜 그렇게 일일이 화내는지 모르겠어요. 하루에 한 번은 혼납니다. 그래서 주눅도 들고요. 솔직히 출근하기 싫습니다. 어떻게 하면 좋을까요?

이런 식으로 고민을 글로 정리해 보자. 글을 읽으면 자신의 상황과 심리 상태를 냉정하게 볼 수 있다. 이처럼 고민을 문장 형태로 끄집어내는 아웃풋 과정을 거치면 자신을 객관적으로 바라보고 깊이 통찰하는 힘이 길러진다.

고민에 휩싸이면 '괴롭다', '힘들다', '죽을 맛이다' 같은 부정적 감정에 지배되어 사고가 멈춘다. 그리하여 자신이 무엇 때문에 고민하는지 원인을 파악하지 못한다. 그럴 때 고민을 글로 쓰면 자신을 객관적인 눈으로 바라볼 수 있다.

⑵ 대처법을 알아본다

무엇 때문에 고민하는지 파악했다면 이제 대처법을 찾자. 이 책에서는 오래전부터 누구나 한 번쯤 해 봤은 뻔한 고민을 소개한다. 그러니 우선 자신에게 해당하는 항목을 찾아서 읽어 보자. 그런 다음 가능하면 추가로 소개해 둔 관련 서적을 읽기 바란다.

이 책을 읽을 때는 할 수 있는 일(To Do) 세 가지를 찾는 것이 중요하다. 실제로 할 수 있을 것 같은 'To Do'를 찾아서 노트나 수첩에 적자.

대처법이 궁금할 때 인터넷부터 찾아보는 사람이 많을 듯한데 인터넷 정보는 깊이가 얕고 간추린 내용이 대부분이며 신뢰성도 낮다. 근거 없이 떠도는 잘못된 정보도 많다. 그러니 반드시 책을 활용하기 바란다.

(3) 일단 해 본다

어떻게 대처해야 할지 방법을 알았다면 일단 시도해 보자. 적어도 1~2주 동안은 꾸준히 실천하자.

'안 되겠어요', '꾸준히 못 하겠어요'라고 답하는 사람은 '세 가지 To Do'를 잘못 쓴 것이다. 앞서 말했듯이 쉽게 실행에 옮길 수 있도록 세분화해서 행동의 문턱을 낮춰야 한다. 이 정도면 할 만하다 싶은 To Do로 고친 다음 재도전하자. '하고 있다', '움직이고 있다', '실천하고 있다'와 같이 무언가를 한다는 사실을 인식하는 것이 뇌 과학적으로 중요하다.

(4) 평가한다

1~2주가 지났다면 '세 가지 To Do'를 얼마나 했는지 평가하는 피드백 과정을 거친다.

평가 순서 1. 잘되지 않는 이유를 세 가지 쓴다.

평가 순서 2. 잘하고 있는 점을 세 가지 쓴다.

평가 순서 3. 다음에 실천할 To Do를 세 가지 쓴다.

물론 세 가지 이상 나열할 수 있는 사람은 더 많이 써도 된다. 많이 쓸수록 좋지만 적어도 세 가지는 써야 한다. 반드시 부정적인 항목을 먼저 적고 긍정적인 항목을 뒤에 적자. 그래야 다 쓰고 나서 긍정적인 기분을 느낄 수 있다.

'다음에 실천할 To Do'가 그다음 주 목표다.

일주일 동안 목표를 실천해 보고 일주일 뒤에 다시 평가(피드백)한다. 이 과정을 반복한다. 2~3주 동안 실천하면 상당한 효과를 볼 수 있을 것이다.

'고민'을 전부 'To Do'로 전환하는 습관을 들이자. 이 방법만 터득해도 '고민에 시달리는 자신'은 머지않아 사라질 것이다.

다른 사람의 힘을 빌려서 해결하는 방법

키워드 ▶ 상담, 기분 전환 효과

─────── 앞에서 혼자 힘으로 고민을 해결하는 방법을 이야기했다. 하지만 혼자서 해결할 수 없는 문제도 많다. 그럴 때는 다른 사람의 힘을 빌려야 한다. 그 방법 중 하나가 '상담하기'다.

한 조사에 따르면 '업무와 관련한 고민이 있는가?'라는 질문에 '그렇다'라고 답한 사람이 64퍼센트였으며 그중 53퍼센트가 '남에게 고민을 털어놓지 못하겠다' 혹은 '털어놓지 않는다'라고 답했다.

자살하고 싶었던 적이 있다고 답한 사람을 대상으로 '자살을 생각했을 때 누군가에게 상담했는가?'라고 질문하자 60.4퍼센트가 '상담한 적이 없다'라고 답했다. 다시 말해 약 3분의 2에 해당하는 사람이 죽을까 살까 하는 매우 중대한 문제를 아무에게도 털어놓지 못하고 혼자서 고민한다는 얘기다. 혹시라도 지금 그런 상황이라면 스스로 변화해야 한다.

고민을 털어놓으면 상대에게 걱정을 끼친다고 생각하는 사회에서는 상담하는 문화가 자리 잡지 못한다. 사람들은 남에게 폐를 끼치고 싶지 않다는 마음에 대부분 혼자서 고민을 끌어안는다.

아이들이 학교에서 괴롭힘을 당할 때 부모나 교사에게 털어놓지 않는 이유도 그 때문이다. 미국에서는 초등학교 시절부터 전문 상담사가 정기적으로 모든 학생과 대면 상담을 시도하는 방식으로 상담의 문턱을 낮춘다. 이렇게 어릴 때부터 상담에 익숙해지면 어른이 되어서도 남에게 고민을 털어놓을 수 있게 된다.

Fact 2 ▶ 상담해 봤자 의미가 없다?

고민을 아무에게도 털어놓지 않는다는 환자에게 "어째서 고민 상담을 하지 않았나요?"라고 물으면 "남에게 말한다고 해결될 문제가 아니라서 상담해 봤자 의미가 없습니다"라고 답하는 사람이 많다.

고부 갈등은 이혼하지 않는 한, 상사와의 트러블은 회사를 그만두지 않는 한 해결되지 않는 문제일 수도 있다. 하지만 고민이나 불안의 원인을 완전히 없애지는 못하더라도 사고방식을 바꾸면 '불안, 고통, 괴로움' 같은 감정은 없앨 수 있다.

음울한 표정으로 정신과 진료실을 찾아왔다가 단 30분의 상담만으로 마음이 편안해졌다며 우는 억굴구 돈이기는 시림이 많나. 원인을 세서해야만 문제가 해결되는 것은 아니다. 불안이나 스트레스를 없애는 것도 문제 해결의 실마리가 될 수 있다.

아래에 상담의 긍정적 효과를 표로 정리했다.

표 ▶ 상담의 긍정적 효과

1. 기분 전환
스트레스가 풀린다. 마음이 개운해진다.

2. 불안 감소
언어 정보는 불안을 감지하는 편도체의 흥분을 억제한다.

3. 고민 정리
조리 있게 이야기하다 보면 생각이 정리된다.

4. 언어화
모호했던 부분이 명확해져 현재 상태와 원인을 파악하고 진단을 내리는 데 도움이 된다.

5. 해결책 발견
고민이 정리되어 어떻게 대처해야 하는지 스스로 깨닫는다.

6. 전문가의 조언
전문가에게 해결법을 배울 수 있다.

많은 사람이 상담을 '전문가의 조언을 받아 문제 해결을 꾀하는 일'로 여긴다. 이는 상담으로 얻을 수 있는 긍정적 효과의 일부일 뿐이다. 단 한 번, 30분 정도의 상담만으로도 불안이나 스트레스를 잠재울 수 있다. 상담 자체에 기분 전환 효과가 있기 때문이다.

앞서 이야기한 고민을 없애는 4단계 방법을 활용해서 스스로 고민과 불안에 대처해 보고 그래도 나아지지 않는다면 다른 사람에게 상담하자.

왜 남에게 상담하지 않느냐고 물으면 '상담할 상대가 없다'라고 답하는 사람이 많다. 그런데 말만 그렇지 사실 배우자나 친한 친구 정도는 있다. 상담할 상대가 없다기보다는 '상담하기 꺼려진다'라거나 '상담이 창피하다'라고 스스로 벽을 치는 경우가 대부분이다. 주변에 자신을 걱정하고 신경 써 주는 사람은 반드시 있게 마련이다. 그런 이들에게 마음을 털어놓으면 따뜻하게 받아 줄 것이다.

우선 '이 사람에게라면 마음을 털어놓을 수 있다'라고 생각되는 사람을 한 명 정해 두자. 친구는 절친한 한 명이면 충분하다. 정말 힘들 때 상담할 만한 인물이 전혀 없다면 친구가 열 명이나 있어도 아무 의미가 없다.

배우자나 연인과 평소에 사소한 문제를 가볍게 털어놓을 수 있는 분위기를 만들어 두는 것도 중요하다. 일상의 사소한 문제조차 상담할 수 없는 상대에게 그보다 중요한 문제를 상담할 수 있을 리 없다.

요즘은 퇴사하기 전에 상사와 면담하지 않고 예고 없이 사표를 제출하는 사람이 많다고 한다. '퇴사'에 관한 한 조사에 따르면 퇴사하겠다는 의사를 전달했을 때 회사가 만류했다고 답한 사람이 53.7퍼센트나 되었다. 미리 상의했다면 회사 측에서 「 인가를 상보아서나 처우를 개선해 주었을지도 모른다.

상의해 보지도 않고 갑자기 중대한 결정을 내리는 것은 참으로 아

까운 일이다. 상사를 신뢰하지 못하는 경우도 있겠지만 부하 직원의
상담을 받아 주는 것은 상사의 임무다. 상사나 회사 측도 직원의 이
야기를 듣고 비로소 문제를 깨닫는 경우가 많다. 상담하기 불편한 상
대라고 해도 용기를 내어 과감하게 말을 꺼내면 새로운 가능성이 열
린다.

> 상담하는 용기를 갖자.
>
> – 오노 유타카(정신과 의사이자 일본 인지 행동 치료의 선구자)

To Do 3 ▶ 상담 창구를 활용하자

상담할 만한 가족이나 친구가 아무도 없는 사람에게도 방법은 있다.
지방 자치 단체에서 운영하는 고민 상담 창구를 활용하자. 지자체의
상담 창구에서는 건강, 법률, 경제, 간병 등에 관한 각종 상담 서비스
를 무료로 제공한다.

하지만 많은 사람이 고민 상담 창구가 운영된다는 사실 자체를 모
른다. 이용자 수도 매우 적다고 한다. 구체적인 정보는 지자체 홈페
이지나 홍보지에 적혀 있으므로 찾아보면 금방 나온다. 그래도 잘 모
르겠다면 지자체에 직접 전화해서 물어보자.

예를 들어 '이런 증상으로 병원에 가도 될까?' 같은 고민은 시사체
건강 상담 센터에 문의해서 해결할 수 있다.

내 환자 중에 빚 때문에 자살까지 생각했다가 지자체의 경제 상담 창구에서 단 한 차례 상담을 받고 문제를 말끔하게 해결한 사람이 있다. 전문가와 대화를 나누면 설명을 듣는 것만으로도 마음이 놓이고 상황을 받아들이게 되는 경우가 많다.

익명으로 전화 상담이 가능한 창구도 있다. 상대에게 이름과 얼굴을 알리고 싶지 않다면 우선 전화로 상담하자.

혼자 해결하기 어려운 문제가 있을 때는 누군가의 손을 빌려도 괜찮다. 힘겨워하는 이에게 손을 내밀어 주고 싶어 하는 사람이 많다는 사실을 알아차리자.

길을 잃고 헤맬 때도 가만히 있으면 아무도 말을 걸어 주지 않는다. 하지만 누군가에게 "길을 잃었어요"라고 먼저 말을 건네면 아주 자세히 알려 준다. 인간은 누군가가 자신에게 의지한다는 사실에 기쁨을 느끼는 동물이다. 남을 도울 때 지식과 경험을 활용하면 인정 욕구가 채워지기 때문이다.

그러니 이제 상담할 만한 사람이 없다는 말은 그만하자. 자존심을 내세우지 말고 남에게 상담해야 한다. 그러면 문은 반드시 열린다.

벽에 부딪힌 상태에서 벗어나지 못하면 남에게 더 큰 불편을 끼칠지도 모른다. 스트레스에서 자유로워지고 싶다면 부담을 내려놓고 가벼운 마음으로 상담하자.

04 생활 습관을 바로잡아 건강하게 살자

키워드 ▶ 질 높은 수면, 유산소 운동, 건강에 이로운 식단

앞에서 불안과 고민에 대처하는 방법을 소개했다. 그렇다면 이제는 몸과 마음이 망가지지 않도록 생활 습관을 바로잡아 질병을 예방하려면 어떻게 해야 하는지 알아보자.

Fact 1 우울증이 오기 전에

우리는 우울증 환자가 100만 명을 넘긴 시대에 살고 있다. 우울증으로 병원에 다니는 사람이 100만 명이란 소리다. 가벼운 우울감, 우울증 전조 증상, 가면 우울증에 시달리는 우울증 예비군의 수는 그 몇 배에 달할 것이다.

가장 좋은 우울증 예방법을 한마디로 말하자면 '규칙적인 생활'이다. 이보다 더 효과적인 방법은 없다. 수면 부족, 운동 부족, 흐트러진 식습관은 모두 규칙적인 생활에서 벗어난 것이다.

생활이 불규칙하면 자율 신경이 흐트러진다. 낮에는 교감 신경이 우위에 놓여야 활발하게 움직일 수 있고 밤에는 부교감 신경이 우위를 차지해야 긴장이 풀려서 푹 잘 수 있다. 자율 신경의 전환이 원활하지 않으면 몸에 여러 가지 문제가 생긴다. 규칙적인 생활의 기본은 매일 똑같은 시간에 자고 일어나는 것이다. 우선 이 점을 명확하게 인지해 두자.

To Do 1 ▶ **규칙적인 습관**

질병을 예방하는 방법은 다양하지만 특히 수면, 운동, 식사 관련 습관을 바로잡아야 큰 효과를 볼 수 있다.

(1) 수면

"매일 일곱 시간씩 깊이 자는데도 우울증이 왔습니다"라고 말하는 환자는 단 한 번도 본 적이 없다. 거의 모든 우울증 환자가 '깊이 잠들지 못한다', '잠을 설친다'라며 수면 장애를 호소한다. 이러한 증상은 대부분 우울증에 선행해서 나타난다. '수면 장애를 앓는 사람 다섯 명 중 한 명은 우울증 환자다'라는 연구 결과도 있다.

1년 이상 만성 불면에 시달리는 사람과 깊이 잘 자는 사람을 1년 동안 추적 조사한 결과, 전자의 경우 우울증 발병률이 40배나 높게 나타났다. 이처럼 우울증과 수면 장애는 매우 밀접한 관련이 있다.

스트레스가 극심한 날이라도 잠을 충분히 자면 스트레스가 줄거나 사라진다. 반대로 푹 자지 못하면 스트레스가 풀리지 않아 몸과 마음에 피로가 쌓인다.

할 일이 많으면 수면 시간이 줄어들게 마련이지만 바쁠수록 잘 자야 한다. 적어도 여섯 시간은 잘 수 있도록 수면 시간을 확보하자. (수면에 관한 자세한 내용은 270쪽 참고)

(2) 운동

"일주일에 이틀씩 헬스장에서 운동하는데 우울증에 걸렸습니다"라고 말하는 환자도 만난 적이 없다. 최근 우울증 치료로 운동 요법이 주목받는다. 일주일에 150분 이상 유산소 운동을 하면 약물 치료를 받을 때와 비슷하거나 더 강력한 효과를 볼 수 있다. 꾸준히 운동하면 당연히 우울증을 예방하는 데도 도움이 된다.

오스트리아의 한 연구에 따르면, 운동을 전혀 하지 않는 사람은 일주일에 한두 시간씩 운동하는 사람보다 우울증에 걸릴 위험이 44퍼센트나 높다. 운동하지 않는 사람은 정기적으로 운동하는 사람에 비해 1년 뒤 우울증에 걸릴 위험이 1.8배 높다는 연구 결과도 있다.

또 하버드 대학교의 연구에서는 신체 활동이 많거나 운동을 즐기는 사람은 우울증에 걸리는 비율이 20~30퍼센트나 낮은 것으로 나타났다.

구체적으로는 달리기나 수영 같은 유산소 운동뿐 아니라 산책이나 요가 같은 가벼운 운동도 기분을 개선하는 데 효과적이다. 유산소 운동이 우울증 예방과 치료에 효과적이라는 사실은 널리 알려져 있는데, 최근에는 근력 운동도 우울증을 개선한다는 연구 보고가 잇따른다.

운동을 하면 세로토닌의 분비가 활발해지고 수면의 질이 개선되며 스트레스 호르몬이 낮아지고 뇌 유래 신경 영양 인자(BDNF, 단백질의 일종으로 뇌신경의 성장과 회복을 돕는 물질 — 편집자)가 분비된다. 이처럼 운동에는 장점이 많다.

바쁜 평일에는 운동할 여유를 내기 힘드니 우선 휴일에 한 시간씩 운동하는 습관을 들이자. (운동에 관한 자세한 내용은 285쪽 참고)

⑶ 식습관

최근에 음식으로 우울증을 예방하거나 개선할 수 있다는 연구 결과가 잇따르면서 우울과 식사의 관계에 대한 관심이 높아지고 있다.

'아침은 거르는 편이 좋다'라거나 '하루에 한두 끼만 먹어야 건강에 좋다'와 같은 다양한 건강법이 나와 있는데, 정신 질환 예방 관점에서 말하자면 하루 세 끼를 균형 있게 잘 먹는 것이 중요하다.

일본 국립 정신·신경 의료 연구 센터에 따르면 우울증을 앓는 사람 중 아침을 거의 매일 먹는 사람의 비율은 가끔 먹는 사람의 0.65배로 낮게 나타났다. 반대로 간식이나 야식을 거의 매일 먹는 사람은 가끔 먹는 사람에 비해 1.43배나 높았다.

꼭꼭 씹어 먹는 것도 매우 중요하다. 음식을 10~15분 동안 씹으면 세로토닌이 활성화된다. 아침밥을 느긋하게 씹어 먹기만 해도 이른 시간부터 세로토닌을 활성화할 수 있다. 우울증은 세로토닌이 저하되어 나타나는 병이다. 따라서 음식을 천천히 꼭꼭 씹어 먹는 것도 우울증 치료에 도움이 된다.

아침밥으로 뭐든 먹기만 하면 좋은 것은 아니다. 결론부터 말하자면 영양소를 골고루 갖춘 제대로 된 한 끼 식사를 해야 건강에 이롭다. 패스트푸드는 해로우니 피하자.

일본인 성인 남녀 약 500명을 대상으로 건강한 일본식, 고기와 생선 위주의 동물성 식단, 빵 위주의 서양식이 우울 증상에 미치는 영향을 조사한 결과, 건강한 일본식을 먹었을 때 우울 증상이 56퍼센트 억제되었다. 동물성 식단과 서양식을 먹었을 때는 억제 효과가 나타나지 않았다.

우울증에 도움이 되는 영양소로는 트립토판, 비타민B1, 엽산 등을 들 수 있다. 구체적인 식재료를 언급하자면 끝이 없지만 아침에는 꽁치구이, 달걀을 곁들인 밥, 두부와 미역을 넣은 된장국 같은 구성으로 먹으면 좋다. 이런 '건강한 식단'을 의식해서 준비하면 영양소를 골고루 섭취할 수 있다. 도저히 시간이 나지 않을 때는 아침에 트립토판이 풍부한 바나나를 하나 먹자.

표 ▶ 건강한 식단의 특징

1. 밥, 메인 요리, 국, 세 가지 반찬으로 구성된 균형 잡힌 상차림
2. 콩류, 깨, 해조류, 채소, 생선, 버섯류, 감자류가 골고루 들어간 식단
3. 육류보다는 고등어, 청어, 꽁치 같은 등 푸른 생선 위주의 식단
4. 된장, 간장, 낫토, 절임 같은 발효 식품이 많은 식단
※ 염분 함량이 높으므로 간장이나 절임 같은 짠 음식을 과도하게 섭취하지 않도록 주의

녹차와 커피가 정신 건강에 좋다는 연구 결과도 많이 나와 있다. 이

러한 효과는 카페인이 아니라 항산화 물질과 관련이 있는 것으로 추측된다. 녹차나 커피를 너무 많이 마시면 카페인 섭취가 과도해져 수면 장애의 원인이 되므로 하루에 한두 잔 정도만 마시자. (식습관에 관한 자세한 내용은 299쪽 참고)

표 ▶ 규칙적인 생활 습관 정리

1. 수면
수면 시간은 매일 일곱 시간 이상이 바람직하다.
최소한 여섯 시간은 확보하자.

2. 운동
하루 20분, 일주일에 150분 이상 빨리 걷기나 달리기 같은
중간 강도의 운동을 하자.

3. 식사
하루 세 끼 균형 잡힌 식사를 한다.(조식은 왼쪽 페이지의
건강한 식단을 참고) 꼭꼭 씹어 먹는다.
녹차나 커피를 하루에 한두 잔 마신다.

이러한 습관을
바탕으로
생활합시다.

여기까지 읽으면서 당연한 얘기라고 생각했을 수도 있지만 자신의 일상을 되돌아보면 의외로 제대로 실천하고 있지 않은 경우가 많을 것이다. 단순한 방법이 최고다. 그러니 반드시 점검해 보기 바란다.

최고의 아침 습관, 산책을 하자

키워드 ▶ 세로토닌

───── 마지막으로 소개하고 싶은 전략은 '아침 산책'이다. 요즘 유튜브에서는 유명인들이 올리는 모닝 루틴(morning routine), 즉 아침 습관을 다룬 영상이 화제다. 정신과 의사로서 추천하는 최고의 아침 습관은 산책이다.

 방법은 간단하다. 아침에 일어나서 한 시간 이내에 15~30분 정도 산책하는 것이 전부다. 아침에 산책만 해도 세로토닌이 활발하게 분비되고 체내 시계가 초기화된다. 그로 인해 부교감 신경에서 교감 신경으로의 전환이 원활해지면서 자율 신경이 정돈된다. 스트레스에서 자유로워지는 데에 이보다 더 효과적인 건강 습관은 없다.

Fact 1 ▶ 아침 산책의 과학적 근거

나는 25년 이상 정신과 의사로 일하면서 마음의 병이 잘 낫는 사람과 잘 낫지 않는 사람의 특징을 관찰해 왔다. 마음의 병이 잘 낫지 않는 사람은 대낮까지 잔다.

실제로 평소에 대낮까지 자던 환자가 아침 산책을 시작하자 증상이 눈에 띄게 개선된 사례를 다수 관찰했다. 현재는 환자가 아닌 사람에게도 아침에 산책하라고 권한다. 많은 이들이 아침 산책을 시작하고 나서 수년 동안 낫지 않던 우울증이나 공황 장애 같은 병의 증세가 한결 나아졌다는 이야기를 들려준다.

마음의 병을 앓지 않는 사람도 아침에 산책을 하면 오전에 업무 효율이 높아지고 밤에는 깊게 잠들 수 있다.

앞서 바람직한 수면, 운동, 식사 방법을 소개했는데 아침 산책에는 건강한 삶을 누리는 데 필요한 모든 요소가 들어 있다. 특히 마음 건강을 유지하는 데는 아침 산책이 가장 효과적이다.

아침 산책의 효과를 뒷받침하는 과학적 근거를 세 가지 소개하겠다.

(1) 세로토닌 활성화

세로토닌은 아침 햇빛을 쐬거나 리듬 운동을 하거나 음식을 꼭꼭 씹을 때 활발하게 분비된다. 리듬 운동은 규칙적인 리듬에 몸을 맡기는 걷기 같은 동작을 말한다. 아침에 산책하면 햇빛을 쐬면서 리듬 운동을 하는 셈이므로 세로토닌을 충분히 활성화할 수 있다.

세로토닌은 각성, 기분, 의욕에 관여하는 신경 전달 물질이므로 세로토닌 수치가 낮아지면 우울한 기분을 느낀다. 반면 세로토닌이 활성화되면 기분이 상쾌해지고 의욕이 생기고 집중력이 높아진다.

저녁이 되면 세로토닌은 수면 물질이라 불리는 멜라토닌의 재료로 쓰인다. 따라서 세로토닌이 충분히 분비되어야 밤에 푹 잘 수 있다.

건강하던 사람도 바쁜 일상에 치여서 스트레스가 쌓이면 세로토닌을 분비하는 신경이 약해진다. 매일 아침 산책하면서 세로토닌 신경을 충분히 활성화하면 스트레스를 덜어 내고 뇌의 피로를 풀 수 있다.

그림 ▶ 세로토닌은 오전에 만들어진다

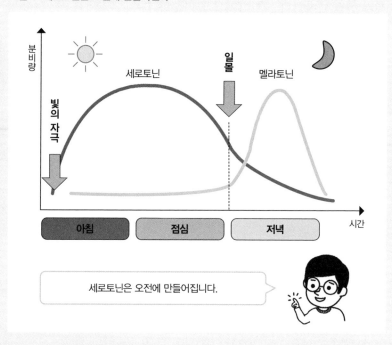

(2) 체내 시계 초기화

체내 시계의 주기는 평균 24시간 10분 전후로 알려져 있다. 따라서 체내 시계를 초기화하지 않으면 매일 10분씩 잠드는 시간이 늦어져

밤낮이 뒤바뀐다.

우리 몸은 체내 시계를 바탕으로 수면, 각성, 체온, 호르몬, 신진대사, 순환, 세포 분열 같은 신체 기능을 조절한다. 따라서 체내 시계가 어긋나면 '지휘자 없는 오케스트라'와 같이 각 기능이 제멋대로 작동하여 고혈압, 당뇨병, 암, 수면 장애, 우울증 같은 질병을 유발한다.

체내 시계를 초기화하려면 2500럭스 이상의 햇빛을 5분 정도 쬐는 것이 효과적이다. 그러니 아침에는 밖으로 나가자.

(3) 비타민D 생성

비타민D는 칼슘 흡수를 돕고 뼈를 튼튼하게 만들지만 결핍되기 쉬운 영양소로 알려져 있다. 일례로 일본인의 80퍼센트가 결핍 직전이고 40퍼센트는 이미 결핍 상태다.(2018년 국민 건강 영양 조사에 따르면 한국인 남성 75.2퍼센트, 여성 82.5퍼센트가 비타민D 결핍증을 보였다.ㅡ편집자)

비타민D가 부족하면 골다공증에 걸린다. 그러면 살짝 넘어지기만 해도 쉽게 뼈가 부러진다. 뼈가 부러지면 한동안 안정을 취해야 하므로 순식간에 근육이 약해진다. 고령자는 이러한 일을 계기로 간병인을 두게 되거나 몸져눕는 경우도 많다.

비타민D는 식품으로도 섭취 가능하지만 필요한 양의 절반 정도는 직접 만들 수 있다. 원료는 자외선이다. 피부에 햇빛, 특히 자외선을 쬐면 된다.

아침에 15~30분 정도 산책하면 하루 분량의 비타민D가 생성된다.

혹자는 자외선이 신경 쓰일 수도 있다. 그런 의미에서도 한낮보다는 비교적 햇살이 약한 아침에 산책하는 것이 가장 좋다.

정리하자면 아침 산책은 마음의 병을 앓거나 밤에 잠을 설치거나 일 처리 효율을 높이고 싶은 사람 모두에게 추천한다. 조금이라도 몸이나 마음에 편치 않은 구석이 있는 사람이라면 반드시 아침에 산책하는 습관을 들이기 바란다.

To Do 1 ▶ 구체적인 아침 산책 방법

산책의 기본 원칙은 기상 후 한 시간 이내에 15~30분 정도 걷는 것이다. 오전 중에, 되도록 10시 전에 마무리하자. 비 오는 날이어도 효과는 있다. 선글라스는 쓰지 말자. 자외선을 너무 적극적으로 차단하지 않도록 유념하자.

건강한 사람이라면 15분 정도만 산책해도 세로토닌이 활성화된다. 마음의 병을 앓는 사람, 마음의 건강이 약해진 사람, 수면에 문제가 있는 사람이라면 세로토닌 신경도 약해졌을 가능성이 크므로 30분을 목표로 걷자.

단, 30분을 넘기면 세로토닌 신경이 피로해져 역효과가 나므로 주의하자.

아침에 일어나 세 시간 이상 지난 후에 산책하면 체내 시계가 뒤로 세 시간 밀리므로 이 또한 역효과를 일으킨다. 산책은 반드시 기상 후 한 시간 이내에 하사.

건강한 사람의 경우에는 햇빛이 잘 드는 밝은 실내에만 있어도 체내 시계가 어느 정도는 초기화된다. 하지만 몸이나 마음이 건강하지 않은 사람이라면 실내만으로는 부족하므로 기상 후 한 시간 이내에 집 밖으로 나가야 한다.

아침 산책 후에는 밥을 먹자. 아침을 먹으면 어긋났던 '뇌의 체내 시계'와 '몸의 체내 시계'가 더욱 잘 맞춰진다.

아침밥은 꼭꼭 씹어서 먹자. 앞에서 리듬 운동을 하면 세로토닌이 활발하게 분비된다고 이야기했는데, 씹는 것도 리듬 운동이므로 꼭꼭 씹으면 세로토닌 신경이 활성화된다. 날씨가 나빠서 밖으로 나가기 어려울 때는 실내에서 간단한 체조로 대신해도 좋다.

To Do 2 ▶ 더 효과적인 아침 산책 방법

어디까지나 산책이므로 달리기를 할 필요는 없다. 걸을 때의 리듬감이 중요하므로 '하나, 둘! 하나, 둘!' 하고 박자를 세면서 일정한 속도로 걷자. 체력에 여유가 있는 사람은 조금 빠른 속도로 경쾌하게 걸으면 더 좋다.

앞에서 산책은 오전 중에, 되도록 10시 전에 하라고 이야기했는데 오후에 산책하면 세로토닌 활성 효과가 낮기 때문이다.

산책으로 체내 시계를 초기화하면 그로부터 15~16시간 후에 멜라토닌이 분비되면서 졸음이 밀려온다. 역산하면 오전 7시에 체내 시계를 초기화할 경우 밤 10~11시에 잠이 오는 셈이나, 마찬가지로 오전 8시에 체내 시계를 초기화하면 밤 11~12시쯤 졸리기 시작한다. 오전 11시에 산책하면 그만큼 체내 시계의 초기화가 늦어진다.

산책할 때 선글라스를 쓰지 말라고 한 이유는, 세로토닌 신경을 활성화하려면 어느 정도의 밝은 빛이 망막에 닿아야 하기 때문이다.

피부가 자외선에 노출되지 않도록 옷으로 가리거나 자외선 차단제를 바르면 비타민D가 생성되지 않으니 주의하자.

Fact 2 행동의 문턱을 낮춰서 아침에 산책하는 습관을 들이자

아침 산책을 하겠다고 갑자기 5시에 일어나지는 말자. 평소 아침 컨디션이 나쁘거나 피로가 쌓였거나 마음의 병을 앓는 사람이 무리해서 일찍 일어나면 오히려 컨디션이 더 망가질 수 있다. 처음에는 각자의 기준에서 무리하지 않는 시간대에 일어나 그때부터 산책해도 충분하다.

산책은 매일 하는 것이 가장 좋지만 일주일에 1~2회라도 하면 그만큼 효과가 난다. 부정기적인 산책이라도 꾸준히 하면 서서히 아침에 눈뜨기가 수월해져 개운하게 하루를 시작할 수 있다.

음악을 들으면서 걸으면 기분 좋은 리듬을 유지하는 데 도움이 된다. 평소 좋아하던 음악을 듣는다면 머리도 금세 맑아질 것이다.

도저히 못 걷겠다면 베란다나 마당에 나가서 햇빛을 쐬는 것부터 시작하자. 그런 다음 5분 산책, 10분 산책, 15분 산책으로 조금씩 목표를 높이면 된다. 산책은 하는 만큼 효과를 볼 수 있는 활동이다.

지금까지 스트레스를 해소하기 위한 다섯 가지 기본 전략을 소개했다. 스트레스에서 자유로워지고 싶다면 꼭 실천해 보기 바란다.

제1장

남이 아닌
나를 바꾸자

인간관계

남과 나를 비교하지 않는 방법

키워드 ▶ 상향 비교, 하향 비교, 모델링

혹시 누군가를 보고 '저 사람은 나보다 일도 잘하고 머리도 좋고 멋 있고 돈도 많아'라며 자신과 비교하지는 않는가?

한 조사에 따르면 '남과 나를 비교하고 우울해진 적이 있는가?'라 는 질문에 전체의 45.2퍼센트에 달하는 사람이 '그렇다'라고 답했다. 즉 절반에 가까운 사람이 남과 자신을 비교하고 침울한 기분을 느낀 적이 있다는 말이다. 이처럼 타인과의 비교 후에 찾아오는 우울감은 그만큼 많은 사람이 느끼는 지극히 평범한 감정이다.

Fact 1 ▶ 인간은 남과 나를 비교하는 동물이다

사람은 무의식적으로 타인과 자신을 비교한다. 그리고 비교할수록 우울함에 빠진다. 혹은 '나는 왜 이것밖에 안 될까'라며 자책하디, 일 부는 질투심을 이기지 못하고 '바닥으로 끌어내리겠어'라는가 '어떻

게 괴롭히지?'라는 식으로 공격성을 띤 부정적 생각에 사로잡히기도
한다.

　부정적 생각이 든다고 해서 우울해할 필요는 없다. 그런 일은 누구
에게나 일어나기 때문이다.

> 인간은 남과 나를 비교하는 동물이다.
>
> – 레온 페스팅거(미국의 심리학자)

　'사회 비교 이론'의 창시자 레온 페스팅거는 사람이 자신을 남과 비
교하는 것은 본능 혹은 무의식적인 반응이라고 말한다. 즉 대부분이
남과 자신을 비교하는 심리적인 버릇을 갖고 있다. 그만큼 많은 사람
이 남과 자신을 비교하고 침울한 기분을 느낀다.

　그러니 남과 비교하는 자신을 책망하거나 그런 감정이 든다고 해
서 우울해할 필요는 전혀 없다.

Fact 2 ▶ 남과 나를 비교하면 불행해진다

남과 나를 비교하면 그만큼 불행해진다. 자신보다 뛰어난 사람은 세
상에 얼마든지 있다. 한 나라 안에 일, 공부, 스포츠, 언변, 외교 면에
서 자신보다 나은 사람은 산더미처럼 많다. 그런 것을 일일이 신경
쓰다가는 비교만 하다가 인생이 끝나고 말 것이다.

이를테면 자신이 특정 스포츠 종목에서 국내 일인자가 되었다고 해도 자신보다 높은 연봉을 받는 사람, 더 멋있는 사람은 어딘가에 있게 마련이다. 게다가 국내에서는 최고일지 몰라도 세계 수준에서 비교하기 시작하면 한도 끝도 없다. 결국 남과 비교하면 죽을 때까지 계속 우울할 것이다.

남과 나를 비교할수록 우리는 불행해진다. 자신보다 나은 사람과 비교하는 심리를 '상향 비교'라고 한다. 상향 비교에는 '나도 그런 사람이 되고 싶으니까 더 열심히 하자!'라는 마음을 불러일으키는 긍정적인 측면도 있다. 하지만 대부분은 무의식적으로 자신의 결점을 들춰내는 부정적 상향 비교로 치닫는다.

그림 ▶ 상향 비교

나보다 뛰어난 사람

나

긍정적 상향 비교

대단하다!

나도 똑같이 해 봐야지!

언젠가는 넘어서고 싶어!

부정적 상향 비교

난 틀렸어.

난 절대 못 이길 거야.

너무 분해! 어떻게 괴롭지?

To Do 1 남이 아닌 나 자신과 비교하자

타인과 비교하면 불행해진다. 그렇다면 어떻게 해야 좋을까?

주변 사람을 비롯한 남과 비교하지 말고 '나 자신'과 비교하자. 과거의 나와 지금의 나를 비교하자. 3개월 전의 나, 1년 전의 나, 3년 전의 나, 10년 전의 나는 어땠는가? 지금의 내가 부족하다고 해도 3년 전과 비교하면 조금은 발전하지 않았을까?

만약 과거의 나와 비교해도 크게 나아지지 않았다면 지금부터 노력해서 3개월 후에 결과를 내면 된다. 그러면 "3개월 전의 나보다 이만큼 발전했구나"라고 말할 수 있을 것이다.

'200만 원밖에 안 되는 박봉이지만 작년에는 180만 원이었어. 무려 20만 원이나 올랐군!'

'토익 점수가 400점밖에 안 돼. 하지만 지난번보다 30점이나 올랐어!'

'오늘도 야근했지만 어제는 막차를 타기에도 빠듯했지. 오늘은 밤 10시에 집에 왔으니 다행이야!'

이런 식으로 과거의 '부정적 상태'와 비교하면 현재는 '긍정적 상태'에 있다는 사실이 더욱 명확해진다.

스스로 성장을 실감하면 더 열심히 해야겠다는 의지가 불타오른다. 조금씩이라도 성과가 나오기 시작하면 하루하루가 즐겁고 의욕이 샘솟는다.

남과 비교하면 '나의 못난 부분'이 두드러지고 과거의 자신과 비교하면 '나의 변화한 부분'이 두드러진다. 스스로 노력해서 긍정적 성장을 이뤄 냈다는 사실을 깨달으면 성장에 더욱 가속도가 붙고 자신감도 생긴다.

남과 비교하고 싶은 충동에 휩싸일 때는 '1년 전의 나는 어땠더라?'라는 식으로 과거의 자신과 비교하면서 충동을 떨쳐 내자.

Fact 3 나보다 못한 사람과 비교하면 성장할 수 없다

우리는 때때로 자신보다 부족한 사람과 비교하기도 한다.

'200만 원밖에 안 되는 박봉이지만 동기인 B의 월급은 150만 원이래. B보다는 내가 낫지.'

'오늘도 야근했지만 B네 회사는 블랙 기업이라 B는 매일 막차를 타고 집에 간다더군. B보다는 내가 낫지.'

심리학에서는 자신보다 못한 사람과 스스로를 비교하고 나서 그보다는 낫다고 생각하는 심리를 '하향 비교'라고 부른다. 하향 비교를 하면 다소나마 위안을 받을 수는 있다. 하지만 '더 열심히 하자!'라는 의욕은 생기지 않는다. 남는 것은 그저 현재의 부족한 자신에 대한 '소소한 자기 긍정감' 정도다.

'나보다 못난 사람도 많은데 이 정도면 괜찮지 뭐'라는 수준에서 사고와 행동이 멈춘다. 다시 말해 더 열심히 해야겠다는 의욕도 솟아나지 않고 노력으로 성장을 일궈 내지도 못한다. 평소에 하향 비교만을 일삼으면 자신보다 못나 보이는 사람만 눈에 담고 매사에 남을 깔보는 인간으로 변한지도 모른다.

하향 비교를 하면 사고와 성장이 멈춘다. 그러면 행복에서 점점 멀

어질 수밖에 없다. 따라서 마음속에 남과 자신을 비교하려 드는 버릇
이 있다는 사실을 인지하고 스스로 통제해야 한다.

그림 ▶ 과거의 나와 비교하자

지금의 나

3년 전보다
조금은 성장했어.

10년 전보다
훨씬 성장했어.

10년 전의 나   3년 전의 나

To Do 2 ▶ 타인과 비교하지 말고 타인을 관찰하자

남이 아닌 과거의 나와 비교하려고 해도, 가까이에 자신보다 뛰어나
거나 잘나가는 사람이 있으면 아무래도 신경이 쓰인다.

　회사 영업부에서 일하는 상황을 가정해 보자. 동기인 C는 이번 달
실적에서 1등을 거머쥐었다. 그런데 자신은 할당된 신규 기구 무 ??
게 밑돌아 부서 내 최하위를 기록했다.

　'똑같이 입사한 C는 1등인데 나는 꼴찌라니. 나란 인간은 왜 이리

못났을까?'라는 생각에 빠진다. 이런 식으로 자기 연민에 젖어 있을 틈이 있다면 그럴 시간에 C를 관찰해야 한다.

'C는 어떻게 그렇게 많은 계약을 따냈을까?'

'유망 고객 관리는 어떻게 하고 있을까? 영업할 때는 어떤 화법을 쓸까?'

'몇 시에 출근해서 몇 시에 퇴근하지? 점심시간에는 뭘 하면서 시간을 보내지?'

1등 영업 사원, 다시 말해 '영업의 교과서'가 바로 곁에 있는 셈이지 않은가. 그러니 C의 영업 방식, 시간 활용법, 생활 습관을 모조리 조사해서 하나부터 열까지 전부 따라 하자. 즉 비교하지 말고 '관찰' 하면 된다.

'1등 좀 했다고 잘난 척하네'라며 C를 험담해서는 안 된다. 오히려 C와 친하게 지내면서 영업 비결을 알아내야 한다. 영업 비결의 핵심은 그리 간단히 말해 주지 않겠지만 평소에 읽는 책이나 추천할 만한 책 정도는 알려 줄 것이다.

To Do 3 ▶ 질투하지 말고 존경하자

싫어하는 상대에게서는 아무것도 배울 수 없다. 질투심, 혐오감, 부정적 감정을 품고 상대를 관찰해 봤자 단점만 보이기 때문이다.

자신보다 뛰어난 사람을 존경하자. 그러면 '나도 저런 사람이 되고 싶다'라는 마음이 생겨 상대의 장섬, 성과를 내는 부분, 남들은 하지 않는 노력이 점점 눈에 들어온다. 심리학에서는 이를 '모델링'이라고 부른다. 존경스러운 사람의 장점을 무의식적으로 찾아내 이를 본받으려 애쓰는 것이다.

　주변의 뛰어난 사람을 빈틈없이 관찰하고 따라 하자. 그러면 자신의 능력도 분명 향상될 것이다.

그림 ▶ 모델링

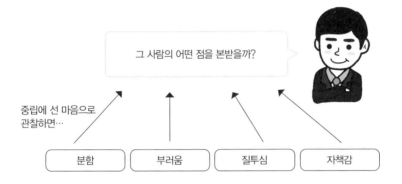

그 사람의 어떤 점을 본받을까?

중립에 선 마음으로
관찰하면…

분함　　부러움　　질투심　　자책감

　분함, 부러움, 질투심, 스스로를 못났다 여기는 자책감 같은 부정적 감정은 아무 소용이 없다. 한마디로 백해무익하다. 남과 자신을 비교하려거든 감정은 버리고 중립에 서서 '나는 하지 못하고 상대는 해내는 일'이 무엇인지를 관찰하고 존경하고 본받자.

남의 의견에 휩쓸리지 않는 방법

키워드 ▶ 자기 통찰력, 최적의 솔루션, 동조 압력

'주위의 의견에 휩쓸린다.'

'남에게 들은 말을 적당히 받아넘기기가 어렵다.'

'부모나 상사처럼 관계의 우위에 있는 사람의 의견에 반박하지 못한다.'

'강압적인 태도를 보이는 사람의 의견을 억지로 따른다.'

세상에는 남의 눈치를 보며 사는 사람이 많다. 한 조사에 따르면 '다수의 의견에 쉽게 휩쓸리는 편인가?'라는 질문에 '그렇다'라고 답한 사람이 전체의 30.7퍼센트에 달했다. 그중 30대 여성은 41퍼센트나 되었다.

자신만의 의견이 별도로 있다고 해도 남의 의견에 휩쓸리지 않고 스스로 판단해서 결단을 내릴 줄 아는 사람은 그리 많지 않다. 오히려 주변 사람들의 의견에 휩쓸리는 경우가 대다수이며 이는 지극히 평범한 일이다.

남의 의견에 따라 살면 남의 인생을 사는 것이나 마찬가지다. 남의 인생을 사는 것은 시간의 낭비이며 인생의 낭비다.

남의 의견에 휩쓸리거나 남의 뜻대로 살지 않으려면 어떻게 해야 할까? 우선 사람에 따라 같은 상황을 두고도 각자 다른 말을 한다는 사실을 기억하자.

아버지가 하는 말과 어머니가 하는 말은 각각 다르다. 아내나 남편이 하는 말도 다르다. 친구 A와 B가 하는 말도 각자 다르다. 이웃인 C와 D도 서로 다른 말을 하고 텔레비전이나 잡지에서도 제각각 다른 말을 한다.

모두가 자신의 가치관에 따라 마음대로 의견을 말하고 남에게 밀어붙인다. 주변의 여러 잡다한 의견대로 따르려면 이곳저곳을 오가며 모두의 비위를 맞춰야 한다. 하지만 현실적으로 불가능하다. 누군가의 의견을 참고해서 행동하면 다른 누군가에게 "그게 아니야"라는 소리를 듣는다.

친한 사람이 열 명 있다고 가정하면 열 명 모두의 비위를 맞추기란 불가능하다. 열 명의 의견을 진지하게 받아들이면 어떤 이는 '왼쪽으로 가라' 하고 다른 이는 '오른쪽으로 가라' 하고 또 누군가는 '고만 가라' 한다. 결국 어디로 가야 좋을지 갈피를 잡지 못해 인생이 산으로 간다.

산으로 가지 않으려면 목표를 정해 놓고 일직선으로 걸어야 한다. 어디로 향해 갈지 정해 놓지도 않고 좌로 우로 비틀거리면서 나아가면 평생 목표에 도달할 수 없다.

> 시간은 한정되어 있다.
> 그러니 남의 인생을 살면서 헛되이 보내지 말자.
>
> – 스티브 잡스(애플 창업자)

Fact 2 ▶ **남들은 아무것도 책임지지 않는다**

주변 사람들은 '이렇게 하는 편이 좋다'라거나 '저렇게 하는 편이 좋다'라며 적당히 그럴듯한 말을 한다. 하지만 그대로 실행해서 크게 실패해도 아무도 책임지지 않는다.

부모님이 원하는 대로 모두 따르면서 살았는데 20년 후에 부모님은 곁에 없을지도 모른다. "부모님이 원하는 대로 다 했더니 제 인생은 엉망이 됐어요!"라고 따질 수조차 없다.

친구의 조언만큼 적당히 구색 맞춘 소리는 또 없을 것이다. 친구가 조언해 준 대로 열심히 했는데도 결국 잘되지 않아서 친구에게 불만을 토로한다면 어떨까? 친구는 '내가 그런 말을 했었나?'라는 반응을 보일 것이다.

자신은 진지하게 받아들인 얘기를 상대는 기억조차 하지 못하는 경우가 비일비재하다. 진지하게 의견을 구하는 사람에게 떠오른 생각을 반사적으로 말하는 사람도 있다. 한마디로 '대충 입에서 나오는 대로' 말이다. 이렇게 적당히 건성으로 던지는 의견을 진지하게 받아들이거나 일일이 신경 쓰다가는 그야말로 남에게 휘둘리기만 하는 인생을 살게 될 것이다.

남의 의견은 어디까지나 '참고 사항' 정도로만 들어 두자. 최종적으로 자신의 인생은 자신이 직접 정해야 한다. 10년이 지난 후에 틀린 선택이었다는 사실을 깨닫는다고 해도 스스로 결정한 일이라면 '어쩔 수 없다'라며 받아들이게 된다. 하지만 남의 말에 따라 결정한 일이라면 돌이킬 수 없을 정도로 크나큰 후회 속에 살게 될 것이다.

그림 ▶ 남의 의견에 휩쓸리는 사람

허기만 대다수는 이기현 사실을 알면서도 이끼지 못하고 남의 의견에 휩쓸린다. 머리로는 알면서도 그만두지 못한다. 스스로에게 자신이 없기 때문이다. 그래서 자신의 의견이나 생각을 관철하기보다는 '일단 남들의 의견을 따르는 편이 마음 편하다'라고 생각하면서 타인의 의견에 몸을 맡긴다.

To Do 1 ▶ 자신의 의견을 명확히 하자

자신의 의견과 자신이 하고 싶은 일이 무엇인지를 명확히 하는 것이 중요하다. 하고 싶은 일이 분명하지 않기 때문에 다른 사람의 의견에 휘둘리는 것이다.

자신이 무엇을 하고 싶은지 100퍼센트 명확히 안다면 남의 의견 따위는 신경 쓰이지 않는다. 그저 나아가고 싶은 길을 향해 곧장 걸어갈 뿐이다.

그러니 우선은 어떻게 살고 싶은지, 무엇을 하고 싶은지, 어디로 나아가고 싶은지 스스로에게 묻고 답해야 한다. 여러분은 명확한 자신의 의견을 갖고 있는가? 다음 질문에 답해 보자.

(1) 나에게 가장 중요한 가치관은 무엇인가?

(2) 나의 비전은 무엇인가?

(비전이란 자신이 바라는 이상적인 미래상이다.)

이 두 가지 질문에 망설임 없이 대답한다면 남의 의견에 휩쓸리지 않고 확실한 자신만의 방식대로 삶을 꾸려 가는 사람이라고 말할 수 있다.

To Do 2 글쓰기로 자기 통찰력을 기르자

자신의 의견을 명확히 해야 한다고 조언해도 애초에 '무엇을 하고 싶은지 모르겠다'라거나 '자신의 의견이나 생각 자체가 없다(혹은 모르겠다)'라고 답하는 사람이 많다. 의견이나 생각을 명확히 하는 능력은 아웃풋을 통해 단련할 수 있다.

여기서 아웃풋이란 '말하기', '쓰기', '행동하기'를 뜻한다. 머릿속에 든 생각을 말로 끄집어내면 사고가 더욱 진전된다. 또한 실제로 행동해 보면 자신의 생각이나 판단이 옳은지 그른지도 명확해진다.

자기 통찰력을 기르기에 좋은 훈련은 '일기 쓰기'다. 일기를 쓸 때는 오늘 있었던 즐거운 일을 글로 표현하자.

노트나 일기장에 써도 좋지만 SNS에 남기면 더 큰 효과가 난다. 남들이 보고 비판할지도 모른다는 긴장감 때문에 일기 쓰는 작업에 진지하게 임하게 되므로 그만큼 아웃풋의 효과가 높아진다.

뉴스를 보고 SNS에 자신의 의견을 몇 줄 적어서 공유하거나 공감하는 의견을 리트윗하는 정도만으로도 자신의 의견을 명확히 하는 훈련에 도움이 된다.

자신이 지금 무엇을 생각하고 느끼는지, 어떤 기분인지 매일 꾸준히 글로 쓰면 생각을 문장이나 말로 표현하는 능력이 향상된다.

'지금의 나는 무엇을 생각하는가?', '나는 무엇을 할 때 즐거운가?'에 대해 생각하고 글로 쓰자. 자신이 강점과 강점을 알면 자신감이 생긴다. 스스로를 객관적으로 관찰할 수 있게 된다. 결과적으로 자기 통찰력이 길러진다.

다양한 문제에 대한 생각을 수시로 정리하고 자신 나름의 '최적의 솔루션'을 마련해 두자. 아무것도 생각해 두지 않으면 반론을 제기할 수 없으므로 결국 다른 사람의 의견에 휩쓸린다.

글 쓰는 습관을 들여서 자기 통찰력을 기르자. 자신의 의견이 명확하면 언제든 그곳으로 되돌아갈 수 있기 때문에 쉽사리 남의 의견에 휩쓸리지 않는다.

To Do 3   의견을 미리 적어 두기만 해도 남에게 휩쓸리지 않는다

여섯 명이 참석하는 회의에서 프로젝트에 대한 찬반 투표가 열렸다고 가정해 보자. 차례로 의견을 말해야 하는 상황에서 연속으로 세 명이 반대했다면 그다음 사람이 마음으로 찬성한다 한들 실제로 찬성한다고 말할 수 있을까? 아마도 동조 압력에 눌려 반대한다고 말할 것이다. 회의에서 표결할 때는 구두 투표를 지양해야 한다는 소리가 나오는 이유도 그 때문이다.

그렇다면 어떤 방법이 좋을까? 처음에 종이를 나눠 주고 각자 '찬성' 또는 '반대'를 적게 한다. 그리고 한 사람씩 돌아가면서 종이에 적은 대로 소리 내어 읽으면 된다. 이렇게 하면 동조 압력의 영향을 받지 않고 모두가 종이에 적은 대로 자신의 의견을 말할 수 있다.

이처럼 미리 자신이 어떻게 생각했고 어떤 결론을 내렸는지 종이에 적어 두기만 해도 동조 압력의 영향에서 벗어날 수 있다. 즉 남의 의견에 휩쓸리지 않는다.

회의처럼 자신의 의견을 말해야 하는 자리에 갈 때는 미리 발언의

요지를 종이에 적어서 준비해 두자. 준비를 마쳤다면 이제 종이에 적은 대로 읽기만 하면 된다.

병원에서 진료하다 보면 종종 "선생님 앞에 앉으면 긴장해서 하고 싶은 말을 다 못 하겠어요"라고 말하는 환자를 만난다. 그런 사람에게는 "하고 싶은 말을 미리 적어 오세요"라고 조언한다. 그러면 실제로 환자는 종이에 적어 온다. "적은 내용을 그대로 읽어 주세요"라고 말하면 환자는 그것을 읽는다. 이런 방식을 쓰면 어떤 환자든 긴장하거나 무언의 압력에 지지 않고 당당하게 하고 싶은 말을 한다.

'종이에 적어 두기만 해도 주위의 영향을 받지 않는다고? 말이 쉽지 그럴 수가 있나?'라며 다시금 의문이 생긴다면 텔레비전을 켜서 국회 토론을 보기 바란다.

질문에 응하는 장관은 야당 의원들의 격렬한 질의와 야유에도 동요하지 않고 막힘없이 답변한다. 정부 관계자가 미리 준비해 둔 대답을 읽고 있기 때문이다.

준비한 내용을 읽자. 이것이 주위의 영향을 받지 않는 가장 좋은 방법이다.

키워드 ▶ 자기 개방, 라포르 형성, 단순 노출 효과

한 조사에 따르면 '진심으로 신뢰할 만한 친구가 있다'라고 답한 사람은 전체의 38.7퍼센트뿐이며 나머지 약 60퍼센트는 '신뢰할 만한 친구가 없다'라고 답했다. 직장 내 관계에 대한 조사에서도 '상사를 신뢰할 수 없다'라고 답한 사람이 약 60퍼센트에 달했다.

일상에서든 직장에서든 믿고 의지할 만한 친구나 상사를 곁에 둔 사람은 전체의 절반 이하라는 소리다.

Fact 1 처음 만났을 때의 신뢰도는 당연히 0이다

정신과를 찾는 많은 환자가 '신뢰할 만한 의사를 찾기가 어렵다'라고 말한다. 하지만 안타깝게도 처음 만난 순간부터 신뢰할 만하다고 여겨지는 의사를 만나는 것은 불가능에 가깝다.

왜냐하면 신뢰란 관계를 바탕으로 쌓아 가는 것이기 때문이다. 이

제까지 인생에서 엮인 적 없는 두 사람이 처음 만났을 때의 관계성은 '0'이다.

그림 ▶ 신뢰와 시간의 관계

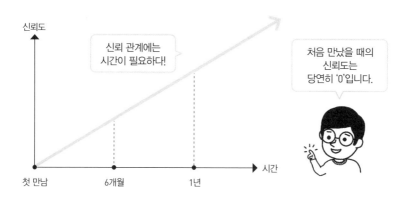

대화를 나누고 상대를 알아 가다 보면 조금씩 신뢰가 쌓인다. 두세 번 더 만나서 서로를 자세히 알수록 신뢰도는 더욱 올라간다. 신뢰도가 충분히 높아졌을 때 비로소 '이 사람은 정말 믿어도 되겠구나'라는 마음이 생긴다.

신뢰 관계는 시간을 들여야 만들 수 있다.

누구나 처음 만났을 때의 신뢰도는 '0'이다. 그러므로 다른 사람을 믿지 못하겠다는 그 느낌은 100퍼센트 정확하다.

처음에는 믿기 못해도 괜찮다. 신뢰도를 차차 쌓아 신뢰 관계가 만들어지기까지 몇 달쯤 걸린다고 해도 걱정하지 말자. 그 정도면 꽤 빠른 편이고 성공한 인간관계라고 말할 수 있다.

신뢰 관계의 벽돌은 둘이 힘을 합쳐야 쌓인다

신뢰 관계의 구축은 벽돌집을 만들기 위해 서로 힘을 모아 벽돌을 쌓아 올리는 일이나 마찬가지다. 상대방 혼자 벽돌을 쌓으라고 하면 절대 쌓이지 않는다. 내가 한 개를 쌓아야 상대도 한 개를 쌓아 준다.

대인 관계가 원만하지 않은 사람은 스스로 벽돌을 쌓는 노력은 하지 않은 채 신뢰 관계가 쌓이지 않는 원인을 상대의 탓으로 돌린다.

특히 의사와 환자 사이의 신뢰 관계 구축은 전부 의사가 해 주는 것이 당연하다고 여기는 사람이 적지 않다.

직장 내 동료, 연인, 부부 사이도 마찬가지다. 상사, 연인, 남편 또는 아내가 자신에게 아무것도 해 주지 않는다며 상대를 탓하기 전에 자신은 얼마나 솔선해서 신뢰의 벽돌을 쌓았는지 되돌아보자.

신뢰 관계의 구축은 공동 작업이다. 대인 관계가 원만하지 않거나 신뢰 관계가 잘 만들어지지 않는 경우, 상대에게 100퍼센트 책임이 있다고 말하기는 어렵다.

분명 자신에게도 원인과 책임이 있다. 그런 부분을 고치고 자신이 먼저 신뢰의 벽돌을 쌓기 위해 노력해야 신뢰 관계를 만들 수 있다.

마음의 다리를 놓으려면 3개월 이상 걸린다

심리학에서는 신뢰 관계 구축을 '라포르 형성'이라고 표현한다.

라포르(rapport)는 프랑스어로 '다리를 놓다', '가교하다'라는 뜻이다. 라포르가 형성되면 서로 마음이 통한다거나 마음속 고민을 털어놓을 수 있다고 느낀다. '다리'를 통해 서로의 마음이 오가는 모습을 떠올리면 이해하기 쉬울 것이다.

그렇다면 라포르를 형성하는 데 걸리는 시간은 얼마나 될까? 일반적으로 3개월에서 수개월 정도 걸린다. 상담을 시작하고 3개월이 지났을 즈음에 '깊은 고민을 나누는 상태'에 접어들었다면 상담이 원활하게 진행되는 상태라고 볼 수 있다.

예를 들어 2개월이나 지났는데 여전히 새로운 직장에 적응하지 못했다고 해도 너무 고민하지 말자. 보통 다들 그렇다. 자신이 부족해서도 아니고 상사나 주위의 동료가 나빠서도 아니다. 신뢰 관계를 쌓으려면 시간이 조금 더 필요하다. '3개월'이라는 기간도 하나의 기준일 따름이니 너무 조바심 내지 말고 차분하게 신뢰 관계를 구축하기 바란다.

Fact 3 ▶ 스스로 마음의 문을 닫으면
깊은 신뢰 관계에 도달할 수 없다

심리학에서는 자신의 속마음을 있는 그대로 상대에게 드러내는 것을 '자기 개방'(self-disclosure)이라고 한다. 자신을 드러내면 상대도 마음의 문을 조금씩 열기 시작한다.

이제 막 만난 사이라면 두 사람 모두의 마음은 거의 닫힌 상태다. 하지만 마음의 문을 살짝 열어 자신을 조금씩 드러내면 상대도 속마음을 드러내는 동시에 마찬가지로 살짝 마음의 문을 연다. 두 번 만나는 동안 꾸준히 자기 개방 과정을 거치면 자신이 하는 만큼 상대도 서서히 마음의 문을 더 많이 열어 준다. 이를 '자기 개방의 보답성'

이라고 부른다.

마음의 문을 여는 손잡이는 안쪽에만 붙어 있다.

따라서 마음의 문을 닫고 있으면 상대가 아무리 마음을 열어도 자신의 문은 열리지 않는다. 어느 날 갑자기 백마 탄 왕자님이 나타나 우리의 닫힌 마음을 열어 줄 것이라고 기대하지 말자. 그것은 동화 속에서나 가능한 이야기다.

그림 ▶ 자기 개방의 보답성

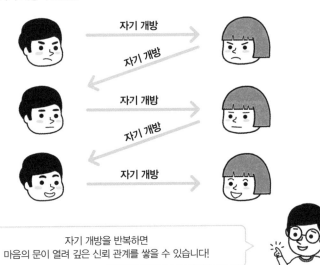

자기 개방을 반복하면
마음의 문이 열려 깊은 신뢰 관계를 쌓을 수 있습니다!

매사에 '이 사람은 못 믿겠다'라며 경계심을 드러내는 것은 마음의 문에 자물쇠를 채우는 행위나 마찬가지다. 그러면 아무리 시간이 흘러도 믿고 의지힐 민한 사람은 나다니지 않는다. '세상에 믿을 사람 하나 없다'라는 마음이 드는 것도 어쩌면 당연하다.

To Do 2 스스로 마음의 문을 열자

우선 마음의 잠금장치를 풀자. 스스로 자물쇠를 열고 나와야 모든 신뢰 관계와 인간관계가 시작된다.

  용기를 내서 마음의 문을 살짝 열어 보자. 그러면 자기 개방 보답성의 원리가 작동해 서로의 문이 열리기 시작하고 조금씩 신뢰 관계의 벽돌이 쌓인다.

  마음의 문은 자신만이 열 수 있다. 맨 처음 마음의 문을 열어야 할 사람은 상대가 아니라 자신이다. 그러니 용기를 내어 문을 열자.

  그 작은 용기에서 모든 신뢰 관계와 인간관계가 시작된다.

To Do 3 신뢰 관계의 5단계

다음의 다섯 가지 단계를 알아 두면 각 단계에서 신뢰 관계를 더 돈독히 하기 위해 무엇을 해야 하는지 명확히 파악할 수 있다.

그림 ▶ 신뢰 관계의 5단계

 신뢰 시간을 공유한다. 상대를 위해 행동한다.

 공감 마음을 나눈다. 의기투합한다. 동기화된다. 서로의 이야기를 귀 기울여 듣는다.

 이해 대화를 나눈다. 질문한다. 설명한다. 정보를 제공하고 교환한다. 공통점을 찾는다. 동류의식을 형성한다.

 의심 미음을 연다. 잡담을 나눈다. 에스 세트 내화법을 실선한다. 가벼운 농담으로 웃음을 유도한다.

 경계 미소 짓는다. 인사를 건넨다.

1단계 경계

미국에서는 엘리베이터에서 누군가를 마주치면 미소 띤 얼굴로 "Hello!"라고 인사를 건넨다. 상대방에 대한 정보가 전혀 없기 때문에 서로 안심하도록 '나는 나쁜 사람이 아니다', '나는 수상한 인물이 아니다'라고 보일 만한 최소한의 정보를 전한다. 미소와 인사는 상대방의 경계를 푸는 데 효과적이다.

2단계 의심

"오늘 참 날씨가 좋네요", "오늘은 덥군요"와 같은 가벼운 잡담은 의심을 없애는 데 효과적이다. 상대에게 '아니요'라는 대답을 들을 일이 없기 때문이다. 이처럼 '네'(Yes)라는 긍정을 이끌어 대화의 문을 여는 기술을 '예스 세트(Yes-set) 대화법'이라고 한다. 서로 '예스'라는 긍정을 주고받으면 의심이 줄고 마음이 놓인다.

3단계 이해

자신이 먼저 질문하고 설명하거나 정보를 제공하면 상대는 더욱 마음을 연다. 이 단계에서 서로의 공통점을 찾아내면 단숨에 친밀도가 높아진다. 우리는 대체로 성향이나 가치관이 비슷한 사람과 친하게 지내고 싶어 하는데 심리학에서는 이러한 경향을 '호모필리'(Homophily, 동종 선호)라고 부른다. 같은 지역 또는 대학 출신이거나 같은 취미를 공유한다는 공통점을 발견하면 단숨에 관계가 깊어진다.

4단계 공감

공감은 희로애락을 공유하고 상대와 서로 마음이 통하는 상태를 일컫는다. 이 단계에서는 마음과 뜻이 잘 맞고 동기화되어 서로 닮아 간다. 심리학에서는 공감 단계에 도달하기 위해 눈 마주치기, 끄덕거리기, 맞장구치기, 앵무새 화법(상대의 말을 집중해서 듣고 앵무새처럼 따라 하는 화법 ─ 옮긴이)과 같은 경청의 기법을 활용한다. 마음속에 담아 둔 자신의 비밀, 약점, 단점을 털어놓으면서 자신을 드러내는 방법도 효과적이다.

5단계 신뢰

접촉 횟수가 늘어날수록 사람 사이의 친밀도는 높아진다. 심리학에서는 이를 '단순 노출 효과'(Mere Exposure Effect)라고 부른다. 상대가 거래처라면 다음 약속을 잡는다. 소개팅 자리라면 모바일 메신저 아이디를 교환해서 접촉 횟수를 늘린다. 상대에게 대가를 바라지 않고 돕거나 상대를 위해 행동하는 것도 신뢰를 두텁게 하는 데 매우 효과적이다.

관계를 돈독히 하려면 상대와 지금 어느 단계에 와 있는지를 파악하는 것이 중요하다. 그러고 나서 차례대로 단계를 밟아 가자.

신뢰할 수 있는 사람과
신뢰할 수 없는 사람을 알아보는 방법

키워드 ▶ For You, 동종 선호, 기버

앞에서는 신뢰를 얻는 방법을 소개했다. 다음으로 신뢰할 수 있는 사람을 판별하는 방법에 대해 알아보자.

많은 사람이 '믿을 만한 사람이라고 생각했는데 배신당했다', '나는 사람 보는 눈이 없다', '남에게 잘 속는다'와 같이 남을 신뢰하는 문제로 고민한다.

믿었던 사람에게 뒤통수를 맞으면 마음에 큰 상처가 나고 정신적인 충격을 받는다. 처음부터 믿을 만한 사람인지 아닌지를 알아채면 인간관계에 들이는 시간을 아낄 수 있다. 남에게 뒤통수를 맞거나 실망할 일도 생기지 않는다.

Fact 1 ▶ 신뢰할 수 있는 사람과 신뢰할 수 없는 사람의 차이점

나는 정신과 의사로서 수천 명에 이르는 환자를 치료해 왔다. 현재는 저자로서 많은 비즈니스 리더와 직장인을 만난다. 모두 합치면 그 수는 1만 명 이상이다. 수많은 사람을 만나고 그들을 관찰하면서 알게 된 특징을 아래 표로 정리했다.

'신뢰할 수 있는 사람'을 만나면 함께 보내는 시간이 즐겁고 긍정적인 영향을 받는다. 배울 점이 있기 때문에 자기 성장을 이루는 데도 도움이 된다. 비즈니스 파트너로서도 믿고 거래할 수 있다.

반대로 '신뢰할 수 없는 사람'을 만나는 일은 그 자체가 불쾌하고 진저리 나는 경험으로 남는다. 때로는 마음에 상처를 입거나 부정적인 영향을 받기도 한다. 배울 점이 없기 때문에 자기 성장으로 이어지지도 않는다.

`To Do 1` ▶ 'For Me'인지, 'For You'인지 관찰하자

아래 표에 담긴 항목 가운데 특히 'For Me'(나를 위하는)와 'For You'(남을 위하는)의 차이에 주목하자.

표 ▶ 신뢰할 수 없는 사람의 공통점

신뢰할 수 없는 사람	신뢰할 수 있는 사람
명백하게 자기중심적이다	남을 배려하고 남에게 관심이 있다
나를 위하는 성향이 강하다	남을 위하는 성향이 강하다
남에게 무엇을 얻어 낼지 생각한다	남에게 무엇을 해 줄지 고민한다
자기 이익만 생각하고 손에 넣으려 한다(Taker)	수로 남에게 베푼다(Giver)
아첨하고 언행에 일관성이 없다	비전이 있고 언행에 일관성이 있다

공포와 불안을 부추긴다 (남을 속이려 드는 사람의 특징)	꾸준히 신뢰를 쌓는다
돈 벌 방법을 알려 준다면서 보험이나 사업을 권유한다	모든 일을 중립적인 관점에서 보고 선입견으로 판단하지 않는다
시간을 지키지 않는다	시간, 마감, 사소한 약속을 잘 지킨다
거짓말을 한다	정직하고 성실하다
자주 변명한다	변명하기보다는 사과한다
끝까지 책임지지 않고 무책임하다	자신의 말과 행동에 책임을 지고 비전이 명확하다

나를 위하는 성향이 강한 사람은 '나는, 내가 말이야'라며 모든 일을 자기 위주로 생각한다. 반면 남을 위하는 성향이 강한 사람은 남을 위해 행동하고 돕는 마음의 여유가 있다.

사람을 만나면 누구를 위해 행동하는지 관찰하자. 자신의 이익만을 좇는 사람인가? 아니면 다른 사람이나 사회에 도움이 되고자 하는 사람인가?

나를 위하는 성향의 사람은 대화를 나눌 때 항상 자기 얘기만 한다. '나는 이런 사람입니다', '나는 이런 일을 합니다', '나는 앞으로 이런 일을 하고 싶습니다'라는 식으로 자기에게만 관심을 가져 주길 바라고 상대방에게는 전혀 관심을 보이지 않는다. 당연히 상대방을 배려하는 마음도 부족하다.

'나는, 내가 말이야'라는 식으로 얘기하는 사람은 결국 자기 위주로만 생각하므로 자신의 이익을 최우선으로 여긴다. 결과적으로 나를 위하는 성향이 강한 사람과 알고 지내면 그 사람의 페이스에 말려들어 분쟁에 휩쓸리거나 갖가지 곤욕을 치른다.

남을 위하는 성향의 사람은 다른 사람에게 관심이 많다. 그래서 자신보다 남에게 더 많은 관심을 보인다. 정신적으로도 여유가 있다.

물론 누구나 때때로 무언가를 원하고 자신을 우선시하지만 남을 위하는 성향의 사람은 스스로를 통제할 줄 알기 때문에 상대방과 적절한 거리감을 유지한다.

극단적으로 나를 위하느냐 남을 위하느냐로 모든 사람을 나눌 수는 없다. 어디까지나 경향성이므로 어느 한쪽으로 더 쏠려 있는지를 봐야 한다. 누구나 당연히 '나를 위하는 측면'과 '남을 위하는 측면'을 모두 갖추고 있다. 중요한 것은 균형이다.

관찰을 통해 각각의 비율이 어느 정도인지를 보고 판별해야 한다.

그림 ▶ For Me와 For You

For Me		For You
자신의 이익을 우선시한다		상대의 이익을 고려한다
자기 생각만 한다		다른 사람에게 관심이 많다
남을 지배하려고 든다		남에게 기쁨을 주고 싶어 한다
남을 믿지 않는다		남을 믿는다
자기애가 강하다		배려심이 많다
이기적이다		이타적이다
주로 남에게 받는다		주로 남에게 베푼다

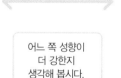
어느 쪽 성향이 더 강한지 생각해 봅시다.

자기 계발서에서는 '주는 사람', '베푸는 사람'이라는 의미의 '기버'(Giver)와 '받는 사람', '빼앗는 사람'이라는 의미의 '테이커'(Taker)라는 말을 흔히 볼 수 있다.

남을 위하는 성향이 강한 사람은 기버이고 나를 위하는 성향이 강한 사람은 테이커다.

기버 성향인 사람과 친해지면 많은 것을 얻을 수 있다. 하지만 자신이 먼저 다가가도 상대 쪽에서 전혀 마음을 열지 않을 수도 있다.

사람은 대체로 자신과 성격이나 성향이 비슷한 사람을 좋아하는데 심리학에서는 이를 '동종 선호의 원칙'이라고 한다. 즉 기버는 기버를 좋아한다. 기버끼리는 서로 돕고 서로의 능력을 키운다. 그래서 인간적인 성장뿐 아니라 비즈니스적인 성장도 압도적으로 빠르다.

이런 사람들은 테이커를 단숨에 알아보고 절대 친분을 쌓지 않으려 한다. 기버가 자신에게 눈길도 주지 않는다면 테이커, 즉 나를 위하는 성향이 강한 사람이라는 사실을 간파당했기 때문이다.

한편 테이커는 테이커를 부른다. 돈 벌 궁리만 하는 사람이 사기나 횡령을 당했다는 이야기를 심심찮게 들을 수 있다.

테이커의 주위에는 '자기만 생각하는 사람'이 모여들기 때문에 돈을 가지고 싸우면서 서로 속고 속이는 일이 비일비재하다. 만약 남에게 속거나 돈 관련 분쟁을 겪는다면 자신이 테이커 성향의 사람일 가능성이 있다.

자기 일만큼 남의 일을 소중히 여기지 않으면 끊임없이 새로운 문제에 휘말릴 것이다.

신뢰할 수 있는 사람과 친구가 되는 방법은 간단하다. 자신부터 신뢰할 수 있는 사람이 되어야 한다. 자신이 먼저 기버가 되어 남에게 베풀자. 그러면 기버 성향의 신뢰할 수 있는 사람이 모여들 것이다.

To Do 3 ▶ **베푸는 행위에 대한 거부감을 극복하자**

하지만 대다수는 기버가 되기를 어려워한다.

심리학자 알프레트 아들러는 다른 사람을 믿고 돕는 일에 대가를 바라서는 안 된다고 말한다. 아들러가 쓴 책을 읽으면 머리로는 이해가 된다. 하지만 실제로 대가를 바라지 않고 남에게 베푸는 일은 매우 어렵다. 심리적으로 거부감을 느끼는 사람도 많을 것이다. 이러한 심리적 저항 탓에 많은 사람이 기버가 되지 못한다.

> 대가가 전혀 없고 아무도 알아주지 않는 일이라도 자신부터 시작하라.
>
> – 알프레트 아들러(오스트리아의 심리학자)

미국 펜실베이니아 대학교 와튼 스쿨 애덤 그랜트 교수는 사람을 특성에 따라 다음의 세 가지로 나눌 수 있다고 말한다.

- 기버(Giver) : 주는 사람

- 테이커(Taker) : 받는 사람
- 매처(Matcher) : 손익을 따져 보는 사람

그리고 이들 중 최종적으로 가장 성공하는 부류는 기버라고 결론 내렸다. 단, "모든 기버가 성공하지는 못한다"라고 덧붙였다.

기버는 '성공한 기버'와 '번아웃 기버'로 나뉜다. 번아웃 기버는 남을 위해 자신의 시간과 에너지를 다 써 버리고 뒤늦게 허덕이는 사람이다. 이들은 남을 돕느라 진이 빠져서 기버로서 오래가지 못한다.

친구의 고민을 들어 주느라 수업을 빼먹거나 공부하지 못하는 경우를 예로 들 수 있다. 봉사 활동도 자신의 소득이나 마음이 안정된 상태에서 해야 지속할 수 있다.

테이커가 '이기적'이고 실패한 번아웃 기버가 '자기희생적'이라면 성공한 기버는 '타인 지향적'이라 할 수 있다.

타인 지향적인 사람은 받는 것보다 더 많이 주면서도 결코 자신의 이익을 놓치지 않는다. 기준을 세워 놓고 '언제, 어디서, 어떤 방식으로, 누구에게 줄지'를 정한다.

'기버가 되라', '대가를 바라지 말고 남을 도우라'라고는 하지만 우리 같은 범인에게 성인(聖人)과 같은 완전한 자기희생은 무리다. 타인을 배려하듯이 자신의 몸과 마음을 배려해야 한다는 점을 잊어서는 안 된다.

남에게 무언가를 베푼 후에 찾아오는 즐거움, 기쁨 같은 솔직한 감정은 '대가'에 해당하지 않는다. 자신의 마음에서 솟아나는 감정이지

'상대에게 받은 것'은 아니기 때문이다.

후배에게 밥을 사 주고 나니 기분이 좋았고 다시 그런 기분을 느끼고 싶어서 다음에 또 사 주는 것은 이기적인 행동이 아니다. 몇 번이든 계속해도 괜찮다.

'타인의 이익 추구'와 '자기 이익 추구'는 양립 가능하다.

남에게 베푼 후에 느끼는 '즐겁다', '기쁘다', '재미있다' 같은 긍정적인 감정도 '자기 이익'에 해당한다.

남에게 베풀 때는 억지로 참지 말고 마음껏 즐기면서 기쁨을 누려도 된다. 이런 식으로 생각하면 자신도 기버가 될 수 있을 것 같지 않은가?

싫어하는 사람과 잘 지내는 방법

자신의 주위에서 싫어하는 사람이 사라진다면 인간관계가 얼마나 편해질까?

한 조사에 따르면 '싫어하는 사람이 있는가?'라는 질문에 73퍼센트가 '있다'라고 답했다. 직장, 학교, 취미 모임, 학부모회, 주민 자치회와 같이 여러 사람이 모이는 곳에 가면 구성원 가운데 '좋아하는 사람'과 '싫어하는 사람'이 생기게 마련이다. 모두를 좋아하거나 반대로 모두를 싫어하는 일은 거의 없다.

Fact 1 ▶ 인간은 왜 호불호의 감정을 느낄까?

누군가를 처음 만나자마자 '이 사람 참 괜찮네', '이 사람은 별로다', '이 사람은 조금 불편해'라는 식으로 순간적인 호불호를 느낀 적은 없는가?

어째서 우리는 무언가를 보면 호불호를 판단할까? 우리 뇌에 무의식적으로 호불호를 판단하는 장치가 있기 때문이다.

뇌에는 편도체라는 부위가 있다. 편도체는 위험을 감지해서 적신호를 보내는 역할을 한다. 무슨 일이 일어나면 순식간에 'o'인지 'x'인지, 안전한지 위험한지를 판단한다. 위험한 상황이라면 뇌에서 적신호를 내보낸다.

동물이 천적을 만나면 뇌에서 재빠르게 대처하라고 알린다. 이때 뇌와 몸 전체에 경계 신호를 보내고 몸을 지킬 준비를 하라고 명령하는 사령탑이 편도체다.

편도체는 다양한 상황에서 순식간에 안전한지 위험한지를 판단한다. 숲속을 걷다가 발밑에 뱀이 있다는 사실을 알아차렸다고 해 보자. 분명 "으악, 뱀이다!"라고 외치기도 전에 뱀을 밟지 않도록 몸을 피했을 것이다. 순식간에 몸이 움직인 이유는 편도체가 '뱀=위험 요소'라는 경보를 보냈기 때문이다.

편도체는 0.02초라는 매우 빠른 속도로 안전과 위험을 판단한다. 차분히 생각하는 것이 아니라 매우 순식간에, 대부분 조건 반사적으로 안전한지 위험한지, 좋은지 싫은지를 판단한다.

그래서 누군가를 만났을 때도 자신에게 이로운 사람인지 혹은 해로운 사람인지에 대한 판단이 순식간에 일어난다.

요컨대 뇌가 멋대로 '호'가 '불호'의 라벨을 붙인다는 소리다.

'불호'라는 결론은 과거에 불편하다고 느꼈던 사람의 겉모습, 표정 같은 다양한 특징을 종합한 결과다.

뇌는 일단 불호라고 판단하면 부정적인 편견을 품고 상대를 바라본다. 그러면 또 다른 단점이 눈에 들어와 싫어하는 감정이 점점 커진다. 싫어하는 점이 잔뜩 보이니 결국 진심으로 싫어하게 된다.

그림 ▶ 편도체의 시스템

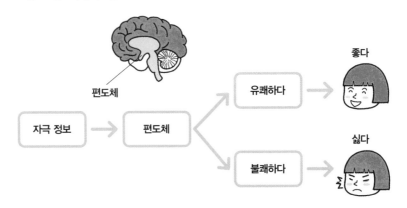

누군가를 싫어하면 티가 난다

인간의 커뮤니케이션은 '언어적 커뮤니케이션'과 '비언어적 커뮤니케이션'으로 나뉜다. 언어적 요소와 비언어적 요소로 서로 다른 메시지를 표출하면 상대는 비언어적 메시지를 우선해서 받아들인다는 사실이 심리학 실험을 통해 밝혀졌다.

싫어하는 상사 앞에서 "항상 잘 이끌어 주셔서 감사합니다"라며 입에 발린 소리를 해 봤자 소용없다. 분위기나 태도에서 싫어하는 티가 나기 때문에 상대도 그러한 감정을 알아차린다.

인간은 상대가 호의를 드러내면 호의로 갚는다. 앞서 자신이 마음을 드러내는 만큼 상대도 마음의 문을 연다는 '자기 개방의 보답성'을 설명했다. 그런데 그 반대도 마찬가지다. 자신이 악의를 드러내면 상대도 악의로 갚는다.

누군가를 미워하면 상대도 미움이라는 감정을 되돌려 준다. 즉 상사를 싫어하면 할수록 상사는 부하 직원이 표출하는 비언어적 메시지를 무의식적으로 감지해 더 차갑고 까다롭게 군다.

자신이 상사를 싫어하는 만큼 상사는 자신을 더 엄격하게 대하고 심하게 공격한다. 당연히 일도 재미없어지고 의욕도 생기지 않는다. 나날이 상사를 싫어하는 마음만 더 커지고 상사에게도 더 미움받는다. 결국 관계는 악화되고 사태는 점점 심각한 방향으로 흘러간다.

누군가를 싫어하면 감정의 연쇄 반응이 일어나 인간관계가 최악으로 치닫는다. 이것이 원만하게 굴러가지 않는 인간관계의 정체다.

그림 ▶ 누군가를 싫어하면 티가 난다

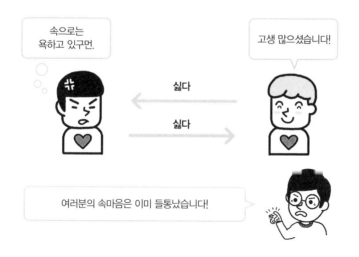

누군가를 싫어하는 감정만 줄여도 인간관계는 원만하게 굴러간다.
그러니 이제부터 '싫어하는 감정을 없애는 작업'을 해 보자.

표 ▶ 싫어하는 감정을 없애는 작업

【1단계】가까운 사람 열 명의 이름을 적는다	【2단계】좋다(○), 싫다(×) 중에 골라 적는다	【3단계】좋다(○), 보통(△), 싫다(×) 중에 골라 적는다
1		
2		
3		
4		
5		
6		
7		
8		
9		
10		
집계		

　수백 명에게 이 작업을 시켰더니 '좋다'와 '싫다'의 두 항목만으로
인물을 평가한 경우에는 싫어하는 사람이 평균 2~3명으로 나왔다.
그런데 '보통'을 추가해서 평가하자 싫어하는 사람이 0~1명으로 줄
었다.

　'보통'이라는 항목만 추가했는데 '싫다'의 수가 급감했다.

얼굴 보기도 싫고 만나고 싶지도 않고 얘기하기도 꺼려질 만큼 극도로 싫어하는 사람이 가끔은 나타날 수도 있지만 그 정도 감정은 아니라면 '보통'에 두어도 좋지 않을까 싶다. 혹은 '중립'이라고 표현해도 좋다.

좋은지 싫은지 둘 중 하나를 고르는 것은 원시적인 뇌의 편도체에서 일어나는 조건 반사다. 인류는 다른 동물과는 달리 대뇌 피질을 발달시켜 차분하게 논리적으로 사고하도록 진화했다.

최근 뇌 과학 연구에서는 대뇌를 통해 입력된 언어 정보가 편도체의 흥분을 가라앉힌다는 사실을 밝혀냈다. 언어로 편도체를 통제할 수 있다는 말은 곧, 차분히 생각하면 호불호의 라벨을 수정할 수 있다는 얘기다.

다른 사람을 판단할 때는 좋은지 보통인지를 생각하자. '친하게 지내고 싶은 사람'과 '그 정도는 아닌 사람' 중에서 선택하자. '보통'이라는 항목을 추가해 둘 중 하나를 고르는 방식으로 사고하는 습관을 기르면 '싫어하는 사람'은 거의 사라질 것이다.

To Do 2 ▶ 남의 험담을 하지 말고 장점을 찾자

아무리 생각해 봐도 싫은 사람이 있는 경우에는 어떻게 대처하면 좋을까? 싫어하는 사람의 험담을 늘어놓지 말자. 번화가 술집에서는 늘 험담 배퍼기 언간다. 그런데 험담도 인줄이 아웅퓨 행동이므로 여러 번 반복하면 그에 관한 기억이 강화된다.

남을 욕하면 스트레스가 풀릴 것 같지만 실제로는 그 반대다. 잊고

있었던 사소한 에피소드까지 다 떠올라서 상대의 단점과 결점이 더욱 강렬하게 남는다. 결국 상대를 더 싫어하게 된다. 불호의 연쇄 반응이 일어나 인간관계가 점점 수렁으로 빠져든다. 원만하지 않은 인간관계는 자신이 내뱉은 험담에서 비롯된 것이며 스스로가 불러온 재앙이다. 남을 안 좋게 얘기하는 버릇만 고쳐도 인간관계는 달라진다.

> 남을 험담할 때는 그것이 자신에게 되돌아온다는 사실을 기억하자.
>
> – 플라우투스(고대 로마의 희극 작가)

누구에게나 장단점은 있다. 남보다 부족한 면이 있다면 남보다 뛰어난 면도 있게 마련이다.

정말 싫어하는 사람의 장점을 일곱 가지 적어 보자.

'장점이 있을 리가 없잖아'라고 생각하겠지만 자세히 관찰하면 반드시 찾아낼 수 있다.

누군가를 싫어하면 쳐다보기도 싫어진다. 그래서 우리는 싫어하는 사람을 적극적으로 관찰하지 않는다. 하지만 단점이라고 여기던 면을 뒤집어 보면 사실은 장점일지도 모른다. '사소한 일까지 간섭하고 잔소리한다'라는 단점도 '세세한 일까지 꼼꼼하게 신경 쓴다'라는 장점이 될 수 있다.

싫어하는 사람의 장점을 적어 보면 '진짜 싫다'라는 감정이 '뭐, 그렇게까지 최악은 아닌가'라는 '보통'의 감정으로 변하게 될 것이다.

그림 ▶ 상대방의 장점을 찾자

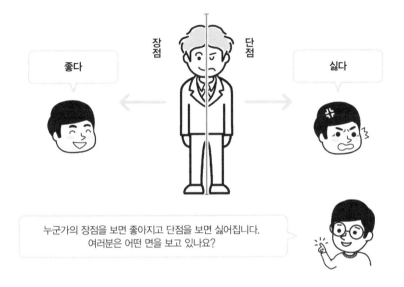

남에게 미움받고 싶지 않을 때의 대처법

키워드 ▶ 키 맨

앞에서 남을 싫어하는 감정을 없애는 작업을 소개했는데 반대로 남에게 미움받고 싶지 않아서 고민인 사람도 많을 것이다.

한 조사에서 '아무에게도 미움받고 싶지 않은가?'라고 질문했더니 42퍼센트가 '그렇다'라고 답했다. 이러한 경향은 특히 20대 여성에게 강하게 나타났는데 무려 54.6퍼센트가 그렇다는 답변을 했다. 남에게 미움받고 싶지 않을 때는 어떻게 대처하면 좋을지 지금부터 알아보자.

Fact 1 ▶ 호감의 1:2:7 법칙

다음 페이지의 글을 처음 읽었을 때 나는 크게 공감했다.

열 명이 있다면 그중 한 명은 반드시 당신을 비판한다. 당신을 미워하고 당신도 상대에게 호감을 느끼지 못한다. 그리고 열 명 중 두 명은 서로의 모든 것을 받아들이는 절친한 사이가 된다. 나머지 일곱 명은 어느 쪽에도 해당하지 않는 사람들이다.

– 유대교 가르침, 《미움받을 용기》

내 SNS만 봐도 부정적인 코멘트가 하나라면 호감을 표하는 코멘트는 두 배 이상이다. 그리고 70퍼센트 정도는 코멘트 없이 그저 읽기만 하는 '말 없는 다수'(silent majority)다.

이것을 간단하게 숫자로 표현하면 '비호감 1, 호감 2, 중립 7'이 되는데 이를 '호감의 1:2:7 법칙'이라고 부르자. 말 없는 다수는 적극적으로 의견을 내놓지는 않지만 SNS를 팔로우해 주는 사람들이다. 따라서 호감이 분명하다. '중립'은 '소소한 호감'으로 봐도 좋을 것이다.

결론적으로 자신을 싫어하고 비판하는 사람이 한 명이라면 응원해 주는 사람의 수는 그 아홉 배나 된다는 얘기다.

호감의 1:2:7 법칙은 자신의 주변에도 적용할 수 있다.

직장에서 같이 일하는 사람이 스무 명이라면 자신을 싫어하는 사람은 두 명 정도이고 친한 사람은 네 명쯤 될 것이나.

세상에는 다양한 성격과 사고방식을 지닌 사람들이 산다. 자신과 마음이 잘 맞는 사람이 있다면 당연히 그 반대도 존재한다. 모두와

비호감 1	중립 7	호감 2

> 나를 좋아하는 사람이
> 나를 싫어하는 사람보다 두 배 많습니다!

잘 맞을 수는 없지만 반대로 모두와 사이가 나쁠 수도 없다.

상황이 이러하므로 아무에게도 미움받지 않거나 모두와 친하게 지내는 것은 불가능하다.

자신을 싫어하는 사람보다 좋아하는 사람이 두 배 많고 싫어하는 것과는 거리가 먼 사람이 일곱 배는 더 존재한다.

간혹 비난성 어조로 공격하는 단 한 명 때문에 SNS 활동을 그만두는 사람이 있다. 그보다 아홉 배 많은 사람이 SNS에 새 글이 올라오기를 기다리는데 그만두다니 참으로 안타깝다.

자신을 싫어하는 10퍼센트의 뜻에 따라 움직이면서 다른 사람들을 저버리겠는가? 아니면 자신을 정말 아끼는 20퍼센트를 소중히 여기며 살아가겠는가? 어느 쪽이 행복한 인생을 살아갈지는 자명하다.

누군가에게 미움받아 힘들 때는 호감의 1:2:7 법칙을 떠올리자. '나에게는 아군이 있다!'라는 사실이 한층 명확해져 용기가 솟아날 것이다.

Fact 2 ▶ 상대의 감정은 상대가 감당할 문제다

남에게 미움받지 않기 위한 노력의 99퍼센트는 소용없다.

왜냐하면 타인은 쉽게 바꿀 수 없기 때문이다. A가 자신을 좋아하든 싫어하든 그것은 A의 감정이고 A가 결정할 일이다. 자신의 통제 범위 밖에 있다.

> 타인과 과거는 바꿀 수 없다.
>
> – 에릭 번(미국의 심리학자)

그렇지만 실제로는 자신이 변화하면 상대가 느끼는 호감이나 비호감 같은 감정을 다소는 변화시킬 수 있다. 방법은 이번 장의 후반에서 소개하겠지만 많은 시간과 노력이 필요하다. 하루아침에 해내기는 어렵다고 생각해 두는 편이 좋다.

따라서 일단은 타인의 감정은 통제할 수 없으며 상대가 자신을 싫어하는지 어떤지 걱정해 봤자 아무런 소용이 없다는 사실을 명확히 이해하자.

그럼 어떻게 하면 좋을까? 스스로 변화를 꾀하고 성장을 이뤄야 한다. 행동과 말에 변화를 주면 인상과 감정이 달라진다.

인간은 못 바꿔도 인간관계는 바꿀 수 있다.

그러기 위해서는 우선 자신을 바꿔야 한다. '남에게 미움받고 싶지 않다'라고 말할 여유가 있다면 그 시간에 어떻게 하면 자신을 바꿀 수 있을지 고민하고 1분 1초라도 더 많은 노력을 기울여야 한다.

To Do 1 ▶ **키 맨에게 시간과 에너지를 집중적으로 투자하자**

아무리 굳게 마음을 먹어도 직속 상사처럼 자신이 나서서 관계를 변화시키기 어려운 상대에게 미움받으면 상당히 괴롭다. 이런 상대는 한마디로 열쇠를 쥐고 있는 사람, '키 맨'(key man)이다. 업무 지시를 내렸을 때 일일이 반발한다면 일이 진행되지 않으므로 상사뿐 아니라 자신의 직속 부하도 키 맨에 해당한다.

아무에게도 미움받지 않으려면 많은 노력을 기울여야 하지만 그에 비해 결실은 매우 적다. 그럴 시간이 있다면 직속 상사나 부하 같은 중요한 사람들과 소통하고 친하게 지내려는 노력을 해야 한다. 시간과 정신적 에너지의 대부분을 키 맨과 소통하는 데 쏟자.

만약 동료인 B가 자신을 격렬하게 싫어한다고 해도 직속 상사와 잘 지내고 상사가 자신의 성과도 제대로 평가해 준다면 B가 자신을 어떻게 생각하든 크게 신경 쓸 필요가 없다.

예를 들어 직장에 중요 인물이 세 명 있다면 그 세 명과 소통하는 데 시간과 에너지의 70퍼센트를 쏟아붓자. 이를 '키 맨의 7:3 법칙'이라고 부르겠다.

그 외의 사람들과는 적당히 잘 지내면 된다. 주변에 자신을 싫어하

는 사람이 열 명 중 한 명꼴로 있을지도 모르지만 대수로운 문제는
아니다.

주변의 싫어하는 누군가에게는 남은 30퍼센트의 7분의 1, 그러니
까 4퍼센트 정도만 에너지를 쏟으면 충분하다.

그림 ▶ 키 맨의 7:3 법칙

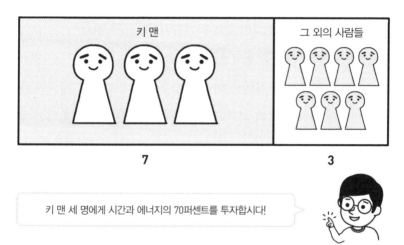

키 맨 세 명에게 시간과 에너지의 70퍼센트를 투자합시다!

직장 내 같은 부서에서 일하지만 팀이 다른 사람, 업무에 직접 관여
하지 않는 사람, 자리는 가깝지만 업무상 직접 엮일 일이 없는 사람,
거의 대화를 나누지 않는 사람도 있을 것이다.

이런 사람들의 기분까지 하나하나 맞출 필요는 없다. 정신적 에너
지와 시간은 한정되어 있으므로 그것을 어디에 쏟을지 생각하자. 그 대상
은 자신에게 중요한 사람이어야 한다.

아무에게도 미움받고 싶지 않다는 생각은 버리자. 키 맨과 잘 지낸

다면 그것으로 충분하니 키 맨과 관계를 쌓는 데 집중하자. 이것만 잘해도 인간관계는 상당히 편해진다.

자신의 키 맨은 누구인가? 직접 세 명의 이름을 적어 보자. 그리고 그 사람들과 소통하는 데 시간과 에너지를 쓰기 바란다. 그 외에 다른 사람과는 가끔 소통하는 정도면 충분하다.

To Do 2 ▶ 미움받지 않기보다는 예쁨받기 위해 노력하자

남에게 미움받지 않기란 쉽지 않다.

미움받지 않기 위해 상대의 비위를 맞추고 반감을 사지 않으려 애쓰고 반박을 피하기 위해 의견을 말하지 않는 것은 자신을 죽이는 행위다.

자신을 전면에 드러내지 않고 무던한 척 행동하는 것은 거짓된 자신으로 사는 것이다. 오랜 기간 스스로를 억누르고 살면 스트레스가 쌓여 인생을 즐겁게 보낼 수 없다.

'남에게 미움받지 않기 위해 노력해야지'라는 말은 그 자체로 매우 부정적이다. '미움받다'와 '않다'라는 부정적 단어가 두 개나 들어 있으니 말이다.

'약한 과목인 수학을 정복하자!'라는 식으로 목표를 세우면 의욕이 생기지 않는다. 한편 '수학을 잘하는 과목으로 만들자!'와 같이 긍정적인 단어만으로 이루어진 목표를 세우면 '힘내기!' 하는 마음이 불끈 솟아난다.

그러니 '미움받지 않기'에서 '예쁨받기'로 생각을 전환하자. 두 가지 목표는 같아 보이지만 이에 따른 실제 행동을 비교해 보면 꽤 다르다.

남에게 미움받지 않으려면 자신의 단점을 숨겨야 하고 미움받을 일을 해서는 안 된다. 즉 자신을 억눌러야 한다. 이는 매우 '괴로운' 일이다.

남에게 예쁨받으려면 자신의 장점을 드러내고 남이 기뻐할 만한 일을 해야 한다. 즉 자신을 표현하면 된다. 그리고 이는 매우 '즐거운' 일이다.

자신의 장점을 남에게 알리고 남을 응원하고 도우면서 웃는 얼굴로 대하자. 이렇게 해도 상대방이 자신을 싫어한다면 억지로 잘 지낼 필요가 없다.

인간관계	
07	**속마음은 드러내야 할까 말아야 할까**

키워드 ▶ 페르소나

지금까지 남을 싫어하거나 남에게 미움받지 않는 문제에 대해 설명
했다. 이어서 어떤 방식으로 타인을 대하면 좋을지 알아보자. 속마음
은 말하는 편이 좋을까 아니면 말하지 않고 참는 편이 좋을까? 이제
부터 이에 관한 이야기를 해 보겠다.

Fact 1 ▶ 속마음은 친한 사람에게만 드러내는 편이 낫다

속마음은 겉으로 드러나지 않은 실제 마음을 뜻한다. 입 밖으로 내지
않는 한, 자신 이외에는 아무도 알 수 없다. 따라서 속마음을 드러내
는 행위는 가장 깊은 자기 개방에 해당한다.

얕은 관계인 사람에게 속마음을 말했을 때 이해받지 못하거나 거
부당하는 것은 당연하다. 75쪽에서 설명한 신뢰 관계의 5단계를 차
례로 밟지 않고 중간을 건너뛰었기 때문이다. 얕은 관계인 사람은 속

102

으로 '당신의 속내까지 알고 싶지는 않다'라고 생각한다.

큰마음 먹고 속마음을 말했더니 분위기가 험악해졌거나 속내를 털어놓았는데 이해해 주지 않아서 상처받은 경험이 있다면 애초에 속마음을 밝힐 타이밍을 잘못 골랐기 때문이다.

대인 관계 치료 과정에서는 '대인 관계의 삼중 원'이라는 개념을 설명한다.

원의 가장 안쪽을 차지하는 존재는 '중요한 타인'이다. 자신에게 둘도 없이 소중한 존재인 가족, 연인, 절친한 친구가 여기에 해당한다.

친구나 친척은 그다음 바깥쪽 원에 속한다. 가장 바깥쪽 원에는 직업상 알고 지내는 사람들이 들어간다.

그림 ▶ 대인 관계의 삼중 원

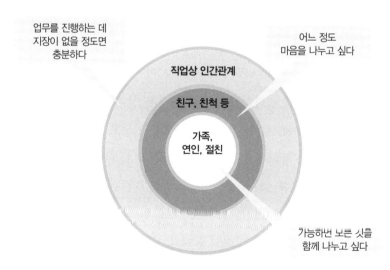

* 출처: 호소카와 덴텐, 미즈시마 히로코, 《이대로 괜찮습니다》

사람들은 가장 바깥쪽 원에 속한 인물과도 깊은 인간관계를 맺으려 한다. 그래서 많은 정신적 에너지를 소모하고 지쳐 버린다. 때로는 우울증에 빠지기도 한다.

가장 바깥쪽 인간관계는 적당히 잘 유지하면 된다. 속마음이나 진심을 털어놓을 필요는 없다. 속마음을 말하면 오히려 오해를 사고 상처를 받거나 반대로 상대에게 상처를 입히는 문제가 생긴다.

To Do 1 ▶ 속마음은 정말 친한 사람에게만 말하자

직장에서 가끔 잡담하는 사이인 C가 "고민이 있는데 잠깐 시간 괜찮아?"라며 말을 걸어왔다고 해 보자. 자신을 불러낸 C는 장장 두 시간에 걸쳐 어머니가 치매 판정을 받아서 간병하기가 힘들다고 한탄한다. 이런 상황이라면 어떤 마음이 들까?

'나에게 힘든 얘기를 해 줘서 정말 기쁘다'라고 생각할까? 절대 그렇지 않을 것이다. '어째서 별로 친하지도 않은 C의 무거운 이야기를 두 시간이나 듣고 있어야 하지?'라는 생각이 들 것이다.

친하지도 않은데 속마음을 털어놓는 것은 상대에게도 민폐다. '듣고 싶지 않은 속마음'을 들어야 하는 사람의 기분도 헤아려야 한다.

친밀도가 낮은 상대에게 속마음을 말해서는 안 된다.

상대방이 대인 관계의 삼중 원 중 어디에 속하는지 살펴보고 그에 맞는 이야깃거리를 고르자. 속마음은 가장 안쪽 원에 있는 정말 친한 사람, 중요한 타인에게만 털어놔야 한다.

'모두에게 속마음을 말해서는 안 된다'라고 조언하면 어떤 이들은 '겉과 속이 다른 삶을 살고 싶지 않다'라고 반박한다.

모두에게 속마음을 말하지 않는다는 것은 거짓을 말하는 것도, 거짓 속에서 살아가는 것도 아니다.

> 너는 천 개의 가면을 가지고 있다!
>
> – 미우치 스즈에의 《유리가면》에서 쓰키카게 선생이 기타지마 마야에게 한 말

《유리가면》의 주인공이자 연극에 천재적인 재능을 보이는 기타지마 마야는 '천 개의 가면을 가진 소녀'로 불린다. 우리도 천 개까지는 아니지만 열 개 정도의 가면을 바꿔 쓰며 산다.

심리학에는 '페르소나'(persona)라는 개념이 있다. 페르소나는 '가면'을 뜻한다. 즉 우리는 몇 가지 페르소나를 바꿔 쓰면서 살아가는 셈이다.

회사에서는 '회사원'의 가면을 쓰지만 집에서는 가면을 벗고 '본연의 자신'으로 돌아오는 사람도 있을 것이다. 나아가 상사를 대할 때는 '부하'의 가면을 쓰고 부하 직원을 대할 때는 '상사'의 가면을 쓴다. 집에서도 자녀와 시간을 보낼 때는 '부모'의 가면을 쓴 채 행동하고 배우자 앞에서는 '남편 혹은 아내'의 가면을 쓴다.

실제로 우리는 대상이 상사냐 부하 직원이냐 가족이냐에 따라 말투, 표정, 태도를 달리한다.

이처럼 누구나 상황에 맞게 페르소나를 적절히 바꿔 쓴다.

직장에서나 집에서나 똑같은 마음으로 똑같이 행동하면서 본연의 자신을 드러낸다면 아마 직장이나 가족 내의 인간관계가 엉망이 될 것이다.

'상황에 맞게 겉과 속을 달리한다'라고 말하면 매우 부정적으로 들린다. 하지만 '상황에 맞게 페르소나를 적절히 바꿔 쓴다'라는 의미로 받아들이고 실천한다면 인간관계를 유지하는 과정에서 생기는 갈등과 스트레스를 크게 줄일 수 있다.

To Do 2 페르소나를 적절히 바꿔 쓰자

속마음을 말할지 말지 고민된다면 페르소나를 적절히 바꿔 쓰는 연습이 부족한 사람이다.

상사에게 잔소리를 듣고 무심코 반박하고 싶어지더라도 '지금은 회사원의 가면을 쓰고 있다. 어떤 식으로 말해야 할까?'를 고민해야 한다. 속마음을 솔직하게 말해도 될지 신중하게 판단하자.

참고로 성격, 인성, 개성이라는 뜻의 '퍼스낼리티'(personality)는 페르소나에서 파생된 단어다. 개성은 '본연의 자신'보다는 '가면 쓴 자신'에 가깝다. 타고났거나 정해진 하나의 특성이 아니라 상황에 맞게 자유자재로 바뀌도 되는 특성이나, 이렇게만 생각해두 훨씬 마음이 편해진다.

그림 ▶ 페르소나를 적절히 바꿔 쓰자

본연의 자신

직장용　　가족용　　친구용

페르소나를 바꿔 쓰는 것은 잘못이 아닙니다!

속마음을 숨기고 겉과 속이 다르게 살아야 한다는 뜻으로 받아들이면 스트레스가 쌓인다. 직장은 자신이 올라서는 무대다. 무대 위의 자신은 '슈퍼 직장인'이다. 그곳에서 자신이 꿈꾸는 이상적인 모습을 연기해 보자.

속마음을 말하고 싶다면 다른 종류의 페르소나를 쓸 때 표출하는 것도 방법이다. 상사에 대한 불만을 그대로 상사에게 말하면 갈등이 생긴다. 직장용 페르소나를 썼을 때 생긴 불만은 친구용 페르소나를 쓰고 절친한 친구에게 털어놓자.

페르소나는 일종의 가면이 아니다. 때로는 방패가 되어 타인의 공격이나 스트레스를 막아 준다.

직장 생활에 실패했어도 그것은 직장용 페르소나의 실패일 뿐이

다. 자신의 모든 인격을 부정당한 것이 아니니 일일이 우울해할 필요
없다.

To Do 3 ▶ 속마음과 감정을 구별해서 전달하자

어떻게 해서든 속마음을 전하고 싶은 경우도 있을 것이다. 그럴 때를
대비해서 속마음을 잘 전달하는 요령을 설명하겠다.

자신이 전하고 싶은 속마음은 과연 진짜 속마음인가? 그저 단순한
'감정 반응'은 아닌가?

만약 감정 반응이라면 실제로 입 밖으로 꺼내고 나서 분명 후회할
것이다. 진심에서 우러나온 말이라면 후회하지 않는다. 나중에 싫은
소리를 듣는다고 해도 그것이 자신의 진심이라고 당당하게 말하면
된다.

그러나 "바보야!" 같은 소리는 진심이 아니라 일시적인 감정에서
비롯한 말이다. 이러한 감정을 말로써 상대에게 전하면 반드시 후회
한다.

일시적인 감정과 본래의 생각이나 기분, 즉 속마음을 구별해야 한
다. 속마음은 그리 쉽게 흔들리지 않는다.

감정은 속마음의 바깥쪽을 감싸고 있으므로 두 가지를 구별하는
일은 쉽지 않다. 하지만 감정과 속마음을 동시에 전달하면 부정적 반
응만 돌아온다. 특히 부부 싸움은 대부분 이런 식이다. 속마음을 말
하고 싶다면 감정과 분리된 실제 마음만을 차분하게 선달해야 한다.

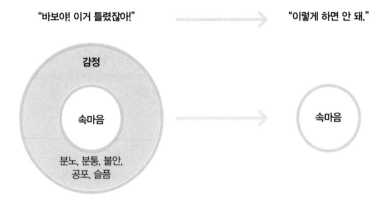

인간관계 갈등이 많거나 남들과 자주 싸우는 사람은 감정을 쏟아 붓는 버릇이 있을 가능성이 크다. 평소에 감정 섞인 말을 하지 않도록 주의하자. 이것만 신경 써도 인간관계는 원만하게 돌아간다.

악의를 드러내는 사람에게 대처하는 방법

키워드 ▶ 우월 콤플렉스, 벤저민 프랭클린 효과

2014년에 방영된 인기 드라마에서 자신의 우위를 드러내는 행동을 '마운팅'(mounting)이라고 부르기 시작하면서 일본에서는 이 말이 일상적으로 쓰이게 되었다.

본래 마운팅은 동물이 자신의 우위를 드러내기 위해 상대방 위에 올라타는 행위를 가리킨다. 현재는 단어의 의미가 확장되어 인간관계에서 '자신이 더 우위에 있다'라고 티 내는 행동도 마운팅이라고 부른다.

'여성의 속마음'에 관한 한 조사에 따르면 마운팅당한 경험이 있다고 답한 여성이 84.3퍼센트나 된다고 한다. 대놓고 비꼬거나 악의를 드러내는 사람이 상당히 많다는 얘기다.

Fact 1 ▶ 악의를 드러내는 사람은 딱한 존재다

누군가에게 악의를 드러내거나 공격을 가하는 사람의 목적은 뭘까?

무언가를 뽐내거나 남을 헐뜯는 사람은 열등감이 심한 사람이다. 이런 사람은 남을 깎아내리면서 자신의 우위를 확인하거나 우월감을 느끼려 한다.

남보다 우월해지고 싶다면 자기 자신을 갈고닦아 성과를 내면 될 일이다. 그런데 하라는 노력은 안 하고 뛰어난 인물인 양 행세하면서 거짓 우월감에 젖는다. 이를 '우월 콤플렉스'(superiority complex)라고 부른다.

이것이 우리에게 악의를 드러내는 사람들의 정체다. 그러니 누군가가 악의를 드러내거나 마운팅을 시도한다면 열등감이 심하고 우월 콤플렉스를 달고 사는 딱한 사람으로 여기자. 정체를 알면 마음도 편해져서 냉정하게 대처할 수 있다.

우월 콤플렉스에 젖은 사람을 진지하게 상대하는 것은 수준 낮은 경쟁에 뛰어들어 '딱한 무리'의 일원이 되려는 것이나 마찬가지다. 가장 좋은 대처법은 진지하게 받아들이지 않고 상대도 해 주지 않는 것이다.

To Do 1 ▶ 흘려보내자

누군가가 자신에게 악의를 드러낸다면 그냥 흘려보내는 편이 가장 좋다. '흘려보낸다'라는 말은 '가볍게 넘긴다', '상대하지 않는다', '무시한다', '아무런 반응도 해 주지 않는다', '반박도 하지 않고 화도 내

지 않는다' 같은 표현으로 바꿔 쓸 수 있다.

남을 괴롭히거나 악의를 드러내는 사람은 쾌감을 목적으로 악행을 저지르는 '유쾌범'이다. 이들은 상대가 괴로워하는 표정을 짓거나 우울해하거나 슬퍼할수록 기뻐한다. 그 모습을 보기 위해 점점 더 심하게 괴롭힌다.

나는 누군가가 마운팅 공격을 시도하면 "그렇군요" 하고 받아넘긴다. 긍정도 부정도 하지 않고 "그렇군요"라고만 말한다. 언어적으로는 '중립'이지만 비언어적으로는 '부정'의 뜻을 전한다.

그러면 상대는 흥미를 잃고 물러간다. 마운팅하는 사람은 우월감을 채우고 싶을 뿐이므로 우월감이 채워지지 않으면 재미를 느끼지 못한다.

이런 사람을 대할 때는 언어적으로 반박하지 않는 것이 중요하다. 상대가 비꼴 때 똑같이 비꼬지 말자. 마운팅하는 사람에게는 자존심이 생명이다. 체면을 손상시키면 자신의 존엄에 관한 문제로 받아들이고 맹렬한 기세로 반격해 온다. 가볍게 넘기거나 슬쩍 자리를 피하는 편이 상책이다.

그림 ▶ 흘려보내자

- 악의
- 공격
- 비판, 승상모락
- 괴롭힌

인터넷 악성 댓글을 대할 때도 마찬가지다. SNS 공간에서 누가 봐도 남을 괴롭힐 생각으로 글을 남기는 사람이 있다. 그런 사람에게 절대 대답하거나 반박해서는 안 된다. 철저히 무시하고 상대해 주지 말아야 한다.

인터넷에서 남을 괴롭히는 사람의 정체는 '관심병자'다. 반박을 당하면 물 만난 물고기처럼 쌩쌩해진다. 우리가 관심을 보일수록 기뻐한다. 심지어 상대방이 불쾌해하거나 당황하면 기뻐서 어쩔 줄 몰라 한다.

특히 마음이 약한 사람은 SNS 앱을 지우거나 로그인하지 않는 편이 좋다. 일주일 넘게 무시하면 적은 조용히 모습을 감춘다.

To Do 2 ▷ 공격을 받아넘기는 표현을 적절히 활용하자

공격을 해 와도 적당히 흘려보내라지만 현실적으로 쉽지 않은 경우도 많다. 상대가 상사나 선배라면 "그렇군요"라는 말은 쓸 수 없기 때문이다. 그럴 때는 공격을 받아넘기는 표현을 몇 가지 마련해 두고 적절히 돌려 가며 쓰자.

독설 및 냉담 계열의 표현 가운데 "그게 왜요?"라는 말은 강력하다. 누리꾼들이 자주 쓰는 말인데 담담한 어조로 "그게 왜요?"라고 대응하면 상대는 반박하지 못하고 입을 다문다.

하지만 상사나 선배가 압박을 가할 때 "그게 왜요?"라고 대답하며 상대의 신경을 긁어 오히려 화를 돋우게 된다. 이런 경우에는 정중하고 예의 바르게 대응하자.

예를 들면 미소 띤 얼굴로 "조언해 주셔서 정말 감사합니다"라고 말하자. 얼굴은 웃으면서 마음속으로는 철저히 무시하는 방법이다. 당연하지만 조언대로 따를 필요는 없다.

미소 띤 얼굴로 "그거 잘됐네요"라고 말하는 것도 효과적이다. 이 말에는 95퍼센트의 정중함과 '나는 관심이 없다'라는 5퍼센트의 비언어적 메시지가 담겨 있다. 상대와 얽히고 싶지 않을 때는 독설 및 냉담 계열의 표현을, 자신보다 우위에 있는 사람에게는 정중 및 예의 바름 계열의 표현을 적절히 활용해서 원만하게 흘려보내기 바란다.

표 ▶ 공격을 받아넘기는 표현

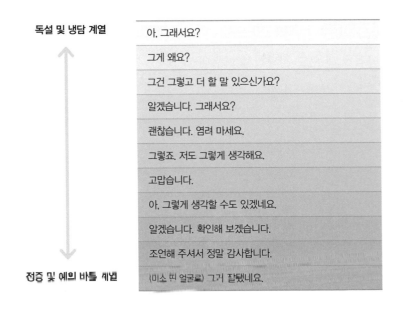

독설 및 냉담 계열	아, 그래서요?
↑	그게 왜요?
	그건 그렇고 더 할 말 있으신가요?
	알겠습니다. 그래서요?
	괜찮습니다. 염려 마세요.
	그렇죠. 저도 그렇게 생각해요.
	고맙습니다.
	아, 그렇게 생각할 수도 있겠네요.
↓	알겠습니다. 확인해 보겠습니다.
	조언해 주셔서 정말 감사합니다.
정중 및 예의 바름 계열	(미소 띤 얼굴로) 그거 잘됐네요.

To Do 3 적당히 칭찬하고 치켜세우자

공격을 받아넘기는 표현을 쓸 수 없는 상대에게는 '적당히 칭찬하고 치켜세우는 작전'을 쓰자. 마운팅하는 사람은 남보다 우월하다는 느낌을 받고 싶어 한다. 우월감이 충족되면 신나 한다. 단순하다고나 할까, 어찌 보면 '귀여운' 생물이다.

마운팅하는 사람의 심리를 알면 '부정적 감정의 힘겨루기'에 말려들지 않을 수 있다. 부정적인 공격에 '화내기', '비꼬기', '질린 표정 짓기' 같은 부정적 기술로 반격하면 진흙탕 싸움이 벌어질지도 모른다.

냉정하고 어른답게 대처하자. "대단하네요", "역시 다르네요"라는 말로 받아치면 상대는 제멋대로 좋게 받아들이고 신나 한다. 자신에게 호감을 느낄지도 모른다. 이런 식으로 어른스럽게 받아치자.

To Do 4 싫어하는 사람을 자기편으로 만들라

직장 상사나 선배를 대할 때나 학부모 모임 같은 자리에서 무뚝뚝한 태도로 일관하면 일이 꼬이고 인간관계가 복잡해져 성가신 문제로 발전한다. 이런 상황에서는 적을 자기편으로 만들면 좋다.

심리학에는 '벤저민 프랭클린 효과'라는 이론이 있다.

100달러짜리 지폐 속 인물인 미국 정치가 벤저민 프랭클린은 펜실베이니아주 의회에서 평소 사이가 썩 좋지 않은 의원에게 '책을 빌려주면 좋겠다'라고 부탁했다. 그 뒤로 책을 빌려준 의원은 친절한 태도로 프랭클린을 대했다.

인간은 행동과 감정이 어긋나면 두 가지를 일치시키려고 애쓴다.

'친절한 행위'와 '싫은 감정'은 모순된다. 그런데 '친절한 행위'는 이미 저지른 일이므로 바꿀 수 없다. 따라서 '싫은 감정'을 '좋은 감정'으로 변화시켜 마음의 조화를 이룬다.

이처럼 우리는 자신이 호의를 베푼 사람을 좋아한다. 이를 벤저민 프랭클린 효과라고 부른다. 싫어하는 사람을 피하기보다는 일부러 요청이나 부탁을 해 보자. 예를 들면 마운팅을 시도하는 직장 선배에게 "선배, ○○에 대해 알려 주실 수 있나요? ○○에 대해서는 우리 부서에서 선배가 가장 잘 아시잖아요"와 같이 말해 보자.

대다수는 싫어하는 상대가 공격해 오면 같이 반격하거나 다른 곳으로 피한다. 앞서도 다루었지만 이는 싸움과 도주에 관여하는 편도체의 본능적인 반응이다. 하지만 대뇌 피질을 사용하면 '적을 내 편으로 만들자'라는 발상이 나온다. 편하게 살려면 적보다는 아군을 늘리는 편이 좋다.

Fact 2 마운팅당하는 진짜 이유

마운팅을 하는 이유는 상대에게 이길 수 있다고 생각하기 때문이다. 마운팅하는 사람은 상대보다 자신이 우위에 있어서 지배하고 통제할 수 있다고 믿는다. 혹은 자신과 비슷한 위치에 있기 때문에 짓밟고 싶어 한다.

만약 자신이 마운팅을 당한다면 상대보다 아래거나 등급으로 보였기 때문이다. '절대 이길 수 없다'라거나 '지배할 수 없다'라고 여기는 사람에게는 마운팅하지 않는다. 즉 상대에게 얕보이면 마운팅당하기 쉽다.

따라서 지금보다 실력을 키우는 쪽으로 사고방식을 전환하자.

> 지나치게 모난 돌은 정 맞지 않는다.
>
> – 마쓰시타 고노스케(파나소닉 창업자)

문제가 벌어지는 곳이 직장이라면 일을 열심히 해서 남보다 한발 앞서가는 존재로 성장해야 한다. 마운팅당해서 분하다면 그 마음을 더 열심히 일하고 자기 성장을 이루는 원동력으로 삼자. 상대방이 '이 인간에게는 당해 내지 못하겠다'라고 생각하는 날이 올 때까지 자신에게 집중하자.

자기 긍정감이 낮고 스스로에게 자신 없어 하기 때문에 마운팅당하는 경우도 있다. 그렇다면 바로 지금이 자기 긍정감을 높여 자신감 넘치는 긍정적인 사람으로 성장할 기회다. 자기 긍정감을 높이는 방법은 333쪽에서 자세히 다루겠다.

타인을 변화시키는 방법

키워드 ▶ 과제 분리, I 메시지, You 메시지

나에게 들어오는 상담의 열 건 중 한 건은 다음과 같다.

'남편이 집 안을 어지르기만 하는데 스스로 정리 정돈하게 만들고 싶다.'

'일 처리 속도가 느린 부하 직원의 의식을 개선하고 싶다.'

'아이가 착실히 숙제를 하도록 변화시키고 싶다.'

즉 '누군가를 변화시키고 싶다'라는 내용의 고민이다. 그런데 남을 변화시킬 수 있을까? 지금부터 알아보자.

Fact 1 ▶ 타인을 변화시키는 일은 극심한 스트레스를 준다

지금까지 이야기했듯이 타인의 행동이나 성격을 변화시키는 일은 매우 어렵다. 당사자가 문제의식을 갖지 않으면 불가능하다.

본인이 변할 마음이 없는 상황에서 본인의 의사에 반하여 성격을 바꾸는 것은 '세뇌'다. 배우자나 부하 직원 혹은 자녀를 세뇌하고 싶은가?

앞서도 언급했지만 타인과 과거는 바꿀 수 없다. 바꿀 수 없는 것을 바꾸려고 할 때 우리는 극심한 스트레스를 받는다. 온 힘을 다해 1톤짜리 거대한 바위를 옮기려고 애써 봤자 녹초가 될 뿐이다.

남을 변화시키려다가 정신적으로 지쳐서 우울 증세를 보이는 사람도 있다. 하지만 이는 스스로가 정신적 피로의 원인을 제공한 셈이다. 타인을 변화시키려는 사람에게는 아들러가 제시한 '과제 분리'라는 개념이 도움이 될 것이다.

> 건전한 사람은 상대를 변화시키려 하지 않고 자신이 변화한다.
>
> 불건전한 사람은 상대를 조작해서 변화시키려 한다.
>
> — 알프레트 아들러

'숙제하기'는 누구의 과제일까? 학교 숙제는 아이의 과제, 즉 '타인의 과제'이지 '자신의 과제'가 아니다. 숙제를 제대로 안 해서 혼나는 사람은 아이 자신이다.

아이가 숙제를 할지 말지는 스스로 판단해서 결정할 일이다. 부모가 아이의 마음을 조종할 수는 없으므로 안달복달해 봤자 소용없다. 아이, 즉 타인을 존중하고 지켜보는 수밖에 없다.

인간관계 갈등의 대부분은 타인의 과제에 간섭하고 해당 영역을 침범하기 때문에 벌어진다. 자신과 타인의 과제를 분리하면 인간관계에서 오는 스트레스는 상당히 줄어든다.

그림 ▶ 과제 분리

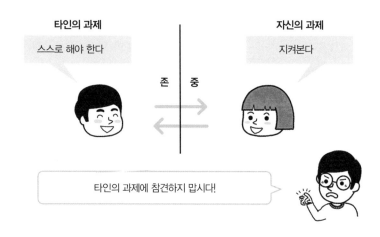

To Do 1 ▶ **두 가지 메시지를 의식하자**

과제의 당사자는 누군가가 자신의 과제에 끼어들거나 지나치게 간섭할수록 반발한다. 따라서 아이에게 "숙제해야지"라고 말할수록 아이는 거세게 반항하고 숙제도 하지 않는다. 그렇다면 어떻게 해야 할까? 방치하는 수밖에 없을까? 좋은 방법을 소개하겠다.

"A가 숙제하면 엄마는 기쁘더라"라고 마음을 전하자, 자신의 바람과 희망은 그저 상내에게 전하기만 하면 된다. 주어가 I(나)이므로 이를 'I 메시지'라고 부른다.

한편 "숙제해야지"라는 말은 주어가 You(너)이므로 'You 메시지'라고 부른다.

You 메시지는 염려에서 나온 말이라 해도 상대에게는 명령, 지시, 지도, 강요, 참견으로 다가오므로 반발이나 반감을 사기 쉽다.

I 메시지는 그저 자신의 마음이 그렇다는 소리다. "네가 숙제하면 엄마는 기쁘다"라는 말은 하나의 사실이므로 상대에게 강요하지 않으면서도 "숙제하면 좋겠다"라는 바람을 완곡하게 전달할 수 있다.

예를 들면 "자기가 꺼낸 물건은 스스로 정리하세요"가 아니라 "나는 방이 깨끗하면 기분이 좋더라"라고 말하자.

"지각이 하루 이틀도 아니고 도대체 무슨 생각이야?"가 아니라 "시간을 잘 지키는 사람이 믿음직하더라"라고 마음을 전하자. 타인을 움직이고 싶다면 You 메시지를 멈추고 I 메시지를 전해야 한다.

To Do 2 ▶ 꾸준히 정보를 제공하자

머리말에서 '아침 산책'을 하라고 말했는데 아무리 좋다고 말해도 바로 시작하는 사람은 거의 없다. 특히 환자들은 '컨디션이 나빠서 못하겠다'라거나 '아침에 일찍 일어나기 힘들어서 산책은 힘들다'라는 말을 꼭 한다.

이런 사람은 "아침에 산책하세요"라고 권하면 권할수록 하지 않는다. 일마쯤 지나면 "몸이 안 좋은데 어떻게 해요!"며 도리어 화를 낸다.

그럴 때는 아침 산책을 하면 어떤 점이 좋은지 잔뜩 알려 주면 좋다.

"아침에 산책하면 체내 시계가 초기화되어서 잠이 잘 오기 때문에 깊이 잠들 수 있어요", "세로토닌이 활성화되어 우울증에 효과적입니다", "다른 환자분은 아침 산책을 시작한 뒤로 몸 상태가 상당히 좋아졌어요"와 같은 이야기를 한다. 길게 말하면 또 싫증을 내므로 3분 정도로 끝낸다. 그러면 처음에는 "힘들어서 못 해요"라고 말하던 환자도 언제부터인가 아침 산책을 실천하고 있다.

정보를 전달할 때는 상대가 실천하느냐 마느냐는 별개로 '이런 정보가 있습니다', '이런 통계 자료가 있습니다', '이런 과학적 근거가 있습니다'와 같이 객관적이고 중립적인 태도로 말하는 것이 중요하다.

'당신이 했으면 좋겠다'라는 식으로 감정을 담아서 말하면 역효과가 난다. 담담하게 '이런 정보가 있다'라고 전달할수록 상대가 느끼는 심리적 부담이 줄어들어 효과적이다.

스스로 정리 정돈하게 만들고 싶을 때는 은근슬쩍 거실 테이블 위에 정리 정돈에 관한 책을 올려 두면 좋다. "이 책 한번 꼭 읽어 봐. 진짜 좋아"라는 말은 하지 말자. 몇 달이든 그대로 방치하면 테이블 위에 두었다는 사실을 잊을 즈음 상대방이 몰래 읽을 것이다.

무언가를 하라고 시킬수록 상대방은 그 행동을 하지 않는다. 하지만 '그 일을 하면 이런 점이 좋다', '이렇게 하면 편해진다'와 같은 식으로 끈기 있게 정보를 제공하면 기억에서 가물가물해질 즈음에 상대가 움직이기 시작한다.

누군가의 행동을 변화시키기 위해 지금까지 알려 준 방법을 따라 하면 어느 정도 기간이 지나야 효과가 나타날까?

내 경험상 6개월 정도 걸린다.

환자 열 명에게 아침 산책을 권유하면 바로 시작하는 사람이 한 명, 3개월 이내에 시작하는 사람이 두 명이고 나머지 일곱 명은 6개월 이상 지나야 시작한다. 대략 이런 식이다.

진료를 시작하고 처음 한두 달은 끈질기게 아침 산책을 하라고 권하지만 중간쯤 되면 언급하지 않는다.

그러다가 반년 정도 지났을 즈음에 "요즘 컨디션이 좋아 보이네요"라고 운을 띄우면 아무렇지 않게 "아침 8시에 일어나서 산책해요"라고 말한다. '선생님이 하라고 해서 하는 게 아니에요'라는 분위기를 풍기는 점이 포인트다.

남이 시키는 일은 더 하기 싫다. 최종적으로 하느냐 마느냐는 당사자의 마음에 달렸다. 상대의 의사, 의욕, 인격을 존중한 상태에서 끈기 있게 I 메시지와 정보를 제공하자. 6개월쯤 지나면 드디어 상대가 변화하기 시작한다. 그러니 초조해하지 말고 느긋하게 대하자.

To Do 4 타인을 변화시키기보다는 자신부터 달라지자

흔히들 타인을 변화시키고 싶다면 자신부터 달라져야 한다고 주어한다. 그렇다면 어떻게 달라져야 할까?

이솝 우화 〈북풍과 태양〉을 들어 본 적이 있을 것이다. 어느 날 북

풍과 태양은 누가 먼저 길 가는 나그네의 웃옷을 벗기는지를 놓고 힘을 겨루기로 했다.

먼저 북풍이 있는 힘껏 바람을 불어 웃옷을 날려 버리려고 했지만 그럴수록 나그네가 옷을 더 꼭꼭 여미는 통에 벗기지 못했다.

이어서 태양이 햇살을 강하게 내리쬐자 나그네가 더위를 견디지 못하고 스스로 웃옷을 벗었다.

이 우화는 다양하게 해석할 수 있는데 그중 하나는 타인을 행동하게 하려면 두 가지를 알아야 한다는 것이다. 바로 '불쾌함을 꺼리는 마음'과 '쾌적함을 바라는 마음'이다.

사람은 차가운 바람이 불면 추위(불쾌함)를 피하기 위해 웃옷을 여미고, 햇살이 들어 후끈후끈 더워지면 적당한 따뜻함(쾌적함)을 얻기 위해 웃옷을 벗는다. 결국 강요한다고 될 일이 아니라 당사자가 자발적으로 움직여야 한다.

불쾌함을 꺼리는 마음은 노르아드레날린형 에너지다. 이것이 작동하면 공포와 불쾌함을 피하고 꾸지람을 듣지 않기 위해 노력한다.

한편 쾌적함을 바라는 마음은 도파민형 에너지다. 이것이 작동하면 즐거움, 보상, 칭찬을 얻기 위해 노력한다.

많은 이들이 직장에서든 가정에서든 상대방이 행동하길 원하는 경우에 북풍처럼 접근한다. 그러면 상대는 반감을 품고 오히려 방어적이 되어 자신의 이야기를 들으려 하지 않는다. 완전히 역효과가 나는 경우도 많다. 태양처럼 대응하면 훨씬 쉽게 상대를 움직일 수 있다.

누군가를 변화시키거나 개선하려는 마음은 좋지만 우선 자기 자신을 바꿔 보지 않겠는가? 타인을 변화시키려는 시도보다 이득은 훨씬 많고 위험은 거의 없다.

– 데일 카네기,《인간관계론》

상대방을 신뢰하고 존중하자. 인정하고 평가하자. 긍정적인 말을 많이 하고 상대와 긍정적인 관계가 되도록 자신의 행동을 변화시키면 상대는 분명 움직인다.

그림 ▶ 나는 북풍과 태양 중 어디에 가까운가?

북풍의 대응	태양의 대응
노르아드레날린형 에너지	도파민형 에너지
불쾌함을 꺼린다	쾌적함을 바란다
지배	신뢰, 존경
꾸짖는다	칭찬한다
부정한다	인정한다
깔본다	존중한다
부정적	긍정적

제2장

가족과 친구를
삶의 활력으로
삼자

사생활

사생활 01 | 고독의 위험을 줄이라

키워드 ▶ 독이 되는 친구, 친구와 동료

일본의 한 조사에 따르면 '진짜 친구는 0명이라고 생각한다'라고 답한 사람이 남성의 약 40퍼센트, 여성의 약 30퍼센트나 되었다. 절친한 친구나 믿을 만한 친구가 없다고 말하는 사람은 의외로 많다. 속마음을 나눌 수 있는 친구를 바라면서도 소통에 서툴다는 이유로 귀찮아하는 갈등 의식도 엿보인다.

Fact 1 ▶ 친구가 있으면 인생이 두 배는 즐겁다

혹시 '절친'이라고 부를 만한 친구가 있는가? '절친한 친구'의 약자인 절친을 한마디로 정의하기는 어렵지만 '정말 힘들 때 마음을 나눌 수 있는 벗'이라 할 수 있겠다. 살날이 3개월 남았다는 선고를 받았을 때 바로 전화해서 알리고 싶은 친구가 있다면 그 사람이 절친이다.

'혼밥'이나 '혼술'처럼 '혼자 ○○'라고 불리는 놀이 문화가 확산되

128

고 있지만 혼자 놀아도 정말 재미있다고 느끼는 사람은 여전히 소수다. 아무래도 친구, 연인, 가족과 함께 노는 편이 두 배 이상 즐겁다.

레스토랑에서 풀코스로 두 시간 동안 혼자 식사하면서 시간을 보내기란 쉽지 않다. 맛있는 음식은 즐겁게 대화를 나누면서 먹어야 더욱 만족스럽다.

즐거운 일을 겪을 때, 경험을 공유할 수 있는 친구가 곁에 있으면 인생이 두 배는 즐거워진다.

하지만 나에게 그런 절친이 있느냐고 물으면 아마 없다고 대답할 것이다. 학창 시절에는 친한 친구가 몇 있었지만 나이 쉰이 넘으니 서로 연결점이 희미해져 이제는 몇 년에 한 번 만날까 말까 한 사이가 되었다.

그렇다고 해서 내 인생이 불행하지는 않다. 나로서는 매일 즐겁고 무척 행복한 삶을 살고 있다고 생각한다. 절친이 있다면 더 좋겠지만 없어도 크게 곤란하지는 않다는 것이 솔직한 마음이다.

Fact 2 ▶ 친구가 있으면 불안이 절반으로 줄어든다

마음의 병을 앓는 환자에게 "그동안 친구나 가족 중 누군가에게 고민을 털어놓았나요?"라고 물으면 대부분은 '아무에게도 말한 적이 없다', '고민을 상담할 친구가 없다'라고 답한다.

아부에게노 속마음을 털어놓지 못해서 고민과 스트레스를 혼자 끌어안으면 고민은 눈덩이처럼 점점 불어나 마음을 좀먹는다. 그러다가 결국 병이 난다.

앞서 이야기했듯이 다른 사람에게 고민을 상담하는 것만으로도 기분이 전환된다. 속마음을 겉으로 드러내는 행위 자체가 심리적인 안정을 주기 때문이다. 즉 남에게 속내를 털어놓기만 해도 마음이 치유되어 마음의 건강을 유지할 수 있다.

심리 상담의 역할이 바로 이런 것이다. 진료실을 찾아온 사람은 애기만 하고 상담사는 듣기만 하는데, 이러한 과정만으로도 환자는 치유된다. 누군가에게 고민을 말하고 의견을 구하는 행위만으로도 불안과 스트레스가 절반 이하로 줄어든다.

가족이나 친구가 없는 외로운 환경은 건강에 나쁜 영향을 미친다. 외로움이 건강에 미치는 위험은 하루에 담배를 열다섯 개비씩 피우는 경우와 비슷하다. 고독한 사람의 사망률은 비만한 사람의 사망률보다 두 배 높다. 이처럼 고독은 우리의 몸과 마음을 좀먹는다. 정기적으로 만나서 수다 떨 친구만 있어도 건강하게 오래 살 수 있다.

그림 ▶ 고독의 위험성

친구는 한 명이면 충분하다

'친구를 100명 만들라', '모두와 사이좋게 지내자'라고 가르치는 학교 교육이 모든 악의 근원이다. 이런 환경에서 '친구가 없는 사람'은 '못난 사람'으로 낙인찍히기 십상이다. 친구가 없다는 이유로 괴롭힘의 표적이 되는 경우도 많다. '모두와 사이좋게 지내자'라는 안이한 가르침은 아이에게 큰 부담을 준다.

모두와 사이좋게 지내야 할 필요는 전혀 없다. 마음에 드는 사람, 사이좋게 지내고 싶은 사람하고만 잘 지내면 된다. 친하고 싶지 않은 사람과 친하게 지내려고 애쓰는 것만큼 큰 스트레스는 없다.

친구는 한 명이면 충분하다. 물론 친구가 두세 명 있으면 즐겁겠지만 '친구가 별로 없는 나는 못난 인간이다'라며 우울해할 필요는 전혀 없다.

> 수많은 우매한 자를 벗 삼기보다는 한 명의 지식인을 벗으로 삼아야 한다.
>
> – 데모크리토스(고대 그리스의 철학자)

Fact 4 독이 되는 친구는 없는 편이 낫다

몇 년 전에 스마트폰 메신저의 메시지를 읽고 무시하는, 이른바 '읽씹' 관련 문제로 논란이 일었다. 메신저에는 읽은 것으로 표시되는데 답장이나 이모티콘을 보내지 않으면 '읽었으면서 왜 무시하지?'라는 식의 비난을 받았다. 심지어 단 한 시간 정도만 답을 못 해도 욕을 먹으니, 15분 간격으로 스마트폰을 확인하느라 느긋하게 목욕도 못 한다고 한탄하는 사람이 늘면서 사회적으로 문제가 되었다.

우리의 인생을 즐겁고 풍요롭게 해 주는 존재가 친구다. 친구 사이는 상하 관계가 아니다. 메시지를 보냈는데 바로 답장하지 않는다고 화내는 까닭은 상대를 자기보다 '아래'로 보기 때문이다. 그런 사람은 상하 관계를 설정해 두고 상대를 지배하는 데서 기쁨을 찾는다.

To Do 1 ▶ 독이 되는 친구는 싹둑 잘라 내자

'절친한 친구'와 '독이 되는 친구'의 차이를 다음 페이지에 표로 정리했다. 표와 대조해 보면 주변 친구들이 어디에 속하는지 바로 알 수 있다.

독이 되는 친구는 친하게 지내 봤자 백해무익하다. 자신이 힘들어할 때 도와주지 않을 사람이니 망설이지 말고 관계의 끈을 잘라 내야 한다.

하지만 너무 티 나게 행동하면 자신을 험담하고 다니거나 괴롭힐 수 있으므로 서서히 거리를 두자. 자연스럽게 멀어져서 관계성이 조금씩 희미해지도록 만드는 편이 좋다.

같이 밥 먹자는 말을 들었을 때 "연락해 줘서 고마워. 그런데 그날은 일정이 있어서 도저히 시간을 내기 힘들 것 같아"와 같이 고마움을 전하면서 정중하게 거절하는 방식을 반복하면 머지않아 더는 연락이 오지 않을 것이다.

표 ▶ 절친한 친구와 독이 되는 친구의 차이점

절친한 친구	독이 되는 친구
함께 있으면 인생에 도움이 된다	함께 있으면 인생에 해가 된다
우정의 끈으로 연결되어 있다	지배 관계를 강요한다
함께 있으면 즐겁다	함께 있으면 즐겁지 않다
함께 있으면 시간 가는 줄 모른다	함께 있으면 지친다
스트레스가 풀린다	스트레스가 쌓인다
상대를 존중한다	자기 위주다
상대를 용서한다	상대를 탓한다
주로 공감한다	주로 자랑이나 마운팅을 한다
긍정적인 말을 많이 한다	험담을 비롯해 부정적인 말을 많이 한다
힘들 때 도와준다	힘들 때 절대 도와주지 않는다
답장이 늦더라도 세세하게 따지고 들지 않는다	답장이 조금만 늦어도 읽었으면서 왜 무시하냐고 화를 낸다

To Do 2 ▶ 동료가 있다면 친구는 없어도 괜찮다

앞서 말했듯이 나는 친구가 없다. 최근 3년 동안 누군가의 집에 딱 한 번 초대받았다. 그래도 쓸쓸하다고 느끼지 않는 이유는 동료가 있기 때문이다.

나는 친구는 없지만 동료는 많은 편이다. 책을 쓰는 저자 동료와 내가 주관하는 온라인 심리 학원의 동료를 포함해 대략 100명 이상은 된다.

동료는 공통의 목적을 위해 모이고 협력하고 응원하는 관계다. 친구 관계를 유지하는 원동력은 '우정'이지만 동료 관계의 원동력은 '비전, 꿈, 목적'이다.

동료는 같은 목적을 실현하기 위해 서로 뭉친다. 따라서 자신과 방향성이 다르다는 생각이 들면 자유롭게 모임에서 빠질 수 있고, 빠져도 관계가 험악해지지는 않는다.

개인적으로 우정은 서로를 속박한다고 느낄 때가 있다. 하지만 동료는 서로 협력하는 관계다. 발목을 잡고 끌어내리는 사이가 아니라 봅슬레이 팀처럼 가속도가 붙도록 뒤에서 밀어주는 사이가 동료다.

사생활에 참견하지 않는 점도 동료의 장점이다. 수십 번씩 만난 사이인데도 가족 구성원을 포함한 사적인 관계를 전혀 모르는 사람도 제법 많다. 이렇게 지내면 편한 관계를 유지힐 수 있다.

To Do 3 ▶ 자신의 목적을 명확히 하자

동료를 찾는 방법은 이어서 자세히 설명하겠지만 가장 빠른 길은 커뮤니티 활동이다. 각각의 커뮤니티에는 목적이 있다.

농구 동호회의 목적은 농구 실력을 기르는 것이고, 수예 모임의 목적은 수예 기술을 갈고닦거나 작품을 전시회에 출품하는 것이다.

아무런 목적 없이 돌아가는 커뮤니티는 거의 존재하지 않는다. 따라서 커뮤니티에 속하려면 우선 자신의 목적을 세워야 한다.

친구끼리 밴드 활동을 시작하면 시구는 '밴드 동료'가 된다. 동료 관계가 깊어지면 그 안에서 설진이 생기기도 한다. 친구 안에서 동료가 생기고 동료 안에서 친구가 생긴다.

친구만 있으면 자칫 관계가 무거워져 답답할 수 있지만 동료가 있으면 외롭지도 않고 심적인 부담 없이 관계를 이어 갈 수 있다. 동료가 있으면 '친구를 만들어야 한다'라거나 '친구가 없어서 외롭다' 같은 고민에서 해방된다.

　동료를 중심으로 인간관계를 인식하면 친구 관계에 대한 고민은 해결될 것이다.

표 ▶ 친구와 동료의 차이점

친구	동료
우정으로 엮여 있다	공통의 목적이나 비전으로 엮여 있다
친밀하게 소통한다	같은 행동을 함께 실천으로 옮긴다
가치관이 달라도 서로 이해한다	같은 가치관을 중심으로 모인다
관계를 끊어 내기 어렵다	떠나는 사람은 잡지 않는다
사생활에 관여한다	사생활에 관여하지 않는다
깊은 관계라 무겁고 부담스럽다	얕은 관계라 가볍고 편하다

사생활	어른이 되고 나서
02	친구를 사귀는 방법

키워드 ▶ 열린 마음, 커뮤니티

앞에서 친구와 동료가 어떤 의미인지 이야기했다. 이어서 친구를 만드는 방법을 알아보자.

학창 시절에는 대부분 자연스럽게 친구를 사귄다. 하지만 사회인이 되고 나면 좀처럼 새로운 친구가 생기지 않는다. 직장에서는 상하관계가 명확하고 출세 경쟁을 비롯한 복잡한 사정이 얽혀 있어서 학창 시절의 친구와 같은 관계를 만들기 어렵다. 사회생활을 하면서 아무 노력도 하지 않았는데 저절로 친구가 생길 확률은 매우 낮다. 그렇다면 어떻게 해야 친구를 사귈 수 있을까?

Fact 1 친구는 마음을 열어야 생긴다

말 걸기 어려운 분위기를 내뿜으면 친구를 사귀기 어렵다. 마음의 문을 닫은 상태에서는 인간관계를 넓힐 수 없다. 따라서 우선 마음가짐부터 바꿔야 한다.

평소에 '친구 따위는 없어도 괜찮다', '나는 혼자가 좋다'라는 식으로 생각하면 그런 마음이 비언어적으로 주변에도 전해진다. 다시 말해 '나한테 말 걸지 말아 줘'라는 분위기가 풍겨 나온다.

'열린 마음'이라는 말이 있다. 그 반대인 '닫힌 마음'으로 살아가면 주변 사람들이 자연스럽게 말 건네기가 어렵다. 혹시 자신이 먼저 무의식적으로 장벽을 치지는 않는가? 친구를 사귀고 싶다면 마음의 장벽부터 허물자.

우선 '나는 혼자가 좋다'와 같은 자기방어적인 '변명'을 안이하게 내뱉지 않도록 주의하자. '역시 친구가 필요해'라든가 '나도 대화에 끼고 싶어'라는 마음을 갖자. 진심으로 그렇게 생각하면 그런 마음이 비언어적으로 주변에 전해져 말 걸기 쉬운 분위기가 생긴다.

이것이 바로 마음이 열린 상태다.

To Do 1 ▶ 웃는 얼굴로 대하자

친구가 없는 사람은 대부분 침울한 얼굴로 어두운 분위기를 풍긴다. 반면 친구가 많은 사람은 웃는 얼굴로 밝은 분위기를 자아낸다.

찌푸린 얼굴은 분노, 혐오의 신호이며 상대에게 무의식적으로 보내는 '노'(No)라는 메시지다. 웃는 얼굴은 즐거움, 기쁨, 감사의 신호이며 무의식직으로 상대에게 보내는 '예스'(Ycs)라'는 메시지다.

주위 사람들이 말을 건넬 때 찡그린 얼굴, 무표정, 어두운 표정으로 대하면 상대는 이를 '나에게 말 걸지 마'라는 경고로 받아들인다.

반면 웃는 얼굴로 대하면 '말 걸어 줘서 정말 기쁘다'와 같은 긍정적이고 호의적인 메시지가 상대에게 전달된다.

평소에 자주 미소를 짓자. 누군가 말을 건네면 미소 띤 얼굴로 대하자. 그래야 모처럼 생긴 소통의 기회를 잡을 수 있다.

그런데 자연스럽게 웃는 얼굴을 만드는 것도 쉽지 않다. 평소에 열심히 연습해야 실전에서 성공한다. 그러니 거울이 보이면 의식적으로 미소 짓는 연습을 해 두자.

To Do 2 ▶ 자신이 먼저 말을 건네자

아무도 말을 건네 주지 않는다면 자신이 먼저 나서자. 이런 경우에는 자신과 마찬가지로 친구가 없어 보이는 사람에게 말을 거는 편이 좋다. 이미 친구가 많은 사람에게 말을 걸면 상대해 주지 않을 가능성이 크다. 하지만 자신처럼 '친구가 없다', '친구가 적다', '친구가 필요하다'라고 생각하는 상대라면 부담이 덜하다.

그런데 소통 자체에 서툴다면 잡담을 나눠 보라는 조언을 들어도 무슨 이야기를 하면 좋을지 고민될 것이다.

친구를 사귀기 위한 잡담의 포인트는 딱 하나다. 자신과 상대의 '공통점 찾기'부터 시작하자.

우리는 자신과 공통점을 가진 사람에게 친근감을 느낀다. 제1장에서 언급했듯이 자신과 비슷한 사람을 좋아하는 '동종 선호의 원칙'이 적용하기 때문이다.

취미나 고향을 비롯해 좋아하는 스포츠, 예술가, 음식, 텔레비전 프로그램, 개그맨, 게임, 패션 브랜드 등 뭐든 하나라도 공통점을 발견하면 그것을 주제로 깊은 대화를 이어 가자. 공통 화제만 있으면 대화에 서툰 사람이라도 말을 주고받을 수 있다.

To Do 3 ▶ **커뮤니티의 일원이 되라**

사회인이 되고 나서 직장과 집만을 오가며 생활하면 친구 후보로 삼을 만한 사람조차 만나기 어렵다. 새로운 사람을 만날 기회가 없기 때문이다.

특히 출신지가 아닌 지역에서 일하거나 다른 지역으로 발령이 나면 그동안 알고 지내던 친구들마저 곁에서 사라진다.

이런 문제를 해결하기 위해 필요한 것이 앞에서 잠깐 다룬 '커뮤니티'다.

커뮤니티는 취미 모임, 스포츠 동호회와 같이 좋아하는 무언가를 할 목적으로 모인 집단을 일컫는다. 공통의 취미와 관심을 가진 사람끼리는 잘 뭉치므로 친구를 만들기도 쉽다.

활동할 만한 커뮤니티를 못 찾겠다고 질문하는 사람도 많은데, 문화센터 교실도 커뮤니티다. 헬스장에서 친구를 사귀는 사람도 있다. 자신이 속하고 싶은 마음 편한 커뮤니티는 스스로 적극적으로 찾아 나서야 보인다.

가장 좋은 방법은 직접 커뮤니티를 운영하는 것이다. 회원을 모집할 때 자신의 비전을 제시하고 가치관을 밝히면 그것에 공감하는 사람들만 모이기 때문에 구성원 사이의 연대감이 강해진다. 자신이 바라던 형태의 커뮤니티가 완성되므로 자신에게 최고의 쉼터가 되어 줄 것이다.

Fact 2 ▶ 강한 유대 관계와 느슨한 유대 관계

사회학자 폴 애덤스는 인간관계를 가까운 순서대로 마음이 통하는 친구(Soul mates), 절친한 친구(Confidants), 위안을 주는 사람(Comforters), 조력자(Helpmates), 호의적인 친구(Favor friends), 재미있는 친구(Fun friends), 유용한 인맥(Useful contacts), 동료(Associates)의 여덟 가지 유형으로 분류했다.

그중 마음이 통하는 친구, 절친한 친구, 위안을 주는 사람을 '강한 유대 관계'로, 나머지를 '느슨한 유대 관계'로 다시 나눴다. 강한 유대로 이어진 사람은 아무리 많아도 열다섯 명을 넘어서지 않는다. 매우 강한 유대 관계는 마음이 통하는 친구와 절친한 친구를 포함해서 다섯 명 이하이며 그중 1~3명 정도만 마음이 통하는 친구로서 관계를 이어 갈 수 있다.

우리에게 주어진 시간은 유한하기 때문에 수십 명에 이르는 친구 또는 지인 모두와 깊게 사귀기란 불가능하다.《친구를 100명 만들 수 있을까》(友達100人できるかな)라는 만화책이 있는데 사회학적으로나 심리학적으로나 애초에 불가능한 일이다.

자신이 아끼는 강한 유대로 여긴 사람들과 보내는 시간을 소중히 여기고 그들과 더 깊은 우정을 쌓아 가자.

그림 ▶ 정말 강한 유대 관계로 엮인 사람은 다섯 명 이하다

인간관계의 여덟 가지 유형

5명	마음이 통하는 친구 / 절친한 친구
15명	위안을 주는 사람
50명	조력자 / 호의적인 친구
150명	재미있는 친구 / 유용한 인맥
500명	동료

원의 안쪽으로 갈수록 유대가 강하고
바깥쪽으로 갈수록 느슨합니다.

* 출처: 폴 애덤스, 《Grouped(그룹드) 세상을 연결하는 관계의 비밀》

To Do 4 친구 열 명의 이름을 적어 보자

위 그림을 참고해서 자기 주위의 친구나 지인을 가까운 순서대로 열 명 꼽아서 이름을 적어 보자.

이름을 적은 열 명이 자신과 강한 유대로 엮인 사람들이며 그중 상위 세 명은 마음이 통하는 친구라고 부를 만한 소중한 사람들이다. 이들과 관계를 유지하는 데 많은 시간과 에너지를 쏟자.

만약 강한 유대 관계인 사람들과 싸워서 틀어졌다면 다시 반듯하게 관계를 회복해야 한다.

어느 한쪽의 일방적인 잘못 때문에 싸움이 일어나는 경우는 없다.

자신에게 조금이라도 잘못이 있다면 "감정적으로 반응해서 미안해"라고 먼저 사과하자. 직접 얼굴을 보고 말하는 편이 가장 좋지만 용기가 나지 않는다면 스마트폰 메신저로 미안하다고 말하자. 한결 수월할 것이다.

> 싸워서 좋은 건 화해를 할 수 있다는 점이지.
>
> – 영화 〈자이언트〉, 엘리자베스 테일러의 대사

싸운 뒤에 우정이 깨졌다면 서로 고집부리느라 먼저 사과하지 않는 바람에 서서히 사이가 멀어진 경우가 대부분이다.

그 순간에는 우정보다 자신의 자존심을 지키는 것이 더 중요했겠지만 시간이 지난 뒤에 되돌아보고 나서야 그저 화가 나서 냉정을 잃었을 뿐이라는 사실을 깨닫는다. 그리고 우정을 저버린 자신의 행동을 후회한다. 이는 상대도 마찬가지다. 때에 따라서는 마음에 깊은 상처가 생겨 트라우마로 남기도 한다.

상대가 자신에게 둘도 없이 소중한 강한 유대로 엮인 친구라면 고집은 그만 부리고 솔직하게 미안하다고 말하자. '미안해'라는 말은 마법과 같아서 얼어 버린 관계를 순식간에 녹여 준다.

싸우고 나서 바로 사과하지 못했다면 일주일 뒤든 한 달 뒤든 상관없으니 관계 회복을 위해 뭐라도 시도하자. 정말 강한 유대로 엮여 있다면 상대도 같은 마음일 것이다.

어른이 되어서 사회에 나오면 아예 처음부터 새로 시작하는 친구 관계는 좀처럼 만들기 어렵다. 강한 유대 관계는 그만큼 소중하니 귀하게 여기고 공들여 관리하는 것이 상책이다.

SNS 피로를 해결하는 방법

키워드 ▶ 고슴도치 딜레마, 인정 욕구

스마트폰 사용자가 늘어난 요즘, 많은 이들이 'SNS 피로'를 느낀다. SNS에 관한 한 조사에서 전체의 42.7퍼센트가 'SNS 때문에 피로를 느낀 적이 있다'라고 답했다. 그중에 20대 여성이 무려 65퍼센트로 가장 높은 비율을 차지했다.

SNS 사용자의 40퍼센트 이상이 SNS 피로를 경험한다. 그대로 방치하면 두뇌 피로나 우울증의 원인이 될 수 있으므로 간과해서는 안된다.

Fact 1 ▶ SNS를 너무 많이 하면 불행해진다

혹시 'SNS로 자주 소통하면 상대방과 친해질 수 있다'라고 생각하시 는 않는가?

어떤 이들은 하루에 수십 번씩 메시지를 주고받는 사이인데도 상

대방의 말 한마디가 마음에 들지 않는다는 이유로 싸운다. 어쩌다 보니 메시지를 읽고 30분 정도 답장하지 못한 일이 싸움으로 번지기도 한다.

심리학에는 '고슴도치 딜레마'라는 개념이 있다.

추운 곳에 있는 고슴도치 두 마리는 떨어지면 춥기 때문에 체온을 높이기 위해 몸을 맞대려고 한다. 하지만 너무 가까이 다가가면 서로의 가시가 몸을 찔러서 아프다. 두 마리는 가까워졌다가 멀어지기를 반복하면서 서로에게 상처 주지 않는 적당한 거리를 찾아낸다.

고슴도치 이야기는 심리적인 거리가 너무 가까우면 서로를 상처 입히므로 적당한 거리감을 유지하는 것이 중요함을 가르쳐 준다.

고슴도치 딜레마를 이해하면, 가령 연인 사이였을 때는 알콩달콩 하더니 결혼하고 나서부터 자주 싸우는 이유도 알 수 있다. 심리적 거리가 너무 가까우면 상대방의 단점이 많이 보인다. 가까운 사이라는 이유로 안이하게 생각해 담아 두었던 속내를 감정적으로 쏟아 내는 일도 잦아진다.

SNS는 심리적 거리를 좁히는 도구로써는 매우 효과적이다. 하지만 너무 많이 사용하면 심리적 거리를 지나치게 가깝게 만들어 갈등을 일으키거나 인간관계를 악화시키는 요인으로 작용한다.

너무 멀리 떨어져 있으면
외롭다

너무 가까우면
서로를 상처 입힌다

적당한 거리감을
유지하는 것이 좋다

미국 미시간 대학교 연구에 따르면 페이스북을 자주 이용할수록 기분이 가라앉고 생활 만족도가 떨어지고 주관적인 행복 시수도 낮아지는 것으로 밝혀졌다.

SNS는 어디까지나 도구다. 잘만 활용하면 깊은 소통을 할 수 있지만, 너무 자주 쓰거나 잘못 사용하면 인간관계를 악화시키고 행복 지수를 떨어뜨린다.

이러한 문제를 피하려면 SNS를 실질적인 소통을 보완하는 도구로 다루어야 한다. 현실 세계의 소통을 중시하고 SNS는 보조적으로 활용하면 크게 피곤할 일이 생기지 않는다. 하지만 SNS의 세계가 중심이 되면 SNS에 휘둘려서 피로가 쌓인다.

To Do 1 ▶ 소중한 사람하고만 소통을 이어 가자

인간이 동시에 관계를 이어 갈 수 있는 인원은 한정되어 있다.(141쪽 그림 참고) 따라서 스마트폰 메신저로 매일같이 스무 명이 넘는 사람들과 메시지를 주고받는 것은 뇌의 수용 능력 밖의 일이다. 여러 사람과 꾸준히 소통하는 한, SNS 피로가 쌓이는 것은 당연하다.

앞에서 가까운 순서대로 주변 사람 열 명을 꼽아 이름을 적어 보라고 했다. 지금 그 열 명, 특히 상위 서너 명을 떠올려 보자. 그 사람들과 소통하는 데 시간을 들이는 편이 좋다.

열 명 안에 들지 못했다면 별로 친하지 않은 사람이므로 최우선으로 답장할 필요는 없다. 적당한 빈도로 소통하면 충분하다.

Fact 2 ▶ 피로의 원인은 의무감

SNS에 '쉽게 지치는 사람'과 '쉽게 지치지 않는 사람'이 있다. 이들의 특징을 각각 표로 정리했다.

표 ▶ SNS와 피로의 특징

SNS에 쉽게 지치는 사람	SNS에 쉽게 지치지 않는 사람
아무하고나 소통을 이어 간다	중요한 사람하고만 꾸준히 소통한다
틈만 나면 SNS를 확인한다	정해 놓은 시간에 SNS를 확인한다
SNS에서의 소통을 중시한다	현실 세계의 소통을 중시한다
여러 종류의 SNS를 사용한다	특정 SNS를 집중적으로 한다
바로 답장한다	중요한 메시지에는 빠르게, 그 외에는 적당한 때에 답상한다
의무감 때문에 한다	도구로 활용한다
메시지를 길게 쓴다	메시지가 간결하고 명쾌하다

표에서 알 수 있듯이 의무감으로 SNS를 하면 피로가 쌓인다. 이 점을 반드시 기억하자. 반면 자기 주도적인 사람은 SNS를 즐기면서 효율적으로 활용한다.

자신은 SNS를 하면서 쉽게 지치는 사람과 아닌 사람 중 어디에 속하는가? 만약 쉽게 지치는 편이라면 정말로 지쳐서 쓰러지기 전에 자신의 SNS 사용 패턴을 점검하고 바로잡아야 한다.

To Do 2 ▶ SNS 사용을 효율적으로 제한하자

SNS 사용법을 바로잡으려면 어떻게 해야 할까? 두 가지 방법을 소개하겠다.

⑴ SNS는 두 개 이하로 줄이라

페이스북, 트위터, 인스타그램을 비롯한 다양한 SNS 가운데 몇 개를 이용하는가? 하나의 특정 SNS를 한 차례만 확인하는 데도 시간이 꽤 많이 걸린다.

스트레스를 없애려면 사용하는 SNS를 두 개 이하로 줄이자. 중점적으로 쓰는 SNS만 남기고 나머지 앱은 삭제하자. 눈에 안 보이면 피로는 대폭 완화된다.

⑵ SNS 확인하는 시간을 정하지

사람들은 내부분 제한을 두지 않고 아무 때나 SNS를 본다. 일하다가 잠깐 쉬는 시간, 누군가를 기다리는 시간, 출퇴근 시간에는 물론

이고 심지어 걸으면서도 본다. 그야말로 스마트폰에 중독되었다.

나는 'SNS는 컴퓨터를 켰을 때만 확인한다'라고 규칙을 정해 두었다. 그러면 하루에 확인하는 횟수가 네다섯 번 정도로 억제되므로 이용 시간도 총 30분 이내로 줄어든다.

스마트폰으로 SNS만 보지 않아도 상당한 시간적 여유가 생긴다. 혹은 '전철에 타고 있는 동안에는 반드시 책을 읽는다'와 같은 규칙만 정해도 SNS에 쓰는 시간을 크게 줄일 수 있다.

To Do 3 ▶ SNS를 아웃풋의 도구로 활용하자

나는 SNS를 연락과 소통을 위한 수단이 아니라 정보 제공과 아웃풋을 위한 도구로 활용한다. 책을 읽고 나면 페이스북에, 영화를 보고 나면 블로그에 감상을 남긴다. 수백 명, 수천 명이 내가 쓴 글을 읽고 100명 넘는 사람이 '좋아요' 버튼을 눌러 주면 기분이 좋아서 날아갈 것 같다.

'아웃풋형 소통'을 하면 글을 한 번만 써도 100명 이상과 소통할 수 있다. 기존의 '개별형 소통'을 택하면 100명과 한 차례씩 소통하기 위해 메시지를 100번은 써야 한다. 아웃풋형 소통은 개별형 소통보다 100배 이상 효율적이고 한 번에 수많은 사람과 친밀도를 높일 수 있다.

일대일 메시지는 특정인에게 강제성을 띠지만 다수를 대상으로 글을 올리면 상대도 한가할 때 읽으면 되기 때문에 스트레스를 받지 않는다. 심리적 거리가 적당하게 유지되므로 고슴도치 딜레마도 피할 수 있다.

반대로 SNS를 인풋의 도구로 사용하면 일이나 공부하던 중에도 무심코 SNS로 눈길이 가기 때문에 생산성이 낮아진다.

175명을 대상으로 최근 일주일 동안 스마트폰으로 본 뉴스나 블로그의 정보를 얼마나 많이 기억해 내는지 알아본 적이 있다. 결과는 평균 약 3.9개로 나왔다. 이 수치는 일주일 동안 입력한 정보량의 고작 3퍼센트에 불과하다. 다시 말해 스마트폰이나 SNS를 인풋의 도구로 활용해 봤자 입력한 정보의 97퍼센트는 잊어버린다는 얘기다.

SNS는 아웃풋의 도구로 활용할 때 비로소 진정한 위력을 발휘한다.

Fact 3 ▶ 지나친 인정 욕구는 독이 된다

최근 인스타그램 인플루언서(영향력 있는 이용자)가 '좋아요'를 많이 받을 수 있는 돋보이는 사진을 올리고 싶은 마음에 위험한 장소에서 사진을 찍다가 추락해 크게 다치거나 목숨을 잃은 사고가 여러 건 발생했다.

사람들이 '좋아요'를 눌러 주면 인정 욕구가 채워져서 즐거운 것은 사실이다. 하지만 욕구가 지나치면 행동은 점점 통제를 벗어난다.

> 남에게 인정받기를 바라고 남의 평가만 신경 쓰면 결국 남의 인생을 살게 된다.
>
> – 알프레트 아들러

다음 장에서 자세히 다루겠지만 매슬로의 욕구 5단계 이론에서 인정 욕구는 위에서 두 번째에 위치한 매우 중요한 욕구다. 하지만 아들러 심리학에서는 인정 욕구를 부정한다.

아들러는 타인에게 인정받기 위해 행동하면 타인의 뜻에 따라 살게 되므로 결과적으로 자신의 인생을 살지 못해 불행해진다고 말한다.

나는 모든 인정 욕구를 나쁘게 볼 수는 없다고 생각한다. 실제로 나 역시 매일 유튜브에 동영상을 올리는데 조회 수가 10만이 넘으면 무척 기쁘다. 하지만 마음이 기쁜 것과 그런 감정에 휘둘리는 것은 전혀 다른 이야기다.

나는 유튜브 구독자들과 오프라인 모임을 갖는다. 실제로 만나서 "동영상 내용대로 실천했더니 증세가 좋아졌어요!" 같은 생생한 이야기를 들으면 화면에 표시되는 1000건의 '좋아요'를 봤을 때보다 훨씬 큰 기쁨과 가치를 느낀다.

인터넷 세계에만 빠져 살면 '좋아요' 건수를 하나라도 늘리는 데 혈안이 되어 현실의 삶을 놓치고 만다. 현실 세계에 제대로 뿌리내리고 사는 것이 중요하다.

상대가 나에게 호감이 있는지
알아보는 방법

키워드 ▶ 단순 노출 효과

'그 사람은 나를 어떻게 생각할까?'라는 궁금증이 생길 때가 있을 것
이다. 좋아하는 사람이 있어도 바로 고백하지 못한다고 말하는 사람
에게 이유를 물으면 종종 '상대의 마음을 몰라서'라고 답한다.

　그렇다면 고백하기 전에 상대의 마음을 알아내서 고백할지 말지
결정하면 된다. 지금부터 상대가 자신에게 호감이 있는지 알아보는
방법을 살펴보자.

Fact 1 **비언어적 메시지로 상대의 심리를 알 수 있다**

인간의 커뮤니케이션은 '언어적 커뮤니케이션'과 '비언어적 커뮤니
케이션'이 두 가지로 나뉜다.

표 ▶ 두 가지 커뮤니케이션

언어적 커뮤니케이션	비언어적 커뮤니케이션
말에 담긴 의미를 포함한 언어적 정보	시각 정보: 겉모습, 표정, 시선, 자세, 몸동작, 몸짓, 복장, 차림새 청각 정보: 목소리의 높낮이·강약·크기

언어적 커뮤니케이션은 말 그대로 언어 정보를 통해 메시지를 전달하는 방식이다. 비언어적 커뮤니케이션은 겉모습, 표정, 시선, 자세, 몸동작과 같은 시각 정보와 목소리의 높낮이나 강약, 음색과 같은 청각 정보로 메시지를 전달하는 방식을 말한다.

상대의 속마음과 감정은 글이나 말로 표현하지 않아도 비언어적 정보인 표정이나 동작을 통해 드러난다. 따라서 비언어적 메시지를 관찰하면 상대의 심리를 파악할 수 있다.

To Do 1 ▶ 식사 제안을 해 보자

좋아하는 사람에게 고백하지 못하는 이유는 상대의 마음을 몰라서다. 즉 거절당하고 상처받는 것이 두렵기 때문이다.

상대가 자신에게 호감이 있다는 사실을 안다면 고백할 결심이 설 것이고 반대로 호감이 없다는 사실을 안다면 포기할 수 있을 것이다.

호감이 있는지 알아보려면 비언어적 메시지를 관찰하면 된다.

간단하게는 식사 자리를 마련해 보는 방법이 있다. 그렇다고 해서 "다음에 저랑 둘이 식사하지 않으실래요?"라고 묻는 것은 너무 단도 직입적이다.

예를 들면 다음과 같은 식으로 대화를 나눠 보자.

"이 근처에 분위기 좋은 이탈리안 레스토랑이 새로 생겼다는 얘기 들었어?"

"아, 얘기는 들었어."

"친구가 가 봤는데 상당히 전문적이고 맛있대!"

그 뒤에 이어지는 상대의 반응에 주목하자.

"와, 나도 가 보고 싶다!"라며 적극적으로 반응한다면 가망이 있지만 "아, 그렇구나" 하고 미지근한 반응을 보인다면 자신에게 별다른 호감은 없다고 봐야 한다.

상대의 마음은 가장 처음으로 보이는 반응의 온도로 알 수 있다. 그 온도가 자신에게 갖고 있는 호감 지수다. 자신과 함께 가고 싶다면 반응의 온도가 올라가지만, 가고 싶지 않다면 온도는 내려간다. 맨 처음 순간을 관찰하면 상대가 자신을 좋아하는지 어떤지 분명히 알 수 있다.

이것만으로 판단하기에는 비언어적 정보가 부족하다고 느낀다면 "이번 주에 시간이 나서 가 보려고 하는데"라는 말을 덧붙이며 대화를 이어 가 보자.

"이번 주에는 일정이 좀 바빠서"라거나 "다른 애들한테도 물어보자"의 같은 반응이 돌아온다면 틀림없이는 가고 싶지 않다는 신호다.

놓치지 말아야 할 것은 '식사를 제안한 직후의 반응'이다. "같이 가 보지 않을래?"라고 말한 직후, 즉 0.1초 후에 어떤 표정을 짓는지가 중요하다.

그 한순간에 기뻐하는지 난처해하는지를 봐야 한다. 이때는 편도체가 관여하는 본능적인 반응이 튀어나오므로 이성으로 조절하기 어렵다. 만약 순간적으로 기뻐하는 표정을 보이다가 담담한 얼굴로 돌아갔다면 대뇌 피질이 '바로 기뻐하면 좋아하는 티가 나서 부끄럽다'라고 판단한 뒤에 표정을 조절했다는 증거다. 이 사이에는 1초 정도의 시차가 발생한다.

웬만큼 훈련된 인간이 아니라면 편도체의 솔직한 반응을 숨기지는 못한다. 대부분의 감정은 어떻게든 표정으로 드러난다.

상대는 말투나 표정으로 속마음을 드러내고 있다. 정말 가고 싶은데 사정이 안 돼서 거절하는지 아니면 실제로 전혀 관심이 없어서 그러는지 알고 싶다면 순간적으로 드러나는 표정을 보고 판단하자.

정말로 다른 일정이 있어서 못 가지만 호감이 있다면 상대가 먼저 "다음 주 토요일은 시간 괜찮은데"라며 대안을 제시할 것이다.

식사 제안은 받아들였지만 고백은 거절하는 경우도 물론 있다. 하지만 식사 제안은 거절하고 고백을 받아들이는 경우는 없다고 봐야 한다. 상대의 호감을 확인하고 싶을 때 식사를 제안하는 방법은 꽤 유용하니 기억해 두자.

To Do 2 실패한 경우의 대처법

식사를 제안한 뒤에 긍정적 신호를 받지 못했다고 해도 바로 포기할 필요는 없다. 자신과 상대 사이의 심리적 거리를 좁혀 호감 지수를 높이는 방법이 있다.

단둘이서는 무리여도 세 명 이상이 함께하는 자리라면 부담이 덜하다. 그런 방식이라도 좋으니 사적인 시간에 만나는 횟수를 늘리자. 심리 법칙에 따르면 사람 사이의 친밀도는 자주 만날수록 높아진다. 제1장에서도 잠깐 언급했지만 이를 '단순 노출 효과'라고 한다. 상대와 만나서 이야기할 기회를 한 번이라도 더 늘려야 호감을 높이는 데 도움이 된다.

처음에는 거절당했지만 두세 번 더 시도해서 성공하는 경우도 있다. 이는 식사를 제안한 사람의 마음이 진심인지 상대에게도 생각할 시간이 필요했거나 '한 번 만에 수락하는 가벼운 사람으로 보이고 싶지 않다'라는 심리가 작용했기 때문이다.

성공률을 높이려면 상대가 좋아하는 음식을 파는 식당을 고르거나 밤이 아닌 낮에 만날 약속을 잡자.

요즘 사람들은 손쉽게 스마트폰 메신저로 메시지를 보내는 경우가 많을 듯한데 그보다는 직접 얼굴을 보고 말하는 편이 효과적이다. '메신저로 연락하는 편이 쉽다'라는 말은 곧 '메신저로 연락이 오면 거절하기 쉽다'라는 뜻이기도 하다.

게다가 메신저로 대화를 나누면 상대의 표정, 말투, 반응의 온도 같은 비언어적 메시지를 읽을 수 없으므로 판단을 그르칠 확률이 높다.

Faot 2 ▶ 남녀가 소통하는 방식의 차이

예외는 있지만 대체로 여성은 비언어적 커뮤니케이션에 강하고 상대적으로 언어적 커뮤니케이션에 약하다. 반대로 남성은 언어적 커뮤니케이션에 강하고 비언어적 커뮤니케이션에 약하다.

　비언어적 커뮤니케이션에 대한 감도가 약한 사람은 아무리 열심히 호감이 있다는 티를 내도 눈치채지 못한다. 자신의 호감을 두 배 정도는 요란하게 언어로 표현해야 한다. 그런 상대는 강하게 밀어붙여야 겨우 알아차린다는 사실을 기억해 두자.

부모와 자식 사이의 문제에 대처하는 방법

키워드 ▶ 독친, 심리적 거리

자식이라면 누구나 부모가 매번 잔소리를 하고 사소한 일까지 사사건건 간섭하고 똑같은 말을 수차례 반복하는 통에 진저리가 난 경험이 있을 것이다.

어떤 부모는 간섭이 도를 넘어 폭언이나 폭력을 행사해서까지 자식을 지배하려 든다. 이처럼 아이의 성격과 인생을 망가뜨리는 독이 되는 부모, 즉 '독친'도 적지 않다. '부모와의 관계'를 조사한 설문에 따르면 세 명 중 두 명꼴로 부모로 인한 스트레스 때문에 고민한다고 답했다. 지금부터 부모와 자식 사이의 문제를 설명하겠다.

Fact 1 　잔소리하는 부모의 심리

부모가 자식의 매우 사소한 부분까지 세세하게 참견하는 이유는 어떠한 심리 때문일까? 간단하다. 그저 걱정되기 때문이다. 자식을 사랑하기 때문이다.

부모는 자신이 가장 사랑하는 아이가 더 나은 인생을 살길 바란다. 그래서 '이렇게 하면 좋다', '그러면 안 된다', '이렇게 해라' 하고 세세하게 알려 주고 싶어 한다.

To Do 1 ▶ 웃는 얼굴로 감사하다고 말하자

부모의 애정을 마음 깊이 받아들이고 "늘 걱정해 주셔서 감사합니다", "항상 챙겨 주셔서 정말 감사합니다"라고 진심 어린 감사의 말을 건네자. 이 과정이 중요하다.

자식이 웃는 얼굴로 진심으로 감사하다고 말하면 부모와 자식 사이에 애정의 캐치볼이 완성되어 부모의 마음이 따뜻하게 채워진다. 부모와 자식의 관계도 원만하게 정리된다.

그러니 부모의 잔소리를 덜 듣고 싶다면 웃는 얼굴로 감사하다고 말하자.

그런 거짓말은 하고 싶지 않다고 말하는 사람도 있겠지만 거짓말이 아니다. '알려 주셔서' 감사하다는 말이 아니라 '제게 마음 써 주시고 사랑해 주셔서' 감사하다는 뜻이기 때문이다.

귀찮은 훼방꾼을 쫓아내기라도 하듯이 "알았어, 알았다고!"라고 대꾸하거나 "또 그 소리야? 짜증 나, 진짜"라며 반항심을 드러내면 역효과가 난다.

부모는 자신의 애정이 자식에게 전해지지 않으면 결핍을 느낀다. 그래서 애정이 전해질 때까지 더 자주 말해야겠다고 마음먹고 더 심하게 잔소리한다.

Fact 2 부모의 조언은 30년 전에나 통하던 얘기다

조언의 '내용'과 그 안에 담긴 '마음'은 나눠서 생각해야 한다.

예를 들면 많은 부모가 자식이 은행에 취직하길 바란다. 하지만 은행에 취직하면 평생 안정적으로 살 수 있다는 믿음은 30년 전에나 통하던 낡은 발상이다. 창구 업무는 대부분 자동화되었고 현금은 편의점 ATM에서도 뽑을 수 있다. 현금을 사용하지 않는 캐시리스(cashless) 사회가 도래하면서 ATM마저 급감하고 있다.

자신의 아이가 행복하기를 바라는 마음에 '은행에 취직하면 좋겠다'라고 생각했겠지만, 변화를 알아차리지 못한 탓에 무심결에 시대에 역행하는 조언, 그래서 도움이 되지 않는 말을 하고 만다.

부모는 자신의 상식, 지식, 경험을 바탕으로 여러 가지를 알려 주지만 그 조언은 아무래도 다소 낡은 감이 있다. 시간이 흐르면서 사회는 계속 변하기 때문에 이러한 충돌은 어느 시대든 당연히 일어난다.

To Do 2 부모의 조언은 웃는 얼굴로 받아넘기자

자신의 부모이기는 하지만 부모도 어디까지나 타인이다. 타인의 의견이나 조언은 자신이 결단하고 행동하는 데 참고할 만한 여러 자료 중 하나일 뿐이다. 부모가 바라는 대로 하면서 자신이 진정으로 하고 싶은 일이나 직업이 있는데도 잠느나면 자신의 인생을 살 수 없다.

부모 말대로 결정해 봤자 부모는 인생을 책임져 주지 않으며 언젠

160

가는 스스로 감당해야 한다. 결국 살아가면서 자신이 책임을 져야 한다면 당연히 자신이 살고 싶은 대로 인생을 꾸리는 편이 좋다.

부모가 해 주는 조언이 시대에 맞지 않거나 스스로 받아들일 수 없는 내용이라면 일단 웃는 얼굴로 "알려 주셔서 감사합니다", "늘 마음 써 주셔서 감사합니다"라고 말하자. 그러고 나서 '못 들은 셈 쳐야겠다'라고 속으로 생각하는 편이 가장 좋다.

Fact 3 ▶ **독친이란 무엇일까?**

독친(toxic parents)은 '자식의 인생을 지배하고 자식에게 해악을 끼치는 부모'라는 뜻이다. 1989년에 저명한 심리 치료 전문가 수전 포워드가 만든 말로, 학술 용어는 아니지만 현재 많은 사람이 인지하고 있는 단어다.

독친 밑에서 자란 아이는 어떤 영향을 받을까?

- 대인 관계가 뒤틀린다.
- 자신과 타인 모두를 사랑하지 못한다.
- 정신적인 타격을 입어 마음의 병에 걸린다.
- 이혼율이 높아진다.
- 자신도 독친이 된다.

이처럼 독성이 매우 강력하니 자신의 부모가 독친임을 깨달았다면 영향을 받지 않도록 벗어나야 한다.

> 이제까지 자라 온 가정보다 앞으로 자신이 꾸려 갈 가정이 더 소중하다.
>
> – 링 라드너(미국의 작가이자 언론인)

To Do 3 ▶ 독친에게 대처하는 방법

자신의 부모가 독친이 아닌지 의심된다면 판단을 내리기 전에 주의해야 할 점이 있다. 독친은 해악의 정도나 유형이 다양하므로 폭넓게 봐야 한다. 독친이라 불리는 부모는 폭력 또는 방치를 일삼거나 자식이 마음의 병에 걸리게 만드는 극악한 유형부터 지나친 참견, 과잉 간섭, 지배적인 성향을 보이는 상대적으로 강도가 약한 유형까지 다양하다. 우선 심각한 유형인지 가벼운 유형인지부터 파악하자.

앞에서도 여러 번 말했지만 타인과 과거는 바꿀 수 없다. 타인 중에서도 가장 어려운 존재가 부모인데 독친이라면 그 성향은 더욱 바꾸기 어렵다.

독친은 '자신이 무조건 옳다'라고 믿으므로 설득하거나 반박하려는 시도는 불에 기름을 붓는 격이다. 그랬다가는 이전보다 더 강한 영향력을 행사하려 들 것이다.

'독친은 변하지 않는다', '독친은 변화시킬 수 없다'라는 사실을 기억해 두자. 이것을 전제로 대치법을 몇 가지 소개하겠다.

⑴ 마음의 방호벽을 쌓는다

마음속에 방호벽을 쌓아 부모가 뿜어내는 독, 다시 말해 부모의 사고방식, 행동 양식, 영향력이 자신에게 퍼지지 않도록 방어하자. '나와는 다르지만 이 사람은 그렇게 생각하는구나' 하고 텔레비전 화면을 보듯이 객관적인 눈으로 관찰하면 위험에 말려들 확률을 줄일 수 있다.

자기 자신을 탓하지 않는 것도 중요하다. 자식을 책망하고 심리적으로 공격해서 자식 스스로 '이렇게 된 건 다 내 탓이야'라고 생각하게 만드는 독친도 있다. 하지만 절대 자신의 책임이 아니다. 부모가 독을 내뿜고 있을 뿐이라는 사실을 깨닫자.

⑵ 가족 이외의 인간관계를 강화한다

가족과의 관계는 중요하지만 그것이 전부는 아니다. 가족 관계에 기대할 것이 없다면 절친이나 인생의 동반자와의 관계에서 평온과 위안을 구하자. 마음의 안정을 취하는 데 큰 도움이 된다.

특히 인생의 동반자를 만드는 것이 중요하다. 독친은 "그 사람과 헤어져"라고 말하며 훼방을 놓을지도 모른다. 자식에게 인생의 동반자가 생기면 부모의 지배력이 약해진다는 사실을 알기 때문에 더 심하게 방해하겠지만 절대 굴복하지 말자.

⑶ 집을 나와 독립한다

일부 독친은 자식을 위해 무엇이든 해 주겠다며 과보호한다. 이런 독친 밑에서 과보호를 받고 자란 아이는 부모에게 의존하는 성향이 강하다.

독친의 영향력을 차단하는 가장 좋은 방법은 집을 나와 따로 사는 것이다. 부모와 같이 살면 집안일이나 경제적인 면에 대한 부담이 줄어드는 것을 포함해 이점이 많다. 하지만 이것이 의존의 시작이다.

'과도하게 간섭하는 부모'는 긍정적으로 보면 '너무 잘 돌봐 주는 부모'이기도 하므로 어느새 지나치게 의존하는 관계에 놓이게 된다. 결국 독친에게서 벗어나지 못하는 원인을 스스로 만들고 있을지도 모른다.

우선 자신의 의존성을 인정하고 의존 관계를 끊어 낼 수 있도록 사고방식부터 바꿔야 한다. 대학에 진학하거나 취업하는 시점에 집을 나와서 독립하자.

⑷ 거리를 둔다

독친에게 영향을 받지 않으려면 거리를 두어야 한다. 물리적 거리를 두어서 심리적 거리를 확보하자. 그러기 위해서는 무조건 집을 나와서 혼자 살아야 한다. 하지만 가족이 사는 집 근처에 방을 얻으면 아무런 의미가 없다.

부모에게 자주 전화가 온다면 음성 메시지로 넘어가게 내버려 두거나 받지 않다가 2·3일에 한 번 정도 정신적으로 여유가 있을 때 받자. 문자나 메시지가 오면 답장을 천천히 보내거나 가끔 보내는 식으로 연락의 빈도를 줄이자. 이렇게 조금씩 접촉 횟수를 줄여 나가야 거리를 둘 수 있다.

표 ▶ 독친에게 대처하는 방법

(1) 마음의 방호벽을 쌓는다

(2) 가족 이외의 인간관계를 강화한다

(3) 집을 나와 독립한다

(4) 거리를 둔다

06 부부 관계를 원만하게 유지하는 방법

사생활

키워드 ▶ 남녀의 심리

'아내가 언짢아 보인다'거나 '남편이 내 얘기를 들어 주지 않는다'
와 같은 일로 고민하며 부부 관계를 개선하고 싶어 하는 사람들이 많
을 것이다. 부부 사이에 관한 조사에서 '부부 사이가 원만하지 않다'
라고 답한 비율은 10퍼센트 전후였다. 이를 보면 대다수의 부부는 사
이좋게 지내는 것 같다. 하지만 위기는 어느 날 갑자기 찾아오기도
한다.

Fact 1 ▶ 안정된 부부 관계가 행복의 토대를 이룬다

미국의 베스트셀러 작가 스티븐 킹은 자신의 저서에서 다음과 같이
말했다.

성공의 비결이 무엇이냐는 질문에 나는 항상 두 가지를 말한다. 하나는 건강이며 다른 하나는 원만한 부부 관계다.

– 스티븐 킹,《유혹하는 글쓰기》

사회적으로 성공하는 최대 비결이 '건강'과 '원만한 부부 관계'라는 말은 지극히 핵심을 찌르는 조언이다.

원만한 부부 관계는 생활의 기반을 안정시키고 일할 때 집중력을 높인다. 매일같이 부부 싸움만 한다면 온종일 짜증이 날 테고 스트레스도 이만저만이 아닐 것이다.

한 연구에 따르면 여성의 행복을 좌우하는 가장 중요한 요소는 '안정된 파트너십'이라고 한다.

부부 사이가 나쁘면 경제적으로 풍족해도 진정한 행복을 느끼지 못한다.

제1장에서 설명했지만 '대인 관계의 삼중 원'에서 가장 안쪽 원은 '중요한 타인'이 차지하고 있다. 자신에게 둘도 없이 소중한 존재인 가족, 연인, 절친이 여기에 해당한다.

가장 중요하게 여겨야 할 부부 관계를 소홀히 하고 직업상 얽힌 인간관계에 과도한 에너지를 쏟는 사람들이 많다. 그렇게 시간과 에너지를 쓸데없이 낭비하고 피폐해진다.

가령 직장 사람들과 사이가 나쁘더라도 집에서 아늑함을 느낀다면 그대로도 괜찮다. 직장 내 인간관계는 아무리 열심히 쌓아 올려도 전근이나 이직을 하면 처음부터 다시 시작해야 한다. 하지만 부부 관계는 10년이고 20년이고 누적된다. 어느 쪽에 에너지와 시간을 써야 할지는 자명하다.

To Do 1 배우자와 하루에 30분씩 대화하는 시간을 마련하자

일본의 한 조사에 따르면 '평일 하루 평균 배우자와 대화하는 시간'이 한 시간 이상이라는 사람이 전체의 43퍼센트이고 15분 이하인 사람이 25퍼센트라고 한다. 서로 거의 소통하지 않는 부부가 4분의 1이나 된다는 얘기다.(우리나라의 경우, 여성가족부가 전국 5018가구를 대상으로 실시한 '2015 가족 실태 조사'에 따르면 배우자와 하루 평균 대화하는 시간이 한 시간 이상인 경우가 34.6퍼센트, 전혀 없음을 포함해 30분 미만인 경우가 30.9퍼센트로 나타났다.─옮긴이)

하루 대화 시간이 15분이라면 너무 적다. 하지만 맞벌이 부부는 대화 시간을 마련하기가 쉽지 않을 것이다. 아침에는 좀처럼 시간을 내기 어려우므로 부부끼리 제대로 대화할 수 있는 시간은 저녁 먹을 때 정도다.

저녁은 부부가 함께 먹자. 자녀가 있는 집이라면 가족 모두가 모이는 자리를 만드는 것이 중요하다. 매일 함께 저녁을 먹기 힘들다면 '가족 사랑의 날'만이라도 일찍 되귀하자. 가족이 다 함께 식사하면서 요즘 각자 어떤 일이 있었는지 대화를 나누는 편이 좋다. 저녁만 같이 먹어도 최소한의 소통이 유지되어 부부 관계, 부모·자식 관계를

안정되게 꾸릴 수 있다.

그 밖에 현실적으로 실천 가능한 방법을 세 가지 소개하겠다.

(1) 식사 중 스마트폰, 텔레비전, 신문을 금지한다

함께 밥을 먹어도 서로 대화할 마음이 없으면 아무런 의미가 없다. 식사 중에는 텔레비전, 신문, 특히 스마트폰을 피하자. 밥 먹으면서 스마트폰을 보는 행위는 눈앞에 있는 상대에게 '나는 당신에게 관심이 없다', '당신보다 스마트폰이 더 중요하다'라는 비언어적 메시지를 보내는 것이나 마찬가지다.

아이가 있는 집에서 부모가 식사 중에 스마트폰을 보면 조만간 아이도 똑같이 따라 한다. 부모에게는 자녀가 스마트폰에 중독되지 않도록 도와야 할 책임도 있다.

(2) 눈을 마주친다

남의 말을 잘 들어 주는 방법으로는 '눈 마주치기', '끄덕거리며 맞장구치기', '앵무새 화법'의 세 가지가 있다. 반대로 상대를 보지 않거나 별다른 반응 없이 가만히 들으면 서로 깊은 관계를 쌓아 갈 수 없다. 대화를 나눌 때는 상대의 얼굴을 보고 눈을 마주치자.

식사 시간은 소통하는 시간이다. 부부, 가족끼리 식사할 때만큼은 '스마트폰을 확인하지 않는다', '텔레비전을 보지 않는다'라는 규칙을 철저히 지키고 대화에 전념해야 한다.

(3) 서로를 배려해서 대화 주제를 고른다

대화 주제를 고를 때는 남녀의 커뮤니케이션 특징을 고려해서 서로를 배려해야 한다.

우선 남성은 가정에서 위안을 얻고 싶어 한다. 아내의 이야기 자체가 듣기 싫은 것은 아니다. 하지만 주부들 사이의 가십거리나 험담 같은 부정적인 이야기를 들으면 지겹다고 느낀다.

아내가 남편에게 말해야 할 내용은 '자신의 이야기'다. 자신이 겪은 일이나 감정을 이야기하자. 부정적인 말을 많이 하면 '피곤하니까 다음에 얘기하자'라는 남편의 반응이 돌아올 것이다.

여성은 이야기하면서 스트레스를 푼다. 따라서 남편이 아내의 이야기를 잘 들어 주기만 해도 부부 관계는 원만해진다. 하루에 30분 정도 아내의 이야기를 잘 듣기만 해도 부부 관계가 안정되고 아내의 기분도 좋아진다니, 이 정도면 해 볼 만하지 않은가? "일하고 왔더니 피곤해"라는 말을 쉽게 입 밖으로 내지 말고 아내의 이야기에 진지하게 귀를 기울여야 한다.

> 여성은 상대가 자신의 이야기를 충분히 들어 주고 이해, 공감해 준다고 실감할 때 상대의 사랑을 확신하며 그것만으로 마음이 충족된다. 불신과 의구심은 금세 날아간다.
>
> 존 그레이(미국의 심리학 박사), 《화성에서 온 남자 금성에서 온 여자》

Fact 2 ▶ 남편과 아내의 심리 차이

남녀 차이를 다룬 심리학은 인기 콘텐츠다. 개중에는 예외도 있어서 뇌 과학적으로 찬반이 엇갈리기도 하지만, 자신의 상황에 들어맞는 경우도 있으니 한 번쯤 유심히 봐 둔다고 해서 손해날 일은 없다.

대체로 여성은 가십을 좋아하고 남성은 남의 이야기보다 자신의 이야기를 좋아한다. 먼저 이것을 이해해 두면 부부 사이의 갈등을 피할 수 있다. 이성 간의 심리를 배우고 그것만으로 인간관계가 잘 풀린다면 알아 두는 편이 이득이다. 남녀 간 사고방식 차이를 간략히 표로 정리해 두었으니 참고하기 바란다.

표 ▶ 남편과 아내의 사고방식 차이

	남편	아내
상담	조언을 바란다	공감을 바란다
대화	분명하게 말해 주길 바란다	속마음을 읽어 주길 바란다
변명	이유를 설명한다	감정을 호소한다
행복을 느끼는 방식	필요한 존재임을 실감할 때 행복을 느낀다	사랑받는다고 실감할 때 행복을 느낀다
가정에 바라는 것	쉼터, 아늑함	안심, 안정
피곤할 때	가만히 내버려 두길 바란다	알아주길 바란다
고민, 불안	믿어 주길 바란다	걱정해 주길 바란다
돈	자유롭게 돈을 쓰고 싶다	계획적으로 돈을 쓰고 싶다
집안일	가르쳐 주길 바란다	스스로 알아서 하길 바란다
육아	가끔 하고 싶다	가끔 쉬고 싶다

* 출처: 다카쿠사기 하루미, 《당신도 내 맘 좀 알아주면 좋겠어》

"부부 싸움은 칼로 물 베기다"라는 속담도 있듯이 부부끼리는 싸워도 금방 하나가 된다. '각자의 생각을 말로 꺼내어 상대에게 전한다'라는 의미에서 보면 싸움은 의견을 교환하는 행위나 마찬가지다.

다만 의견을 교환할 때는 '감정적으로 대하지 않는 것'이 중요하다. 의견 교환이 싸움으로 번지는 이유는 상대에게 자신의 생각을 전할 때 화를 내면서 말하기 때문이다. 서로 담담하게 의견을 주고받는다면 그것은 이미 싸움이 아니다.

> 분노는 결혼의 정상적인 기능 가운데 일부다.
>
> – 존 가트먼(워싱턴 대학교 심리학과 명예 교수)

미국의 부부 문제 연구의 선구자 중 한 명인 존 가트먼 박사는 "부부 관계에서 분노는 결코 나쁜 것이 아니다. 분노나 다툼의 빈도보다는 분노에 어떻게 반응하느냐가 중요하다"라고 말한다.

다르게 말하자면 부정적인 감정을 완전 연소하는 커플이 오래간다는 얘기다. 부부 싸움은 일종의 기분 전환 행위이므로 쌓인 감정을 풀고 잘 화해하면 문제 될 것이 없다.

To Do 2 ▶ 부부 교환 일기를 쓴다

부부가 함께 교환 일기를 쓰자.

서로 나쁜 일만 전하면 부정적인 소통이 되어 버리므로 '오늘 있었던 일', '즐거웠던 일'을 적고 때때로 '바라는 점'이나 '고쳤으면 하는 점'을 끼워 넣자. 긍정과 부정의 비율을 '3 대 1' 정도로 맞추면 상대의 마음이 열려 있다는 전제하에, 바라는 점도 이해하고 받아들여 줄 것이다.

긍정과 부정의 비율이 '5 대 1' 이상인 부부는 거의 이혼하지 않는다는 연구 결과도 있다.

정보나 감정을 자주 글로 공유하면 친밀도가 올라간다. 부부 사이에 대화가 줄고 정보나 감정을 공유하지 못하면 소통 결핍과 의견 불일치가 발생해 싸움도 잦아진다.

교환 일기를 대신해서 스마트폰 메신저로 나누는 대화의 빈도를 늘리는 것도 효과적이다.

부부 관계를 유지하려면 반드시 서로 배려하고 감사하는 마음을 가져야 한다. 하루에 한 번씩 배우자에게 "고마워"라고 말하자. 하루에 단 3초만 투자하면 부부 관계가 놀라울 정도로 개선된다.

'굳이 말로 안 해도 알겠지'라며 방심하지 말고 부부간에 대화를 나누면서 고맙다고 말할 타이밍을 찾자. 고맙다는 말을 듣고 불쾌해할 사람은 단 한 명도 없다.

직접 얼굴을 보고 말하기가 쑥스럽다면 고맙다고 메시지를 남기자. 이렇게만 해도 안 하는 것보다 훨씬 낫다.

육아 문제를 극복하려면

키워드 ▶ 환경, 행동, 노력

일본의 한 조사에 따르면 자녀를 둔 부모 가운데 '부담을 느끼거나 고민이 있다'라고 답한 사람이 87.9퍼센트나 되었다. 이처럼 아이를 키우는 부모의 대부분이 무언가를 '고민'하고 '부담'을 느낀다.

Fact 1 ▶ 육아는 누구에게나 힘들다

인간은 다른 동물과 달리 아무것도 모른 채 태어난다. 육아법을 알고 태어나는 사람도 당연히 없다. 스스로 공부하거나 남에게 배우고 시행착오를 거치면서 하나씩 습득해 간다. 처음부터 능숙하게 아이를 길러 내는 사람은 없다.

육아는 누구에게나 힘든 일이다. 물론 즐거움, 기쁨, 행복을 주는 면도 있지만, 아이가 밤에 울어서 잠을 설치는 것을 비롯해 육아에는 정신적, 육체적 고통이 따른다. 매일 겹겹이 쌓이는 스트레스를 혼자

끌어안고 힘들어하다가 육아 노이로제에 걸리는 부모도 있다.

육아 스트레스를 없애려면 무조건 배워야 한다. 육아라고 하면 아이를 기르는 일이라고만 생각할 수 있는데 육아를 통해 아이가 부모를 기르기도 한다.

부모로서 성장해야 비로소 육아의 고통을 이겨 낼 수 있다.

To Do 1 기본 대처법으로 90퍼센트는 해결할 수 있다

이 책에서 소개하는 기본적인 고민 해결법은 육아에서도 90퍼센트 이상 효과를 발휘한다. 다음의 과정을 성실히 실행한다면 육아 스트레스는 크게 줄어들 것이다.

책이나 경험자를 통해 방법을 배우고(인풋) 실제 행동으로 옮겨 보고(아웃풋) 잘되는 점과 그렇지 않은 점을 파악해서 수정(피드백)하는 과정을 반복해야 한다.

그림 ▶ 육아 문제를 해결하는 과정

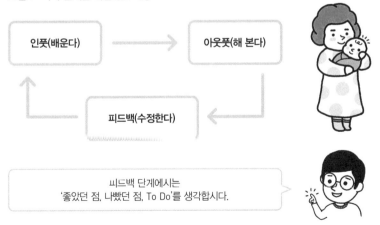

육아 문제가 잘 풀리지 않는다면 인풋, 아웃풋, 피드백 단계 중 어딘가에 문제가 있기 때문이다.

인풋 단계에서 막힌다면 방법을 모르거나 어떤 식으로 실행하면 좋을지 모르는 경우다. 책에서 찾아보거나 육아 경험자에게 물어 가며 대처법을 마련하자.

아웃풋 단계에서 막힌다면 대처법은 알지만 부담을 느낀다거나 불안과 걱정이 커서 실행으로 옮기지 못하는 경우다. 대처법을 분할하거나 목표를 잘게 쪼개서 '작은 목표'를 설정한 다음 할 수 있는 일부터 해 나가자.

피드백 단계에서 막힌다면 바쁜 시간에 쫓겨 잘되고 있는지 아닌지 되돌아볼 시간을 마련하지 못하는 경우다. 피드백을 꼭 직접 할 필요는 없다. 육아 경험자나 또래의 자녀가 있는 친구에게 상담해 가며 자신의 육아법이 괜찮은지 의견을 구하는 방법도 좋다.

To Do 2 ▶ 아이의 머리가 좋아지는 방법 세 가지

학생인 자녀를 둔 부모의 가장 큰 고민은 아이의 성적, 진학이나 입시에 관한 문제다. 대다수의 부모는 아이의 머리가 좋아지길 바란다. 머리는 타고난 유전으로 결정되기 때문에 후천적으로 바꿀 수 없다고 흔히들 생각하지만 사실은 그렇지 않다.

최근 뇌 과학에서는 태어난 뒤의 환경, 행동, 노력으로도 뇌는 발달하므로 후천적으로 지능이나 성격을 높일 수 있다는 데이터가 보고되고 있다. 아이의 머리는 후천적으로 좋아질 수 있다. 구체적인 방법을 세 가지 소개하겠다.

표 ▶ 두뇌 발달을 돕는 육아법

---

(1) **수면**
충분한 수면과 휴식을 취하면 아이의 기억력, 집중력, 적응력이 올라가고 스트레스, 짜증, 칭얼거림이 줄어든다. 6~13세 아이의 수면 시간은 9~13시간이 적절하다.

(2) **운동**
운동하는 아이는 그렇지 않은 아이보다 지능 지수, 학교 성적, 실행 기능, 집중력이 높다. 운동을 하면 BDNF라는 물질이 분비되어 두뇌를 활성화하고 뇌의 신경 네트워크를 긴밀하게 하여 뇌 신경 세포의 성장을 촉진한다.

(3) **독서**
매일 한두 시간씩 책을 읽는 아이의 표준 점수가 가장 높고 책을 전혀 읽지 않는 아이의 표준 점수는 최하위 그룹에 속한다. 아이에게 책을 읽어 주거나 집에서 책 읽는 분위기를 만들어 어려서부터 책에 익숙해지게 하자.

표에서 알 수 있듯이 육아하는 '환경'이 중요하다. 부모가 밤늦도록 자지 않으면 아이도 밤늦게까지 깨어 있는 경우가 많듯이, 평소에 부모가 책을 읽으면 아이도 그 행동을 따라 한다.

> 아이를 낳고 나서 바로 시작할 수 있는 가장 좋은 육아법 중 하나는 '아기가 낮에 오랫동안 깨어 있지 않게 하기'다.
>
> – 트레이시 커크로(세계적인 육아 전문가),《최강의 육아》

To Do 3 부부간에 집안일과 육아를 분담한다

정신과 의사로서의 내 경험상, 육아에 시달리거나 육아 노이로제에 걸리는 사람은 혼자서 육아를 전부 도맡으려는 책임감이 강하다. 이들의 배우자는 대체로 집안일이나 육아를 도와주지 않는다.

육아는 누구나 힘들어하는 일이지만 부부가 서로 분담하고 협력해서 이겨 내면 고통은 기쁨으로 바뀐다. 적당히 도움받기보다는 제대로 얼굴을 맞대고 "○○는 분담했으면 좋겠어"라고 말해야 눈치 없는 배우자가 뭐라도 한다.

조금이라도 육아와 집안일을 분담해서 부담을 줄이자. 그래야 지쳐서 나가떨어지지 않는다.

간병의 걱정을 덜어 내는 방법

키워드 ▶ 노쇠, 레스핏

오늘날에는 빠른 속도로 사회가 고령화되면서 부모 혹은 자신의 간병에 대한 고민이 남 얘기가 아니게 되었다. '노후의 불안'에 관한 일본의 의식 조사에 따르면 52.8퍼센트에 달하는 사람이 '간병에 대한 불안'을 느낀다고 답했다.

앞으로 부모나 남편을 간병할 상황에 불안을 느끼는 사람은 전체의 78.6퍼센트이고, 자신이 간병의 도움을 받을 상황에 불안을 느끼는 사람은 81퍼센트로 상당히 높은 수치다. 또한 간병이나 간호를 이유로 이직한 사람의 수는 2016년 한 해에만 8만 5000명 이상이었다.

65세 이상 중 간병이나 지원이 필요하다고 인정되는 사람의 수가 같은 해에 600만 명을 돌파했는데, 이는 일본인 스무 명 가운데 하나는 간병이나 지원이 필요한 고령자라는 뜻이다. 65세 이상으로 한정하면 5.6명 중에 한 명은 간병이나 지원이 필요하다.

간병은 자신에게 부모가 있는 한 남의 일이 아니다. 정신적, 육체적으로 가혹한 고통이 따르는 탓에 '간병 지옥'이라는 말까지 쓰인다. 한계에 몰려 부모를 살해하고 자신도 스스로 목숨을 끊는 '간병 살인', '간병 자살'까지 일어나는 실정이다.

이러한 문제를 막기 위해서라도 간병이 필요 없는 삶을 살고 싶다면 최소한의 지식은 갖춰 두자. 간병 생활을 예방하는 방법은 매우 간단한데 실제로 아는 사람은 얼마 없다.

그림 ▶ 고령자의 간병 현황

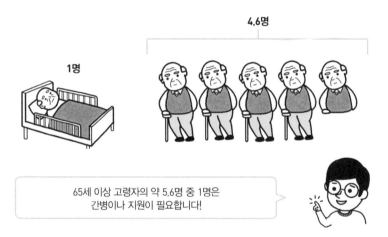

4.6명

1명

65세 이상 고령자의 약 5.6명 중 1명은 간병이나 지원이 필요합니다!

Fact 1 ▶ 노쇠를 막으면 간병의 도움이 필요 없다

간병의 도움이 필요한 주요 요인으로 '신체서 쇠약'과 '치매'를 눈다. 이 두 가지를 막으면 간병의 걱정을 줄일 수 있다.

노인 의료나 간병 분야에서 '노쇠'(frailty)라는 말이 주목받고 있다.

이는 '허약'이라는 뜻과도 비슷하다. 노쇠는 '노화로 몸과 마음이 쇠약한 상태'를 가리키며 '건강'과 '간병이 필요한 상태'의 중간에 해당한다.

중병에 걸리거나 크게 다치지 않는 한, 건강하던 사람이 갑자기 휠체어 생활을 하거나 몸져눕는 일은 없다. 보통은 체력과 근력이 약해지고 무릎이나 허리에 지병이 생겨 외출을 못 하는 날이 늘다가 점점 더 몸이 허약해져 간병의 도움이 필요한 상태가 된다.

그림 ▶ 노쇠란 무엇일까?

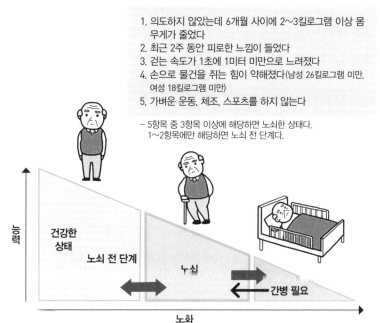

노쇠의 기준

1. 의도하지 않았는데 6개월 사이에 2~3킬로그램 이상 몸무게가 줄었다
2. 최근 2주 동안 피로한 느낌이 들었다
3. 걷는 속도가 1초에 1미터 미만으로 느려졌다
4. 손으로 물건을 쥐는 힘이 약해졌다(남성 26킬로그램 미만, 여성 18킬로그램 미만)
5. 가벼운 운동, 체조, 스포츠를 하지 않는다

- 5항목 중 3항목 이상에 해당하면 노쇠한 상태다.
  1~2항목에만 해당하면 노쇠 전 단계.

능력

건강한 상태

노쇠 전 단계

노쇠

간병 필요

노화

* 출처: 이지마 가쓰야(飯島勝矢), 《도쿄대가 조사하고 알아낸 쇠약해지지 않는 사람의 생활 습관》
(東大が調べてわかった 衰えない人の生活習慣)

노쇠는 '가역적'이라는 사실을 기억하자. 노쇠하더라도 운동, 재활, 사회 참여 활동, 영양 섭취 같은 대처 방안을 실천하면 건강한 상태로 되돌릴 수 있다. 반대로 노쇠를 방치하면 간병의 도움이 필요한 삶으로 직행한다.

'살이 조금 빠졌다', '조금만 걸어도 바로 숨이 찬다', '외출이 내키지 않는다'와 같은 징후가 나타나면 노쇠를 의심하자.

To Do 1 ▶ 노쇠 예방 수칙

일단 간병이나 지원이 필요한 신체적 기능 장애 상태가 되면 건강한 상태로 되돌리기 어렵다. 따라서 노쇠 단계일 때 제대로 대처해서 건강한 상태로 되돌려야 한다. 이것이 몸져누워 간병이 필요한 상황을 막는 가장 좋은 방법이다.

(1) 하루에 20분씩 운동하자

노쇠를 예방하는 가장 좋은 방법은 운동이다. 하루 20분씩 산책만 해도 노쇠를 예방하는 데 상당한 도움이 된다. 노쇠에서 간병이 필요한 단계로 진행될 때는 반드시 걷지 못하는 과정을 거친다. 그러므로 매일 20분씩 산책한다면 몸져눕는 일을 막을 수 있다.

다만 고령자에게 산책을 권하면 '무릎이 쑤신다', '허리가 결린다', '내키지 않는다'라며 반발할지도 모른다. 이때 '아픈 사람을 무리해서 끌고 나가려니 안쓰럽다'라고 생각하는 것은 매우 위험하다. '넘어져서 뼈라도 부러지면 큰일이니까 되도록 집에 있으라고 해야겠다'라는 생각도 마찬가지다.

"집 밖으로 나가지 않아도 괜찮아"라는 말은 배려나 다정함이 아니다. 20분 산책이 어렵다면 10분이든 5분이든 할 수 있는 만큼이라도 운동하도록 부추겨야 한다.

(2) 균형 잡힌 식단에 따라 꼭꼭 씹어 먹자

음식을 씹지 못하면 영양소가 제대로 흡수되지 않아 노쇠에서 간병이 필요한 상태로 진행된다. 건강의 기초를 다지려면 하루 세 끼를 잘 챙겨 먹자. 근육을 유지하기 위해서라도 단백질은 충분히 섭취해야 한다. 단백질이 부족하면 근육량이 줄어들어 넘어지거나 골절상을 입기 쉽다.

100세 이상 장수하는 사람을 대상으로 '백세 연구'를 진행한 결과, 하루 세 끼를 잘 챙겨 먹는 사람이 전체의 90퍼센트를 차지했고 대부분은 식사량도 70대 무렵과 비슷했다. 결국 제대로 먹는 것이 장수의 비결이다. 특히 고령자의 경우에는 마른 몸이 노쇠를 진행시키는 원인이 되므로 식사에 신경 쓰자.

(3) 사회 참여 활동을 하자

'사회성의 저하'는 노쇠하기 쉬운 사람의 특징 가운데 하나다. 친구도 없고 취미 모임에도 나가지 않으면 외출할 이유가 사라진다. 집에만 있는 나날이 계속되면 운동량도 크게 줄어든다.

게다가 외로움은 치매를 일으키는 원인 중 하나다. 사회 활동을 하면서 유대감을 쌓으면 치매 예방에도 도움이 된다.

취미 모임, 게이트볼, 주민 자치회, 봉사 활동, 친구들과의 노래방 약속, 온천욕, 여행 등 즐겁게 외출할 이유가 생기면 자연히 운동량이 늘어난다. 스트레스도 풀리고 치매 예방에도 효과적이니 정신적인 측면에서 봐도 장점뿐이다. 주민 자치회의 임원을 맡는 것도 중요한 사회 참여 활동이며 노쇠 예방에 큰 도움이 된다.

Fact 2 ▶ 골절은 몸져눕는 생활로 가는 급행열차다

앞서 건강하던 사람이 갑자기 휠체어 생활을 하거나 몸져눕는 일은 없다고 말했는데 예외가 있다. 다치거나 병에 걸려 입원한 경우다.

고령자는 고작 2주만 입원해도 근육량이 4분의 1이나 줄어든다.

고령자가 입원하는 주된 이유는 골절 때문이다. 팔다리가 불안정하기 때문에 턱이 진 곳에 발이 걸려 넘어지기 쉽고 그로 인해 종종 다리뼈가 부러진다. 한 달만 입원해도 다리의 근육량이 눈에 띄게 줄어서 혼자서는 걷지 못한다. 결국 휠체어의 도움을 받거나 누운 채로 생활하게 된다.

간병의 도움이 필요해지는 원인의 12.5퍼센트가 넘어지거나 뼈가 부러지는 것이다. 고령자에게 골절은 몸져눕는 생활로 가는 급행열차다.

살짝 넘어졌을 뿐인데 뼈가 부러졌다면 이미 골다공증이었을 가능성이 크다. 특히 여성은 제대로 예방하지 않으면 세 명 중 한 명은 골다공증에 걸린다.

앞서 '기본 전략 5'에서도 설명했듯이 골다공증을 예방하려면 뼈를 강화해야 한다. 뼈는 힘을 가할 경우에 더 강해지므로 운동을 하면 골다공증을 예방하는 데도 도움이 된다.

Fact 3 ▶ 치매를 예방하자

노쇠는 신체적 약화뿐 아니라 정신적 약화도 포함한다. 우울 증세나 치매가 정신적 노쇠에 해당한다.

간병의 도움이 필요해지는 원인의 18.7퍼센트는 치매이므로 치매 예방이 매우 중요하다.

결국 몸이나 마음 둘 중 하나라도 문제가 생기면 간병행 열차를 타게 된다. 따라서 몸과 마음의 질병을 예방하면 이를 막을 수 있다. 똑같이 몸져누운 환자라도 치매 환자의 간병은 몇 배나 더 힘들다. 치매를 예방하는 방법은 395쪽을 참고하기 바란다.

Fact 4 ▶ 온 힘을 다해 간병하지 말라

간병할 때는 온 힘을 다해야 한다고 생각하기 쉽지만 실제로는 적당한 힘으로 간병하는 것이 좋다. 기준을 잡자면 간병에는 자신이 가진 에너지의 60퍼센트 정도만 쓰는 것이 적당하다.

간병 때문에 고통받는 사람의 특징은 '놀러 다니면 안 된다', '놀러 다니기가 미안하다'라고 생각한다는 점이다. 이는 매우 잘못된 사고방식이다. 간병에만 몰두하면 간병하기가 더 괴로워진다.

간병 가족에게 기분 전환, 휴식, 놀이, 오락 활동은 필수다. 피간병인뿐 아니라 간병인에게도 돌봄이 필요하기 때문이다. 전문 용어로 '한숨 돌리기'를 뜻하는 '레스핏'(respite)이라는 개념이 있다. 주로 '레스핏 케어'(respite care)라는 형태로 쓰며 환자를 돌보는 간병 가족이 환자와 떨어져 한숨 돌릴 수 있도록 지원하는 제도나 서비스를 말한다.

일본에서는 '데이 서비스'를 운영한다. 간병 가족이 데이 서비스에 환자를 맡기는 동안에는 친구와 노래방에 가도 죄책감을 가질 필요가 전혀 없다. 고령자 간병 보험을 활용하면 지원이나 간병의 도움이 필요한 정도에 맞춰서 데이 서비스, 방문 돌봄, 단기 재택 돌봄 같은 서비스를 받을 수 있다. 이러한 제도를 효율적으로 활용하자. (우리나라에서는 노인 장기 요양 보험 제도를 운영한다. 이는 고령자나 노인성 질병을 앓는 이들에게 신체 활동 및 일상생활 지원 서비스를 제공하고 가족의 부담의 덜어 주기 위해 마련된 사회 보험 제도다.― 옮긴이)

To Do 2 ▶ 혼자서 간병하지 말자

간병 때문에 고통받는 또 다른 이유는 혼자서 간병하려고 애쓰기 때문이다.

가족이 간병에 비협조적인 가정도 많겠지만 아주 조금씩만 힘을 합쳐도 부담은 훨씬 줄어든다.

(1) 가족에게 도움을 청하자

가족의 도움을 바란다면 자신이 직접 부탁해야 한다. "○○만큼은 분담해 주면 좋겠어"라고 분명하게 부탁하자. 서로 진지하게 의논하고 부부끼리 일을 분담해서 조금이라도 부담을 덜어 내자.

⑵ 간병 가족끼리 유대감을 쌓자

간병 가족이 서로 모여 차를 마시면서 경험을 공유하는 모임을 찾아 나서자. 함께 대화를 나누면 '간병 때문에 나만 힘든 것이 아니구나'라는 공감을 얻을 수 있어 마음이 편해진다.

인터넷에서 '거주 지역명'과 '간병 가족'을 조합해서 검색하면 주변의 간병 가족 모임을 찾을 수 있다. 혹은 지자체의 간병 상담 창구로 문의해 보자.

⑶ 정신과 의사에게 상담한다

치매 환자의 경우에는 배회 증상, 야간의 불면·소란·흥분, 폭력과 같은 문제 행동이 따라오게 마련이다. 치매니까 어쩔 수 없는 일이라 여기며 방치하는 경우가 매우 많다.

내 경험상 그러한 문제 행동은 알약 한 알로 가라앉힐 수 있는 경우가 종종 있다. 치매 환자의 극단적인 문제 행동은 치료할 수 있으니 한 번쯤 정신과를 찾아가 상담받아 보길 바란다.

⑷ 요양 시설에 맡긴다

집에서 간병이 어려운 상황이라면 요양 시설에 맡기는 방법도 고려할 필요가 있다. 요양 시설에 맡기는 것은 '버리는 것'이 아니다. 요양 시설에 '위탁하는 것'이다. 집에서 환자를 충분히 돌보기 어렵다면 제대로 간병해 줄 만한 곳에 위탁하는 것도 방법이다.

하지만 요양 시설에 들어가기도 쉽지 않다. 보통은 반년 혹은 1년 이상 대기해야 한다. 따라서 '이제 한계다', '더는 무리다'라고 생각한 시점에 알아보기 시작하면 늦다. 돌봄 도우미나 노인 복지 담당자와 미리 상의해 서둘러 간병 시설을 찾고 피간병인도 미리 설득해 두자.

제3장

천직을 목표로 억지로 하는 일에서 벗어나라

직장 생활

01 직장 내 인간관계를 해결하자

키워드 ▶ 피자 두 판의 법칙

제1장에서 인간관계에 대해 자세히 설명했는데 이번 장에서는 '직장 내 인간관계'로 범위를 좁혀서 문제에 대처하는 방법을 소개하겠다.

한 여론 조사에 따르면 84퍼센트에 달하는 사람이 '직장 내 인간관계에 문제가 있다'라고 답했다. 이직자를 대상으로 실시한 다른 조사에서는 '인간관계 때문에 이직했다'라고 답한 사람이 53퍼센트나 되었다.(2019년 우리나라에서 이루어진 한 조사에 따르면 '인간관계로 스트레스를 받는다'라는 답변이 전체의 71.8퍼센트를 차지했고 54.4퍼센트가 실제로 직장 내 인간관계 갈등 때문에 퇴사하거나 이직했다고 답했다.─편집자)

Fact 1 ▶ 어디든 직장 내 인간관계는 좋지 않다

많은 이들이 "우리 회사 사람들은 별로 안 친해"라고 말한다. 반대로 "우리 회사 사람들은 다들 진짜 친해"라거나 "이렇게 일하기 편한 직장은 또 없을 거야"라는 이야기는 좀처럼 듣기 힘들다.

어째서일까? 어디든 직장 내 인간관계는 좋지 않기 때문이다.

나는 이제까지 열 군데가 넘는 병원에서 근무했는데 그중 '인간관계가 정말 좋았다'라고 느낀 병원은 한 군데도 없었다. 직장에는 수십 명에서 수백 명에 이르는 각기 다른 성격의 사람이 모여 있다. 따라서 어느 직장에서 일하든 모든 사람이 친하게 지내는 것은 거의 불가능하다.

초등학교, 중학교, 고등학교 시절을 떠올려 보자. 한 학급의 40명가량 되는 학생이 전부 친한 데다 괴롭힘이나 따돌림도 전혀 일어나지 않고 아무도 남을 험담하지 않는 반이 존재했는가?

많은 사람이 자신의 직장 내 인간관계가 나쁘다고 생각하겠지만 여러 직장을 겪은 내 기준에는 지극히 평범해 보인다. 직장 내 인간관계는 좋지 않은 것이 보통이다.

따라서 직장 동료들과 사이가 나쁘다는 이유로 이직하면 다음 직장에서도, 그다음 직장에서도 같은 이유로 이직한다. 몇 번을 이직해도 꿈에 그리는 이상적인 직장은 나타나지 않을 것이다. 직장이 아니라 사고방식을 바꿔야 한다.

To Do 1 ▶ **직장에서 깊은 관계를 만들려고 하지 말라**

103쪽에서 살펴본 '대인 관계의 삼중 원'을 다시 떠올려 보자.

원의 가장 안쪽에 자리한 사람은 '중요한 타인'인 가족, 연인, 절친이다. 친구나 친척은 두 번째에 있는 가운데 원에 속한다. 마지막 가장 바깥쪽 원에 들어가는 사람이 직업상 알고 지내는 관계다.

즉 심리학적으로 보면 직장 내 인간관계는 그리 중요하지 않다. 그런데도 많은 사람이 직장 동료와 사이좋게 지내는 것을 중요시하고 '친구'와 같은 수준으로 친밀도를 높이기 위해 막대한 시간과 정신적 에너지를 쏟는다. 그 결과 정신적으로 피폐해지고 '지금 다니는 직장을 그만두고 싶다!'라며 괴로워한다.

물론 '대화를 전혀 나누지 않는다', '눈도 마주치지 않는다', '상대를 끌어내릴 목적으로 괴롭히는 행위가 빈번하게 일어난다'와 같이 업무에 지장을 줄 정도의 분위기라면 문제다. 하지만 그 정도 수준이 아니라면 직장 내 인간관계는 최소한의 소통만으로 충분하다.

이제 막 사회인이 된 사람은 기존에 사람을 사귀던 방식에 얽매인다. 예를 들면 직장 내 인간관계를 고등학교 같은 반 친구, 대학 시절 동기, 동아리 친구로 파악한다. 그래서 직장 동료와도 그동안 사귀던 친구들처럼 깊은 관계를 맺으려고 한다. 하지만 직장에서는 원하는 결과를 얻기 힘들기 때문에 고민하고 지친다.

직장 내 인간관계는 조금 더 무미건조해도 괜찮다.

직장 동료와 친하게 지내야겠다는 마음을 버리자. 친하게 지낸다거나 예쁨받거나 미움받는 것에 신경 쓰지 말자. 업무와 관련해 필요한 소통을 제대로 하는 것이 100배, 1000배는 더 중요하다.

Fact 2 ▶ 팀원은 최대 여덟 명까지

아마존 창업자 제프 베이조스가 제안한 '피자 두 판의 법칙'을 들어

본 적이 있는가? 일을 효율적으로 진행하는 데 적절한 팀 인원은 피자 두 판으로 한 끼를 해결할 수 있는 인원이라는 뜻이다. 다시 말해 5~8명 정도다. 열 명이 넘어가면 심도 있는 의사소통이 어려워지고 내분이 생기고 파벌이 나뉘어 팀워크가 무너질 가능성이 크다.

그림 ▶ 피자 두 판의 법칙

알차게 소통할 수 있는 인원은 5~8인 정도가 적당합니다.
10인이 넘으면 팀에 분열이 생겨 깨지기 쉽습니다.

피자 두 판으로 한 끼를 해결할 수 있는 인원으로 회의를 진행해야 한다.

– 제프 베이조스(아마존 창업자)

어디든 직장 내 인간관계는 좋지 않다고 말했는데 예외가 있다. 팀원이 여덟 명 이하인 곳이라면 모두와 친하게 지낼 수 있다.

내가 외래에서 근무했을 때를 돌아보면 의사, 간호사, 사무원으로 구성된 대여섯 명 정도와 한 팀이었기 때문에 모두와 의사소통할 수 있어서 매우 편하게 일했다.

중소기업이나 작은 부서, 자신이 속한 5~8명 이하의 팀처럼 '작은 그룹'이라면 서로 대화를 나누며 친밀한 관계를 맺기가 수월하다. 하지만 그보다 인원이 많은 직장에서 모두와 친하게 지내기는 어렵다.

누군가가 자신을 싫어할 수도 있다. 때로는 자신도 누군가를 싫어한다. 이는 어쩌면 당연한 얘기다.

반대로 생각하면 회사의 전체적인 인간관계는 좋지 않아도 자신이 소속되어 있는 5~8명 정도의 팀 안에서는 소통이 잘되고 서로 그럭저럭 잘 지낸다면 일하는 데 큰 지장은 없다. 이런 관계는 개인의 노력으로도 어느 정도 실현 가능하다.

To Do 2 ▶ 한 명 정도는 자기편으로 만들자

누구나 직장에 관한 일로 고민한다. 그럴 때 부담 없이 의논할 수 있는 사람이 한 명만 있어도 정신적으로 편해진다.

인간은 고독할 때 가장 괴롭다. 아무에게도 마음을 털어놓지 못하면 스트레스는 쌓여만 간다. 주인이나 충고도 받지 못할 경우 사면초가에 빠져 사태는 더욱 악화된다. 선임이나 동료 중에 '내 편'이나 '상담 상대'가 단 한 명만 있어도 직장 생활의 스트레스는 크게 줄고 문제의 해결로 향하는 길도 열린다.

98쪽에서 다룬 '키 맨' 관련 내용을 떠올려 보자. 키 맨과 상담 상대, 이 두 사람과의 관계에만 집중해도 일하기가 한결 수월해진다.

그림 ▶ 직장 내 인간관계 관리 전략

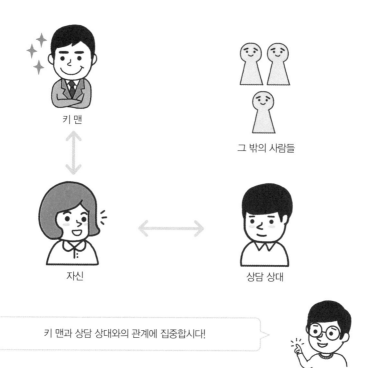

키 맨

그 밖의 사람들

자신

상담 상대

키 맨과 상담 상대와의 관계에 집중합시다!

Fact 3 직장 내 인간관계에 섞이지 못하는 이유

새로운 직장에 다니기 시작하면 '나만 동떨어진 느낌이다'라거나 '동료들 무리에 끼어들기가 어렵다'라고 생각하는 경우도 많을 것이다.

자신을 제외한 다른 직원들이 만약 5년, 10년, 20년씩 그 회사에서 근무했다면 그중에는 10년 이상 같은 부서에서 매일 얼굴을 마주한 사이도 있을 것이다. 그런 사람들끼리 친하게 지내는 것은 당연하다.

이제 막 입사한 사람이 오래 알고 지낸 동료의 테두리 안으로 쑥 들어가 자연스럽게 어울리는 일은 불가능에 가깝다. 대다수가 새로운 직장에서 근무하기 시작한 초반에는 '나만 못 어울리는 것 같다'라거나 '나에게만 서먹서먹하게 대한다'라는 느낌을 받지만 비관할 필요는 전혀 없다.

To Do 3 ▶ 스스로 경계를 풀자

75쪽에서 다룬 '신뢰 관계의 5단계'를 떠올려 보자. 맨 처음 단계는 '경계'다. 자신이 직장 내 인간관계를 경계하는 시선으로 관찰하듯이 직장 사람들도 신참인 자신을 더 예리하게 경계하는 눈빛으로 바라본다.

'이 신참은 얼마나 일을 잘할까?', '동료 의식을 갖고 업무에 뛰어들어 주려나?', '적극적으로 업무에 임해 줄까?', '요즘 젊은 사람들은 금방 그만두던데, 이 사람도 그러지는 않을까?'와 같이 기대하는 마음뿐 아니라 불신, 의구심, 걱정이 뒤섞인 복잡한 마음을 안고 신참의 일거수일투족을 관찰한다.

이때 신참이 자신이 할 수 있는 일은 스스로 경계와 의심을 품고 이해의 단계로 나아가는 것이다.

To Do 4 업무 성과를 내자

직장에서 이해 단계로 나아가는 가장 확실하고 간단한 방법은 업무 성과를 내는 것이다. 직장 사람들이 신참에게 바라는 점은 원만한 인간관계를 꾸리는 능력이 아니다. 일을 잘하는지, 주어진 업무를 제대로 처리하는지, 얼마나 빨리 한 사람의 몫을 해내는 일꾼이 돼서 자신들을 도와줄지를 기대한다.

그러니 '이 회사 사람들과는 사이가 별로다'라고 말하고 있을 때가 아니다. 한시라도 빨리 업무를 익히고 한 사람 몫을 해내는 일꾼이 돼서 어떤 일이라도 척척 해치워야 한다. 업무 처리 능력을 길러야 직장 내 인간관계를 공감과 신뢰의 단계로 나아가게 만들 수 있다.

'직장 내 인간관계 안으로 끼어들기가 어렵다'라며 고민하는 사람은 애초에 잘못된 순서로 생각하고 있는 것이다. 업무적으로 성과를 내야 그 대가로 신뢰를 얻을 수 있다는 점을 기억하자.

02 일이 재미없을 때 극복하는 방법

키워드 ▶ 수파리 이론, 자발성

직장 일이 재미없어서 언젠가 그만두고 싶다고 생각하지는 않는가? 세상 사람 중 약 절반은 '일이 재미없다'라고 답했다는 데이터가 있다. 지금 하는 일이 재미없다고 느낀다면 매우 평범한 감정이니 걱정하지 말자.

Fact 1 ▶ 일은 재미없는 것이 당연하다

졸업 후 처음 사회생활을 시작한 1년 차 신입 사원을 대상으로 진행된 '일에 관한 의식 조사'에 따르면 전체의 64.1퍼센트가 입사 1년째에 '회사를 그만두고 싶다'라고 생각한 적이 있다고 답했다. 응답자를 20대로 한정하면 그 수치는 77.7퍼센트에 달한다.

입사 수년 자에 '일하는 게 너무 재미있다. 평생 하루하루가 이렇게 즐겁다면 얼마나 행복할까!'라고 생각하는 사람은 일단 존재하지 않는다.

심지어 신입이면 끊임없이 새로운 일을 익혀야 하고 상사나 동료와도 원만하게 지내야 하고 모르는 일이 산더미처럼 많아서 따라가기도 버거운 것이 당연하니 재미를 느낄 수 있을 리가 없다.

물론 1년 차 신입이라도 '새로운 일을 배우는 즐거움'이나 '월급 받는 보람' 정도는 얻어 가겠지만 대부분은 '어렵다', '괴롭다', '힘들다'라고 느낀다.

입사 연차와 상관없이 모든 연령층을 대상으로 진행된 조사에서도 절반 정도는 '일하는 게 재미없다', '일을 좋아하지 않는다'라고 응답했다.

나 역시 의사가 되고 나서 3년 차까지는 하루하루가 지옥이나 다름없었다. 아침 8시 30분이면 병원 근무를 시작하고 밤 10시나 11시는 되어야 퇴근하는 생활을 이어 갔다. 위급한 환자가 발생해 새벽 3시에 호출되는 일도 다반사였다. 신입 의사는 그렇게 생활한다.

어떤 직종에서든 전반적인 업무를 익히는 데 걸리는 기간은 배움을 갈고닦는 시간으로 받아들여야 한다.

`Fact 2` 수파리를 이해하자

배움의 단계를 설명하는 '수파리'(守破離)라는 말이 있다.

수파리는 원래 불교 용어인데 현재는 다도, 무술, 예술 같은 분야에서 배움의 자세를 설명하는 용어로 널리 쓰인다. 수파리는 학문, 일, 스포츠를 비롯한 모든 분야에서 배움의 효율을 높이는 기본 법칙이다.

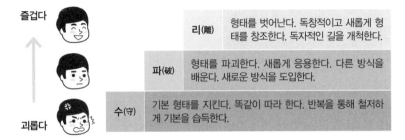

'수'(守)는 기본 형태를 지키는 단계다. 수의 시기에는 스승의 곁에서 모범을 배우고 스승의 방식을 지키면서 부지런히 연마한다.

'파'(破)는 형태를 파괴하는 단계다. 파의 시기에는 스승에게 배운 기본을 바탕으로 새로운 방식을 연구한다.

'리'(離)는 형태를 벗어나는 단계다. 리의 시기에는 자신의 연구를 집대성해서 독자적인 길을 개척해 새로운 방식을 창조한다. 이러한 과정을 직장 생활에 적용하면 다음과 같다.

'수'는 업무의 기본을 배우는 단계다. 이때는 배운 일을 기본 방식대로 처리하고 하라는 일을 알려 준 대로 한다.

'파'는 선임의 숙련된 방식을 따라 하는 단계다. 이때는 배우지 않은 내용을 책에서 찾아 공부한다. 새로운 일, 해 본 적 없는 어려운 일에 도전한다.

'리'는 배운 방식을 발전시키고 응용해서 자기만의 방식을 만드는 단계다. 이때는 스스로 판단하고 결정한다. 자신이 먼저 과제를 제안하고 아이디어를 제시한다.

일의 기본을 모르는 상태에서는 어려운 업무가 주어져도 해내지 못한다.

일의 기본이 되어 있지 않은 사람이 뜬금없이 자기만의 길을 개척하겠다고 나서 봤자 성공할 수 있을 리가 없다. 성공하는 가장 빠른 길은 '수→파→리'의 단계를 차근히 밟아 가며 배우는 것이다.

1학년 학생이 농구부에 들어가면 처음에는 스쾃이나 전력 질주 같은 기초 체력을 단련하는 훈련만 받는다. 기초 과정을 마치면 드리블이나 패스 연습만을 반복한다. 입부한 첫해에는 연습 경기조차 나가기 힘들다.

기초 훈련만 거듭하는 나날은 절대 즐겁지 않다. 빨리 실력을 키워서 '경기에 나가 뛰고 싶다'라는 희망을 안고 힘낼 뿐이다. 기초 훈련만 하는 '수'의 단계에 계속 머무르면 재미를 느끼지 못한다.

To Do 1 ▶ 하루빨리 기본 단계를 졸업하자

일이든 공부든 스포츠든, 무언가를 배울 때 기본을 반복하는 '수'의 단계에서는 즐겁다기보다는 고되다고 느낀다.

'파'나 '리'의 단계로 넘어가 무게 있는 업무를 맡고 자신의 판단이나 아이디어에 따라 일을 진행할 수 있게 되면 점점 재미있어진다. 스포츠라면 경기에 나가서 활약하고 팀을 승리로 이끄는 데 기여한 시점에야 진심으로 즐겁다고 생각할 것이다. 즉 즐거움이라는 감정을 얻기까지는 시간이 걸린다.

회사나 직종에 따라 다르지만 '수'의 단계에서 기본을 배우는 데 걸리는 시간은 보통 3년 정도다. 의사 같은 전문직이라면 5년은 걸린다. 전통 공예 작품을 만드는 장인의 기술을 배우려면 10년 이상은 걸릴지도 모른다.

하루라도 빨리 기본을 완전히 익히고 다음 단계로 나아가자.

To Do 2 **기본에 아이디어를 더하면 일이 즐거워진다**

입사 1년 차인데도 즐겁게 일하는 사람을 본 적이 있다면 앞의 설명이 의아할 수도 있다.

'수'의 단계에서는 하라는 일을 알려 준 대로 하고 배운 것을 배운 그대로 해야 한다고 말했다. 무술이나 스포츠 분야에서는 기본기를 탄탄히 하기도 전에 자기만의 방식으로 재구성하면 혼쭐이 나지만 직장에서는 조금 다르다. 최소한의 기본을 익혔다면 아래와 같이 자발적으로 공부하거나 새롭게 응용해 보는 것도 좋다.

- 모르는 일은 선임에게 묻는다.
- 선임이 일하는 방식을 보고 연구한다.
- 책을 읽고 공부한다.
- 자신이라면 앞으로 어떻게 할 것인지 이미지를 그려 본다.

기본 업무를 습득하는 과정이라도 그 시점에 연구할 수 있는 일은 반드시 있게 마련이나. 입사 1년 차라노 창의성을 발휘해 응용하는 '파'의 자세를 적극적으로 받아들여야 한다.

시키는 일을 시키는 대로만 하면 노예나 다름없다. 그저 고역일 따름이다. 자기 나름의 아이디어를 더했을 때 비로소 일하는 즐거움을 얻을 수 있다.

억지로 일하면 지옥이지만 자발적으로 일하면 천국이다. 아이디어를 짜거나 새롭게 응용하는 과정을 거쳐 재미없는 일, 지루한 일에 즐거움을 더하자.

그림 ▶ 힘든 일을 즐겁게 하는 방법

Fact 3 ▶ 퇴사를 판단하는 기준

직장인의 절반 정도는 일이 재미없다고 느낀다. 일이 재미없다는 안이한 이유로 계속해서 직장을 그만두면 아무런 기술도 습득하지 못한 채 이직을 반복하는 '이직 난민'으로 전락한다.

그렇지만 괴롭고 힘든 상황을 견디면서 일하다가 우울 증세에 시달리는 사람도 있다.

퇴사를 할지 말지는 무엇을 기준으로 판단해야 할까? 힘든 일을 어느 정도까지 버텨 내야 할까?

예를 들어 슈퍼마켓에서 계산원 아르바이트를 했다면 계산원의 전반적인 업무를 익히고 나서 그만둬야 한다. 아르바이트를 시작한 지 일주일밖에 되지 않았는데 '일터 분위기가 안 좋다'라는 이유로 그만두면 계산원의 업무를 익힐 수 없다.

그만두기 전에 세 달 정도 버티면 계산원의 업무 기술을 습득하는 데에는 성공한 셈이다.

그러면 다른 슈퍼마켓이나 편의점에 다시 들어가더라도 교육이나 훈련 없이 바로 일을 시작할 수 있다. 이는 굉장한 가산점 요소다.

똑같이 퇴사 후 이직하더라도 기본 기술을 익히고 이직히는 사람은 바로 업무에 돌입할 수 있다. 반면 기술 없이 이직하는 사람은 처음부터 다시 시작해야 하므로 일터의 짐스러운 존재가 된다.

직장 내 인간관계가 원만하지 않아 도저히 견디기 힘들다면 우선은 눈앞의 기술을 익히는 데 집중하기 바란다.

> 이직할 때는 경력을 쌓는 것이 목표여야 한다. 상사가 싫다는 등의 이유로 다른 회사를 알아보는 도피형 이직은 절대로 성공하지 못한다.
>
> － 하라다 에이코(공차 저팬 CEO)

To Do 3 ▶ '수'의 단계를 넘어서는 경험을 하라

괴롭고 싫고 재미없는 현재에서 달아나고 싶다는 마음만으로 이직하면 다음 직장에서도 높은 확률로 같은 상황이 반복된다.

'수'의 단계는 어느 회사에든 어떤 업종에든 존재하며 매번 재미없기 때문이다. 괴로운 '수'의 단계를 넘어서는 경험을 한 번이라도 해두어야 괴롭기만 한 기본 과정을 영원히 반복하는 상황에서 벗어날 수 있다.

한 살이라도 젊을 때 '파'나 '리' 단계까지 노력해 보자. 그러고 나서 이직할지 말지를 판단해야 다음 직장에서 일할 때도 도움이 된다.

그래도 퇴사하고 싶을 때의 대처법

키워드 ▶ 이직의 장단점, 과로사 라인

지금 하는 일이 적성에 안 맞아서 그만두고 싶은 여유 있는 사람부터 몸이 망가질 것 같아서 일을 그만두고 싶은 여유 없는 사람까지, 퇴사의 이유는 각자 다르다. 퇴사를 결정하기 전에 어떤 사고 과정을 거치면 좋을지 정신과 의사의 입장에서 이야기하겠다.

Fact 1 ▶ 퇴사를 결심한 계기는?

일본 최대 이직 사이트 '엔 전직'(エン転職) 이용자를 대상으로 '퇴사를 결심한 계기'를 조사했다. 상위 다섯 가지는 '급여가 낮다', '보람이나 성취감을 느낄 수 없다', '기업의 장래성에 의구심이 든다', '인간관계가 나쁘다', '퇴근 시간이 늦다'로 나타났다. (2017년 우리나라 구인 구직 플랫폼 '사람인' 조사에 따르면 '이직을 결심한 이유' 1위는 '연봉 및 처우에 대한 불만족'이었으며 그다음은 '경력 향상(자기 계발 등)을 위해',

'기업 문화와 가치가 맞지 않아서', '업무에 대한 성취감이 낮아서', '현 직장보다 좋은 대우의 이직 제안으로' 등의 순으로 이어졌다.— 편집자)

표 ▶ 퇴사를 결심한 계기

급여가 낮다	39%
보람이나 성취감을 느낄 수 없다	36%
기업의 장래성에 의구심이 든다	35%
인간관계가 나쁘다	27%
퇴근 시간이 늦다	26%

＊출처: 엔 전직

To Do 1 ▶ 왜 퇴사하고 싶은지 자기 분석을 해 보자

우선 자기 분석부터 시작하자. 자신은 왜 일을 그만두고 싶어 할까? 퇴사하고 싶은 이유를 세 가지 적어 보자. 그런 다음 자신이 노력해서 바꿀 수 있는 이유인지 아닌지를 생각해 보자.

예를 들어 급여가 낮다고 해도 일하면서 보람을 느끼거나 자기 성장을 할 수 있다면 회사에 다니면서 부업으로 수입을 늘리는 방법도 고려해 보자.

보람이나 성취감을 느낄 수 없다거나 원래 하려던 일이 아니어서 퇴사하고 싶은 경우, 자신의 업무 능력을 키우면 중요한 업무를 맡게 되어 보람을 느낄 수도 있다.

혹은 부서 이동을 신청해서 다른 부서로 옮긴다면 하고 싶은 일을 하면서 성취감을 느낄 수 있을지도 모른다.

　인간관계가 나쁘다는 이유로 퇴사하고 싶다면, 앞에서도 설명했듯이 인간은 바꿀 수 없어도 인간관계는 바꿀 수 있다. 따라서 사고방식을 바꾸면 개선될 가능성이 매우 높다.

　직장에 매여 있는 시간이 길어서 힘든 경우에는 자신의 업무 능력을 키워 개인으로서 생산성을 높이자. 추가 근무 시간이 줄어들지도 모른다.

　만약 자신이 적은 퇴사하고 싶은 이유 가운데 변화의 여지가 있는 항목이 있다면 최대한 바꾸기 위해 노력해야 한다. 그러지 않고 그냥 그만두면 다음 직장에서도 같은 패턴을 반복한다.

Fact 2　퇴사 이야기는 꺼내기가 힘들다

퇴사 이유와 협상에 관한 조사에 따르면 '퇴사 의사를 밝혔을 때 회사에서 붙잡았는가?'라는 질문에 약 절반에 해당하는 53.7퍼센트가 '붙잡았다'라고 답했다.

표 ▶ 회사에서 퇴사를 만류하면서 제시한 조건

조건	비율
부서 이동이나 연봉 인상 같은 조건 변경은 없었고 열심히 말로 설득했다	45.0%
희망하는 근무 방식, 고용 형태로 전환	20.6%
다른 부서로 이동	14.4%
승급, 승진	11.3%

'붙잡았다'라고 답한 사람을 대상으로 '회사에서 퇴사를 만류하면서 어떤 조건을 제시했는가?'에 대해 묻자 45퍼센트는 '부서 이동이나 연봉 인상 같은 조건 변경은 없었고 열심히 말로 설득했다'라고 답했다. 한편 '희망하는 근무 방식이나 고용 형태로 전환', '다른 부서로 이동', '승급, 승진'과 같이 무언가 조건을 제시받은 사람도 절반에 가까웠다.

To Do 2 ▶ 퇴사를 결정하기 전에 상담하자

회사를 경영하는 친구 말로는 사전에 아무런 상의 없이 갑자기 그만두겠다며 사표를 제출하는 직원이 많다고 한다. '이미 퇴사하기로 마음먹었습니다. 다른 이야기는 듣지 않겠습니다'라는 자세로 나오는 모양이다.

하지만 미리 상담했더라면 회사 측에서 어느 정도 융통성을 발휘하거나 조정해 주었을 수도 있다. 업무 내용이나 인간관계가 문제라면 배치전환만으로 해결되기도 한다. 지금 당장은 배치전환이 어렵더라도 '내년 4월에 이동할 수 있도록 힘써 보겠다'와 같은 정도의 양보는 이끌어 낼 수 있을지도 모른다.

대다수는 '상사에게 상담해 봤자 소용없다'라는 생각에 미리 말하지 않겠지만, 앞서 언급한 조사 결과만 봐도 퇴사 의사를 밝혔을 때 붙들린 사람의 약 절반은 처우 개선에 해당하는 조건을 제시받았다.

만약 회사에서 퇴사를 만류하지 않거나 좋은 조건을 제시하지 않는다고 해도 어차피 그만둘 생각이었으니 잃을 것도 없다. 1퍼센트라도 처우 개선이나 조정될 가능성이 있다면 상담하지 않는 편이 손해다.

상사에게 상담하기 어렵다면 직장 내 선배에게 말해 보자. 자신이 그만두고 싶어 한다는 사실을 사내에 알리고 싶지 않다면 직장과 관계없는 친구에게 상담해 보자. 어쨌든 퇴사하겠다고 결단을 내리기 전에 반드시 누군가에게 상담해야 한다. 다른 사람의 의견을 듣기만 해도 머릿속이 정리되어 자신이 지금 어떤 상황인지를 냉정하게 바라볼 수 있다.

친한 사람에게 상담할 때는 "똑같은 상황이라면 너는 어떻게 할래?"라고 물어보자. 자신은 생각조차 해 보지 못한 조언을 들을 수도 있다.

눈앞의 인간관계가 괴로워서 그만둘지 말지 망설이는 시점이라면 머릿속은 뒤죽박죽 혼란스러울 것이다. 이때 깊이 생각하지 않고 감정적으로 결정했다가 후회하는 사람도 많다.

상담을 통해 제삼자의 눈으로 자신의 상황을 보면 감정적으로 결정해서 크게 실패할 위험을 줄일 수 있다.

To Do 3 정반대의 입장에 선 사람에게 상담해 보자

'이직에 성공한 사람'의 이야기만 들으면 이직의 장점만 눈에 띄어 하루빨리 이직하고 싶은 기분에 사로잡힌다.

반대로 '이직에 실패한 사람'의 이야기만 들으면 이직의 단점만 눈에 띄어 조금 더 버텨야겠다는 마음이 든다.

따라서 이직에 성공한 사람과 실패한 사람 모두의 의견을 들어 봐야 한다. 이직의 장단점, 이직할 때 주의할 점을 비롯해 다양한 의견을 균형 있게 들어야 더 올바르게 판단할 수 있다.

퇴사하고 싶어 하는 사람은 '지금 하는 일이 싫다', '하루빨리 그만두고 싶다'라는 마음으로 가득해 시야가 좁아진다. 일은 언제든 그만둘 수 있다. 그러니 성급하게 결정을 내리지 말자. 이직을 경험한 사람들의 의견을 들어 본 뒤에 신중하게 판단해도 늦지 않다.

Fact 3 ▶ 열악한 환경에서 계속 일하면 죽음에 이른다

일본 후생노동성에서 매년 발표하는 '과로사 등 방지 대책 백서'의 2019년 자료에 따르면 노동자의 약 60퍼센트가 일이나 직업 생활에 불안과 고민을 안고 있다. 국가에서 정한 과로사 라인보다 오래 일하는 사람은 397만 명으로 전체 노동자의 약 7퍼센트를 차지한다. 일 문제로 자살한 사람은 1년에 2018명이나 된다.(참고로 우리나라는 국가적으로 과로사 관련 통계를 조사한 적이 없다.—편집자)

과로사, 과로 자살은 남의 얘기가 아니다. 열악한 노동 환경에서 장시간 노동을 오랫동안 계속하면 이런 문제는 누구에게나 일어날 수 있다.

표 ▶ 일본 후생노동성의 '2019 과로사 등 방지 대책 백서' 통계 자료

일이나 직업 생활에 강한 불안, 고민, 스트레스를 느끼는 사람	**58.3%**
과로사 라인 이상으로 일하는 사람	**397만 명(6.9%)**
직장 내 따돌림, 괴롭힘에 관한 상담 건수	**8만 2797건**
일 문제로 자살한 사람	**2018명**
불법적 시간 외 노동 관련으로 지도, 시정 명령을 받은 사업소	**1만 1766개소**
블랙 기업 인정 수	**410개 기업**
건설 현장 감독 중 과로사 라인 노동자	**16.2%**
건설 현장 감독 중 정신 장애를 앓다가 자살한 사람	**약 절반**
미디어 업계에서 정신 장애를 앓다가 자살한 사람	**전원이 20대**

To Do 4 ▶ 몸이 망가지기 직전이라면 망설이지 말고 퇴사하자

혹시 한 달에 연장 근무를 몇 시간이나 하는가? 한 달에 연장 근무가 80~100시간에 달하면 '과로사 라인'으로 본다. 이 시간을 초과하여 일하면 과로사할 위험이 매우 높다.

많은 사람이 일을 그만두고 싶다고 말하지만 각자 처한 상황이 천차만별이라 일률적으로 조언하기는 어렵다. 하지만 블랙 기업에서 일하면서 위법한 연장 근무를 반강제로 하면 정신적으로 피폐해진다. 자신 이외의 다른 직원도 똑같이 가혹한 노동 환경에서 일하고 앞으로도 개선될 여지가 보이지 않는다면 하루빨리 그만두는 편이 낫다.

뇌졸중이나 지주막하 출혈 같은 뇌 질환에 시달리다가 쓰러져 목숨을 잃을지도 모른다. 만에 하나 목숨은 건졌어도 반신불수나 언어

장애 같은 후유증으로 평생 고통받을 수도 있다. 우울증에 걸렸다가 나으면 그나마 다행이지만 나았다가도 재발이 이어져 좀처럼 사회로 복귀하지 못하는 사람도 많다.

병이 나기 전에 일을 그만두면 좋았겠지만 성실하고 열심히 사는 사람일수록 병에 걸리고 나서야 비로소 일을 그만둔다.

> 재능이 아무리 뛰어나도 건강이 망가지면, 충분히 일하지도 못하고 타고난 재능도 살리지 못한 채 삶이 끝나 버린다.
>
> – 마쓰시타 고노스케(파나소닉 창업자)

열악한 노동 환경에서 장기간 일하면 늦든 빠르든 병에 걸린다. 그런 회사는 하루빨리 그만두어야 한다.

자신의 천직을 찾는 방법

키워드 ▶ 타자 공헌, 안전지대

직업에 관한 어느 조사에서 '평생 사는 동안 천직이라고 여길 만한 일을 찾는 편이 좋다고 생각하는가?'라고 질문하자 87.8퍼센트가 '그렇다'와 '대체로 그렇다'라고 긍정하는 답변을 했다. 이처럼 대다수는 천직의 중요성을 인식하고 있으며 천직을 찾고 싶어 한다.

Fact 1 천직과 적직의 차이

'천직'과 비슷한 말 중에 '적직'(適職)이란 단어가 있다.

적직은 그 사람의 성격이나 능력에 알맞은 직업을 뜻한다. 한편 천직은 하늘에서 내려 주었다고 봐도 될 정도로 자신에게 꼭 맞는 직업이다. 자신이 비전, 삶의 방식에 딱 들어맞아서 '이 일을 하기 위해 태어났다', '마치 하늘에서 내려 준 것 같다'라고 여겨지는 직업이 천직이다.

매일 일하는 것이 즐겁고 지금 하는 일을 좋아하지만 보람을 느낄 수 없거나 마음 한구석이 허전하다면, 하고 있는 일이 적직이기는 하지만 천직은 아니기 때문이다.

우선 적직을 찾아서 경험을 쌓다 보면 자기 통찰력이 길러져 자신에게 잘 맞는 일이 무엇인지, 무엇을 하고 싶은지가 구체적으로 보이기 시작한다. 천직은 갑자기 눈앞에 나타나는 것이 아니라 최종적으로 다다르는 목표 지점이다.

'나는 이 일을 하기 위해 태어났다'라고 생각되는 일을 만나면 매일 보람차고 일하는 것이 재미있어서 어쩔 줄 모르게 된다.

인생을 즐겁게 살려면 천직을 찾아야 한다.

Fact 2 ▶ 천직은 쉽게 찾을 수 없다

내가 '정신과 의사로서 정보를 알리는 일'이 천직이라고 깨달은 때는 40대 초반 무렵이었다. 나는 서른아홉 살까지 일본 홋카이도의 한 병원에서 정신과 의사로 근무했다. 앞서 이야기했듯이 일 자체는 굉장히 힘들고 스트레스도 심했다. 도저히 천직이라고는 생각하기 어려웠다.

그러던 중 환자의 치료보다 예방이 중요하다는 사실을 깨닫고 미국에서 유학하면서 '시카고에서 보내는 영화 속 정신 의학 이야기'라는 제목의 뉴스레터를 발행했다. 3년 뒤에 일본으로 돌아온 나는 '정보를 제공해 마음의 병을 예방한다'라는 비전을 내걸고 정보를 알리는 데 집중했다. 책을 출간하고 유튜브 활동을 시작하면서 정신과 의

사로서 정보를 알리는 일이 내 천직이라고 확신하기에 이르렀다.

많은 사람이 자신의 천직이 무엇인지 모르겠다고 고민하지만 애초에 그리 쉽게 찾을 수 있는 것이 아니다. 천직은 하늘에서 저절로 내려오지 않기 때문이다.

오히려 20대가 '지금 하는 일이 내 천직이다'라고 단정 짓는 모습을 보면 '정말 그럴까?'라는 생각이 든다. 실제로 그렇게 말하는 사람이 수년 뒤에는 다른 직종에서 일하는 경우를 종종 본다.

천직을 찾지 못했다며 고민하는 사람은 분명 '나에게 맞는 천직은 무엇일까?', '내가 평생 계속할 일은 무엇일까?'라고 자문자답하며 스스로를 통찰하는 중이다. 그렇게 고민하며 시행착오를 거치는 자세부터가 매우 훌륭하다.

매일 하는 일만으로 버거운 사람은 '지금 하는 일이 나에게 맞는가?'라고 고민할 여유조차 없다. 천직을 찾지 못해서 고민이라면 자신의 천직이나 적직을 탐구 중인 셈이다. 탐구의 끝에서 언젠가는 천직과 만나게 될 것이다.

천직을 발견하면 무엇이 좋을까?

'매슬로의 욕구 5단계 이론'을 들어 본 적이 있는가? 이 이론에 따르면 인간의 욕구는 5단계 피라미드로 구성되어 있다. 낮은 단계의 욕구가 충족되면 더 높은 차원의 욕구가 일어난다.

이것을 일에 적용하면 생리적 욕구와 안전 욕구를 채워 주는 일은 '라이스워크'(rice-work)다. 의식주를 해결하기 위해, 살기 위해 하는

216

일이기 때문에 좋고 싫고를 논하거나 불평을 늘어놓을 틈이 없다.

다음으로 사회적 욕구, 인정 욕구를 채워 주는 일이 '라이크워크'(like-work)이며 적직이 이에 해당한다. 적직에 종사하는 사람은 일에서 즐거움을 얻고 해당 업무 자체를 좋아한다. 회사의 구성원으로서 열심히 일한다고 인정받고 높이 평가받는다. 인정 욕구가 채워져 더 열심히 일해야겠다고 마음먹는다.

하지만 무언가가 충족되지 않는다고 느낄 수 있다. 그것이 바로 다섯 번째 단계에 해당하는 자아실현의 욕구다. 자신이 진정으로 하고 싶은 것을 이루면 만족스럽고 알차게 살고 있다는 느낌이 든다. 그러한 욕구를 채워 주는 일이 '라이프워크'(life-work), 다시 말해 천직이다.

라이스워크, 라이크워크, 라이프워크라는 세 가지 키워드를 알면 천직이 무엇인지 쉽게 이해할 수 있다.

그림 ▶ 일과 매슬로의 욕구 5단계 이론

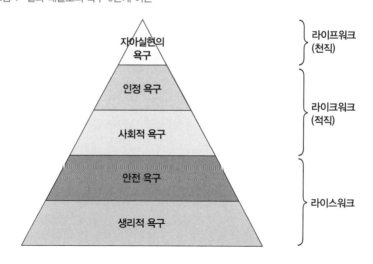

> 인생 최고의 행복이란 무엇일까? 자신의 천직을 알고 실행에 옮기는 것
> 이다.
>
> — 우치무라 간조(일본의 기독교 사상가)

To Do 1 ▶ 천직을 찾기 위한 세 가지 질문

천직을 찾고 싶다면 아래 세 가지 질문에 답해 보자.

(1) 자신이 하면서 즐겁고 가치 있다고 느끼는 활동은?

(2) 자신의 강점은? 뛰어난 능력을 발휘할 수 있는 분야는?

(3) 위의 두 가지를 살려서 사회에 공헌할 수 있는 일은?

이 세 가지 질문에 답하면 천직을 찾는 데 도움이 된다. 심리학자 아들러는 일의 본질은 타인에게 공헌하는 것이라고 말한다. 행복해지려면 공동체의 이익에 기여할 필요가 있다. 자신이 잘하는 분야의 일로 공동체에 기여한다면 그 일이 자신의 천직이다.

무언가를 하는 동안 즐겁고 알차다고 느낀다면 자신에게 가치 있는 활동이라고 말할 수 있다. 가치 있는 활동을 여러 번 반복하면 그 분야의 지식과 경험이 쌓이고 기술이 늘어 그 활동이 자신의 강점이된다.

평균적인 능력을 발휘해 사회에 공헌하는 것도 좋지만 자신의 강

점을 살리면 사회에 더 크게 이바지할 수 있다. 다시 말해 '가치, 강점, 공헌'이라는 요소를 모두 충족하는 일이 천직이다.

그림 ▶ 천직을 찾는 방법

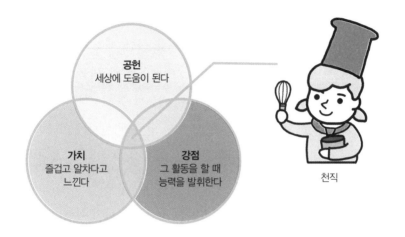

자신의 천직이 무엇인지를 명확히 알려면 '가치→강점→공헌'의 순서로 짚어 나가자.

(1) 자신에게 가치 있는 일인지를 본다. 무엇이 즐거운지를 찾자.
(2) 자신의 어떤 능력이 남보다 뛰어난가? 강점이 무엇인지를 발견하자.
(3) 강점을 활용해 즐겁게 일하면서 어떻게 사회에 공헌할 수 있을까?

가치, 강점, 공헌이라는 세 가지 요소를 단서로 삼으면 한층 수월하게 천직을 찾을 수 있다.

To Do 2 ▷ 안전지대 밖으로 나오자

심리학에는 '안전지대'(comfort zone)라는 개념이 있다.

자신이 매일 활동하는 장소, 매일 만나는 사람, 매일 하는 일은 자신의 안전지대 안에 있다. 안전지대는 쾌적한 영역, 마음 편한 장소이기도 하다. 동물로 말하자면 세력권에 비유할 수 있겠다.

자신이 지금 하는 일, 이제까지 해 왔던 일 중에 천직이 없다면 자신의 천직은 안전지대 밖에 있는 것이다. 경험한 적 없는 일, 직업, 업무나 새로운 사람 또는 장소와 관련된 일인지도 모른다.

즉 안전지대 밖으로 나오지 않으면 천직을 발견하기 어렵다. 많은 사람이 실패를 두려워하고 도전을 꺼린다. 하지만 안전지대를 벗어나서 도전을 거듭해야 자신의 새로운 가치와 강점이 보이기 시작한다. 도전을 해야 자신의 강점을 단련할 수 있다.

천직을 찾고 싶다면 안전지대에서 나오자. 도전을 두려워하지 말고 새로운 경험을 하나씩 늘려 가자. 실패도 우리를 성장시키는 귀중한 경험이다.

천직을 찾는 계기를 마련해 줄 '소소한 도전'을 다음 페이지 표로 정리했다. 꼭 시도해 보기 바란다.

표 ▶ 천직을 찾아 나서는 소소한 도전

(1) 평소에 접하지 않던 새로운 장르의 책을 읽는다 → 몰랐던 것을 안다

(2) 다른 업종의 사람과 만나는 자리에 나간다 → 남의 이야기를 듣는다

(3) 세미나, 강연회에 참석한다 → 잘 모르던 비즈니스의 세계를 배운다

(4) 영화를 감상한다 → 색다른 인생을 간접 체험한다

(5) 열정적으로 일하는 다양한 분야의 인물을 다룬 다큐멘터리를 본다
   → 새로운 직업을 발견한다

(6) 직장에서 해 본 적 없는 일을 맡는다 → 자신의 새로운 가능성을 찾는다

(7) 해외여행을 떠난다 → 처음 보는 세상을 만난다

(8) 아르바이트나 부업을 해 본다 → 다른 직업을 가볍게 체험해 본다

(9) 좋아하는 일에 몰두한다 → 강점을 단련한다

(10) 멘토를 찾는다 → '앞으로 되고 싶은 자신의 모습'을 찾는다

(11) 새롭게 무언가를 배우거나 취미 활동을 시작한다 → 가치를 발견한다

(12) 세 줄 긍정 일기를 쓴다 → 가치를 발견한다

05

인공 지능에 일자리를 빼앗길까 두려운 마음을 극복하는 방법

키워드 ▶ 부정적 본능, 아웃풋 작업

'인공 지능에 일자리를 빼앗길 것이라는 얘기를 들어서 걱정이다', '내 직업이 미래에 사라질 직업 목록에 들어가 있어서 걱정이다'와 같은 고민이 종종 들려온다. 미래에는 인공 지능이 인간이 하는 일을 대신한다는데 과연 어떻게 될까?

마케팅 리서치 업체 마크로밀과 출판 기업 쇼에이샤의 인공 지능에 대한 공동 조사에 따르면, 인공 지능이 도입되면 무엇이 걱정되느냐고 묻자 52.1퍼센트가 '현재의 일자리가 사라지는 것'이라고 답했다. 한편 인공 지능의 도입으로 기대하는 점에 대해서는 '인력난 해소'가 68퍼센트, '단순 작업이나 위험한 업무를 맡길 수 있다'라는 답변이 67퍼센트로 상위를 차지했다. 현재는 인공 지능에 일자리를 빼앗길까 봐 걱정하는 사람과 인공 지능을 노동력으로 파악하고 기대감을 드러내는 사람이 반반으로 팽팽하게 나뉜다.

다음 두 가지 중 어느 쪽이 올바를까?

'향후 10~20년 사이에 인공 지능이나 로봇이 도입되어 여러 직업이 사라지고 많은 사람이 일자리를 빼앗긴다.'

'향후 10~20년 사이에 인공 지능이나 로봇이 도입되어 여러 직업이 새롭게 생겨나고 많은 사람이 새로운 직업에 종사한다.'

두 가지 의견은 모두 옳다. '인공 지능이 일자리를 빼앗는다'라고 생각하면 불안감이 커지지만 '인공 지능이 인간이 하는 일을 대신한다', '로봇이 강도 높은 육체노동을 대신 떠맡는다'라고 생각하면 앞으로 찾아올 미래에 대한 기대감이 커진다.

흔히 인간에게는 부정적 본능이 있다고 말한다. 이는 사물의 긍정적인 면보다 부정적인 면에 주목하려는 본능이다.

나쁜 소식과 좋은 소식 중에서는 나쁜 소식의 충격이 훨씬 크고 기억에도 쉽게 남는다.

> '나쁜 상태'와 '점점 좋아지는 상태'는 동시에 성립 가능하다.
>
> 나쁜 소식은 대체로 드라마틱하게 보도되므로 좋은 소식보다 쉽게 퍼진다.
>
> – 한스 로슬링 《《팩트풀니스》 저자)

부정적 본능을 억누르고 세계의 현실을 올바로 인식하기 위해서라도 한스 로슬링의 명언을 가슴에 새겨 둘 필요가 있다.

To Do 1 ▶ 부정과 긍정의 두 가지 면을 보자

우리는 부정적 본능을 타고났다. 따라서 부정적 뉴스나 정보를 접하면 '정말일까?'라고 의심하는 버릇을 들여야 한다.

인공 지능에 일자리를 빼앗긴다는 말은 틀렸다.

− 호리에 다카후미(일본의 기업인)

인공 지능은 인류의 일자리를 간단히 빼앗을 정도로 유능하지 않다.

− 사이토 야스키(교토 대학교 교수)

인공 지능이 인간의 일자리를 빼앗는다는 말은 잘못되었다.

− 야마다 세이지(일본의 인공 지능 학회 회장)

인터넷만 검색해 봐도 '인공 지능에 일자리를 빼앗긴다'라는 말이 틀렸다는 전문가의 이견을 쉽게 찾아볼 수 있다

'인공 지능이 인간의 일자리를 빼앗는다'라고 말하는 기사와 그것을 반박하고 부정하는 기사 모두를 읽어야 어느 쪽 의견이 그럴듯한

지 판단할 수 있다.

긍정적인 면을 보면 기술 진보로 새로운 업종과 비즈니스의 기회가 다수 생겨날 것은 분명하다.

애초에 직업은 오래전부터 꾸준히 대체되어 왔다. 일본을 기준으로 보면 에도 시대에 존재하던 무사, 금붕어 장수 같은 직업은 사라졌고 메이지부터 쇼와 시대에 걸쳐 크게 번성했던 석탄업, 조선업도 지금은 거의 쇠퇴했다. 현재 존재하는 직업도 언젠가는 사라지고 새로운 직업이 생겨날 것이다. 이러한 변화는 수백 년 동안 반복되었으며 그다지 불안해하거나 걱정할 일도 아니다.

주제가 무엇이든 부정적인 기사에만 관심을 보이지 말자. 부정과 긍정의 두 가지 면을 저울질해 보고 스스로 판단하자. 검색 능력을 활용해서 부정과 긍정, 불안과 안심의 균형을 잡으면 지나친 불안감은 사라진다.

To Do 2 균형을 잡아 주는 세 권 읽기 독서법

인터넷에는 전문가가 아닌 사람이 쓴 정보와 정확성이 결여된 기사가 적지 않다. 가짜 뉴스도 늘었고 악의를 품고 거짓을 퍼트리려는 사람도 있다. 따라서 정보에 신빙성이 있는지 주의해 가며 봐야 한다.

신뢰할 만한 인터넷 정보를 찾기 어렵다면 책에서 찾는 습관을 들이자. 책에는 반드시 저자를 기재하므로 '저자가 그렇다고 생각한다'라는 점에서 책임 소재가 명확하다.

다만 책을 한 권만 읽으면 인터넷 기사를 읽을 때와 마찬가지로 정

보가 한쪽으로 치우친다. 따라서 '누구의 말이 옳은지' 판단해야 하는 경우에는 '세 권 읽기'를 추천한다.

예를 들어 '인공 지능은 인간의 일자리를 빼앗을까?'에 대해 알고 싶다면 인공 지능은 위험하다고 말하는 책, 인공 지능에 찬성하는 책, 중립적으로 말하는 책까지 총 세 권을 읽자.

세 권이나 읽을 여유가 없다면 '두 권 읽기'도 괜찮다. 두 권 읽기를 할 때는 각각 찬성과 반대를 논하는 책을 읽자. 최소한 두 권만 읽어도 문제에 대한 장점과 단점, 문제로 인한 이익과 손해가 명확해져서 한층 더 올바르게 판단할 수 있다.

그림 ▶ 세 권 읽기와 두 권 읽기

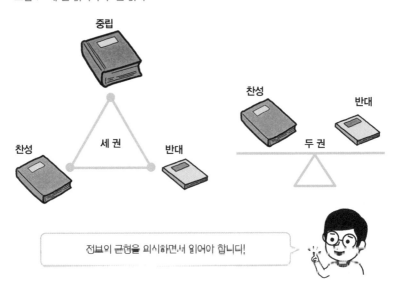

중립

찬성   반대
세 권

찬성   반대
두 권

전보의 균형을 의시하면서 읽어야 합니다!

To Do 3 중립적인 관점으로 읽자

많은 사람이 인터넷 기사나 동영상을 끝까지 보지 않고 제목이나 잘라 낸 일부 문구에만 반응한다. 나머지 부분은 글자가 마치 소쿠리 틈으로 새어 나가듯 엉성하게 읽는다. 이런 식으로 '소쿠리 읽기'를 하지 않으려면 정보 수집 방법을 확립해야 한다.

실제로 "기사에 뭐라고 적혀 있던가요?"라고 질문하면 대다수는 자세한 내용을 기억하지 못한다. 머릿속에는 그저 제목만 선명하게 남아 있다.

선입견을 버리고 중립적인 관점으로 정보를 보자. 제목은 자극적이지만 기사의 알맹이를 들여다보면 불안해할 만한 내용이 들어 있지 않은 경우도 많다.

선입견에서 벗어나 기사를 처음부터 끝까지 읽자. 동영상은 끝까지 보자. 엉성하게 대충 보면 머릿속에 편파적인 내용만 입력되어 매사를 올바로 판단하지 못하는 인생길을 걷게 된다.

To Do 4 인공 지능 시대에 대비하자

인공 지능 시대의 장단점은 있겠지만 어쨌든 앞으로 실업자가 늘어날 것은 분명하다. 지금 존재하는 직업이 10년 혹은 20년 후에도 건재할지는 장담할 수 없기 때문이다.

이를테면 지금은 스무 명이 일주일 동안 작업해야 끝나는 토목 공사도 로봇 기술이 진화한 10년 후에는 스무 명보다 더 적은 인력으로 마무리할 수 있을 것이다. 로봇을 작동시킬 인력은 필요하겠지만 기술이 발달하면 여기에 투입되는 인력도 열 명에서 다섯 명, 다시 세 명으로 점점 줄어들 것이다.

시대 변화에 맞춰서 진화하지 않으면 뒤처진다. 변화에 적응하지 못하는 사람은 빈곤해지고 능숙하게 적응한 사람들은 부유해진다.

인공 지능 시대에 필요한 능력 중 가장 중요한 것은 아웃풋 능력이다. 인공 지능 시대에는 혁신을 일으키는 힘, 창의력, 커뮤니케이션 능력, 공감력, 사고력 같은 능력이 필요한데, 이것들이 모두 아웃풋 능력이다.

세상 사람들이 하는 모든 일은 '인풋 작업'과 '아웃풋 작업'으로 양분할 수 있다. 인풋 작업은 남에게 지시받은 일을 충실히 실행하는 것을 말한다.

산업화가 한창이던 시대에는 '위에서 시킨 일을 올바르게 이해하고 충실히 실행하는 직원'을 선호했다.

하지만 '시킨 일을 그대로 실행하는 능력'만큼은 절대 인공 지능을 당해 낼 수 없다. 인풋 작업만 할 줄 아는 사람은 서서히 인공 지능에 일자리를 빼앗기고 말 것이다.

반대로 아웃풋 작업에서는 스스로 아이디어를 내고 주어진 일을 창의적으로 발전시켜 독창성을 더하는 능력을 요구한다. 혁신을 일으켜 0에서 1을 만들어 내는 일이 아웃풋 작업이다.

인공 지능이 발상력, 창의력, 영감, 사고력 같은 영역에서 인간의 능력을 앞서는 것은 아직 먼 미래의 이야기다.

표 ▶ 두 가지 종류의 작업

인풋 작업	아웃풋 작업
수동적	능동적
강제적	자발적
지시를 기다린다	자주성, 주체성
남이 시키는 대로 한다	남을 움직인다
정적이다	동적이다
정보를 받아들인다	정보를 제공한다
보수적이고 선례를 중시한다	도전적이고 혁신을 중시한다
노력, 근성	독창적
남에게 배운다	남을 가르친다

인간의 업무는 인풋 작업에서 아웃풋 작업으로 전환되고 있다. 남들보다 더욱 질 높은 아웃풋을 해내는 사람이 평가와 인정을 받아 소득을 늘려 갈 것이다.

> 일의 생산성을 높이려면 성과, 즉 아웃풋을 중심으로 생각해야 한다. 기술, 정보, 지식은 도구에 지나지 않는다.
>
> – 피터 드러커(미국의 경영학자)

일이나 공부를 할 때
집중력을 높이는 방법

키워드 ▶ 측좌핵, 파워 포즈, 인지 부조화

많은 사람이 '일이 좀처럼 손에 잡히지 않는다'라서나 '책상 앞에는 앉았는데 공부에 집중이 되질 않는다'라고 고민한다. 누구나 책상 앞에 앉아서 시간을 허비해 본 경험이 있을 것이다. 이런 문제는 어떻게 극복하면 되는지 방법을 정리해 두었다.

Fact 1 ▶ 누구나 쉽사리 시작하지 못한다

의욕의 스위치를 살짝 눌러서 바로 일이나 공부를 시작할 수 있다면 얼마나 편할까? 실제로 뇌에는 의욕의 스위치가 있다. 하지만 의욕의 스위치에 불이 들어오게 하려면 조금 시간이 걸린다.

의욕의 스위치는 뇌의 측좌핵(nucleus accumbens)이라는 부분에 존재한다. 어느 정도의 강한 자극을 주면 측좌핵이 활동을 시작한다. 그러면 의욕에 관여하는 물질인 도파민 분비가 촉진되어 의욕이 솟아난다.

그림 ▶ 의욕의 스위치

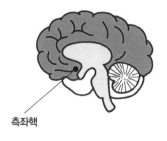

측좌핵

일단 무언가를 시작하면 측좌핵이 흥분하면서
의욕의 스위치에 불이 들어옵니다!

그렇다면 어떻게 해야 측좌핵을 흥분시킬 수 있을까? 일이든 공부든 일단 시작해야 한다. 이렇게 말하면 '아니, 시작하는 방법을 알고 싶은데 일단 시작하라니 말이 안 되잖아!'라는 반론이 날아들 것 같다. 하지만 뇌의 시스템상 측좌핵은 단박에 흥분하지 않는다.

무엇이든 간단한 작업이라도 좋으니 머리를 써서 측좌핵을 가볍게 흥분시켜야 한다. 그러면 자동차를 예열하듯이 뇌에 조금씩 열이 오르고 5분 정도 지나면 비로소 전력을 다해 달리기 시작한다.

To Do 1 ▶ 파워 포즈로 뇌를 속이자

측좌핵을 자극하기 위한 방법으로 '파워 포즈'(power pose)라고 불리는 자세를 추천한다. 똑바로 서서 만세를 하듯이 두 팔을 위로 쭉 뻗은 다음 "지금부터 일을 시작하자!"라고 소리 지르자. 크게 외칠수록 효과적이다.

실제로 해 보면 알겠지만 소리를 지르면 멋대로 기분이 고조되어 의욕이 솟아난다. 크게 소리를 지르면 뇌의 각성에 관여하는 아드레날린이 분비되기 때문이다. 세계 제일의 카리스마 코치라 불리는 앤서니 로빈스가 자주 쓰는 방법이기도 하다.

> 감정은 몸을 움직이면 만들어진다.
>
> – 앤서니 로빈스(세계 제일의 카리스마 코치)

그림 ▶ 파워 포즈의 놀라운 효과

파워 포즈

· 몸이 커 보이는 자세를 취한다.
· 두 팔을 당당하게 위로 쭉 뻗는다.
· 똑바로 서서 가슴을 편다.
· 머리(얼굴)를 앞으로 내민다.
· 테스토스테론이 20퍼센트 상승한다.
· 스트레스 호르몬이 25퍼센트 낮아진다.

의욕과 자신감이 솟아나 긴장과 스트레스에 강해집니다!

보디랭귀지 연구자로 알려진 하버드 대학교 에이미 커디 교수는 파워 포즈를 취하기만 해도 테스토스테론이 증가하고 스트레스 호르몬이 낮아지고 의욕이 솟아난다고 보고했다.

테스토스테론은 사기, 의욕, 도전에 관여하는 호르몬이다. 큰 소리로 외치기 어려운 경우에는 1분 동안 파워 포즈만 취해도 의욕을 높일 수 있다.

To Do 2 　스스로에게 선언하자

크게 소리치기 어려운 환경이라면 작게 소리 내어도 괜찮으니 '지금부터 일을 시작해야지'라고 스스로에게 선언하자. 의외로 선언의 효과는 매우 크다.

이는 심리학 이론인 '인지 부조화'를 응용한 기법이다. 인지 부조화는 미국의 심리학자 레온 페스팅거가 제안한 개념으로, 인지하는 두 가지 사실이 모순되면 위화감과 스트레스를 느껴 인지의 모순을 해소하려는 심리를 말한다.

'지금부터 일을 시작해야겠다고 말한 자신'과 '아직 일을 시작하지 않은 자신'은 모순된다. 했던 말을 주워 담거나 일을 시작해야 모순을 해소할 수 있다.

이미 한 말을 주워 담는 것은 불가능하므로 일을 시작하는 수밖에 없다. 그래서 우리는 겉으로 표출한 내용을 현실로 만들기 위해 행동한다.

화장실에 흔히 보이는 '깨끗이 사용해 주셔서 감사합니다'라는 문구도 인지 부조화 이론을 근거로 한다.

선언은 몇 번을 하든 상관없다. 혹은 종이에 '지금부터 일하자'라고 크게 써서 책상 앞에 붙여 두어도 효과적이다. 종이에 적은 문구를 소리 내어 읽으면 뇌는 '슬슬 시작해야겠군'이라고 생각할 것이다.

To Do 3 ▶ 뭐든 좋으니 시작해 보자

앞서 제시한 방법을 실천했는데도 쉽사리 일이나 공부가 손에 잡히지 않을 수 있다. 본선에 갑자기 뛰어드는 바람에 뇌가 부담을 느끼고 거부 반응을 일으키기 때문이다.

이런 경우에는 우선 뭐라도 시작해 보자. 아래의 표를 참고해서 손쉽게 도전할 수 있는 일부터 손을 대자. 바로 의욕이 생겨날 것이다.

표 ▶ 무엇이든 시작하기

---

(1) 계획을 세운다

하루를 시작할 때 '투 두 리스트'(To Do List)부터 적자. 오후나 밤에는 '지금부터 한 시간 안에 할 일' 같은 식으로 시간을 쪼개서 할 일이나 목표를 설정하자. 이렇게만 해도 의욕을 높이는 물질인 도파민이 분비된다.

(2) 손으로 무언가를 쓴다

손으로 직접 쓰는 것이 중요하다. 그러면 두뇌 활동이 활발해져 측좌핵이 흥분한다. 눈으로 보기만 하면 뇌가 활성화되지 않으므로 손으로 써야 한다. 아니면 컴퓨터를 켜고 키보드 위에서 손끝을 움직이자. 이를테면 이메일을 세 통 정도 보내면 의욕의 스위치에 불이 들어온다.

(3) 기운 나는 음악을 듣는다

여러 인구에서 밝혀졌듯이 일하면서 음악을 늘으면 업무 효율이 떨어진다. 하지만 본격적으로 일을 시작하기 전에 자신이 좋아하는 곡, 리드미컬한 곡, 신나는 곡을 들으면 기운이 나서 업무 효율이 올라간다. 일이든 공부든 한 곡이 끝나는 순간에 시작하는 것이 중요하다.

---

(4) 스마트폰, 인터넷을 차단한다

미국 텍사스 대학교의 한 연구에 따르면 스마트폰이 책상 위에 놓여 있기만 해도 집중력을 비롯한 인지 기능을 방해해 시험 성적이 낮아진다. 스마트폰 전원을 끈 다음 옆방에 두거나 가방 또는 사물함에 넣어 두자. 컴퓨터를 할 때도 인터넷에 접속하지 않도록 와이파이 기능을 꺼 두면 좋다.

(5) 일이나 공부를 하는 척한다

실제로 하지 않아도 괜찮으니 책상 앞에 앉아서 컴퓨터를 켜거나 책을 펼치고 일 또는 공부를 하는 척하자. 의욕이 없어도 일단 책상 앞에 앉아서 자세만이라도 갖추자. 하는 척을 5분 정도 지속하면 서서히 의욕의 스위치에 불이 들어온다.

(6) 자기 나름의 루틴을 만든다

앞서 언급한 다섯 가지를 조합해서 자기 나름의 루틴을 만들자. 매일 같은 방식으로 같은 절차를 거치면 시간이나 에너지 낭비 없이 자연스럽게 일이나 공부를 시작할 수 있다.

To Do 4 마지막 수단은 수면뿐이다

혹시 투 두 리스트가 안 써지고 이메일에 답장할 마음도 들지 않고 일하는 척조차 할 수 없는가? 이처럼 일이 전혀 손에 잡히지 않는 이유는 뇌가 상당히 피로한 상태이기 때문이다. 경우에 따라서는 우울증 일보 직전일 수도 있다.

수면 부족, 운동 부족, 과도한 스트레스 누적 가운데 어느 하나를 겪고 있을 것이다. 우선 여섯 시간 이상 잠을 자자. 스트레스를 줄이려고 노력하자. 그리고 일주일에 150분 이상 운동하면서 생활 습관을 바로잡아야 한다.

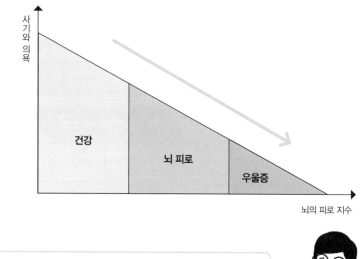

뇌가 지지면 의욕이 점점 떨어집니다.

뇌는 자는 동안 피로를 푼다. 그래서 잠이 부족하면 뇌에 피로가 쌓인다. 그러면 의욕과 집중력이 떨어져 기량을 제대로 펼치지 못한다.

잠이 부족하고 뇌가 피로한 상태에서는 절대 의욕이 가득 찰 수 없다. 우선 수면 시간을 확보해 뇌의 피로를 풀자.

키워드 ▶ 소쿠리 듣기

업무를 잘 습득하지 못하거나 주변 사람에 비해 일 처리 능력이 떨어진다고 느끼는 사람은 대체로 게으르기보다는 요령이 나빠서 손해를 본다.

일하면서 실수하지 않으려면 업무 요령을 터득하고 한 번 들은 내용은 반드시 기억하고 망설임 없이 질문 또는 재확인해야 한다. 이 세 가지만 철저히 지켜도 대부분의 실수는 막을 수 있다. '일을 금방 배우는 사람'이 되기 위한 확실한 방법을 소개하겠다.

Fact 1 ▶ 할 일을 기억하지 못하는 이유

병원에서 새로운 약을 처방하는 경우에는 환자에게 약에 대해 설명한다. 10분 정도 약의 복용법과 부작용을 설명하고 나서 환자에게 "아시겠어요?"라고 물으면 "네"라는 대답이 돌아온다. "그럼 지금 제가 설명한 내용을 기억나는 만큼 이야기해 주시겠어요?"라고 되물으면 대부분 입을 다문다.

사람들은 남의 말을 잘 듣는 척하지만 실은 거의 듣지 않는다. 나는 이것을 '소쿠리 듣기'라고 부른다. 동시에 같은 장소에서 같은 이야기를 들어도 내용을 '머리에 담는 사람'이 있고 '머리에 담지 않는 사람'(소쿠리 듣기 하는 사람)이 있다.

전자는 점점 성장하지만 후자는 성장하지 못한다. 예를 들어 상사나 직장 선배가 업무를 지시했다고 가정해 보자. 일을 처리하려면 다섯 가지 핵심을 알아야 하는 상황인데 세 가지밖에 이해하지 못했다. 그러면 아무리 열심히 일해도 5분의 3밖에 해내지 못한다. 흔히들 정보를 '인풋'(input)한다고 말하는데 사실 대부분의 정보는 사람의 뇌를 그저 스쳐 지나갈 뿐이다. 확인을 위해 "지금 내가 한 말을 다시 해 봐"라고 요구하면 똑같이 말하지도, 들은 내용을 설명하지도 못한다. 이것이 바로 가짜 인풋, 즉 소쿠리 듣기 상태다.

진짜 인풋을 하면 뇌 속에 정보가 들어가서(in) 안착한다(put). 들어간 정보가 제대로 자리까지 잡아야 인풋이다. 진짜 인풋을 하면 들은 내용을 똑같이 말하거나 남에게 설명할 수 있다. 그래서 진짜 인풋하는 사람들은 비약적인 자기 성장을 이룬다.

직장에서 업무 습득이 느린 사람은 소쿠리 듣기를 한다. 반면 직장에서 일 처리 능력을 인정받는 사람은 보면 필요한 정보를 제대로 인풋한다.

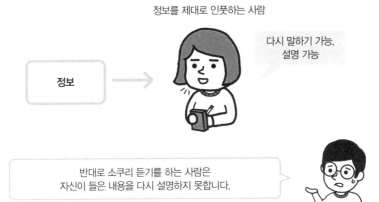

정보를 제대로 인풋하는 사람

정보

다시 말하기 가능, 설명 가능

반대로 소쿠리 듣기를 하는 사람은
자신이 들은 내용을 다시 설명하지 못합니다.

To Do 1 ▶ 메모를 해서 100퍼센트 알아듣자

상사의 지시나 지도는 반드시 100퍼센트 알아들어야 한다. 알아듣지
못하거나 잊어버린 일은 실행할 수 없다. 그러니 우선은 잘 알아들어
야 한다.

소쿠리 듣기를 예방하고 잘 알아들으려면 어떻게 해야 할까?

매우 간단하다. 메모하면 된다. 하나하나 자세히 메모하면서 듣자.
그러면 정보를 누락하거나 잊어버릴 일이 없다.

그런데 신기하게도 소쿠리 듣기를 하는 사람일수록 메모하지 않는
다. 환자 다섯 명 중 한 명은 약에 대한 설명을 듣고 나서 요점을 완벽
하게 복창한다. 그 한 명은 메모하는 사람이다.

메모 없이 기억만으로 요점을 완벽하게 말하는 사람은 본 적이 없
다. '일 잘하는 사람은 메모하지 않고도 잘한다'라고 생각할지도 모

르지만 그렇지 않다. 일 잘하는 사람일수록 아무도 눈치채지 못하게 몰래 메모하거나 노트에 따로 정리한다.

남의 말을 듣고 나중에 되새기면서 메모하는 것은 숙련자가 쓰는 기술이다. 소쿠리 듣기 단계에 있는 사람은 항상 메모장을 꺼내서 100퍼센트 알아들을 각오로 요점을 놓치지 말고 적어야 한다.

그리고 가능하면 업무 노트를 만들자. 인간은 아웃풋 과정을 거치지 않으면 2~4주만 지나도 정보를 잊어버린다. 선임이 열심히 업무 처리 방법을 설명할 때 가만히 듣고만 있으면 한 달 후에는 거의 다 잊어버린다.

딱히 머리가 나빠서가 아니다. 두뇌 시스템상 아웃풋 과정을 거치지 않으면 기억에 잘 남지 않는다. 그저 가만히 듣기만 하면 아무리 집중해서 들어도 자기 것으로 만들 수 없다.

일을 배우는 제1단계에서는 알려 준 내용을 100퍼센트 알아들어야 한다. 그리고 그 내용을 100퍼센트 기록하는 것이 제2단계에서 할 일이다.

To Do 2 ▶ "알겠습니다"라고 답하지 말자

상사가 지시를 내리면서 "알아들었어?"라고 물을 때 조건 반사적으로 "네, 알겠습니다"라고 답하는 것은 좋지 않다.

내가 약에 대해 설명하고 "아시겠어요?"라고 물으면 모든 환자가 "네"라고 대답하지만 실제로 들은 내용을 다시 설명할 줄 아는 사람은 다섯 명에 한 명 정도다. 대부분은 잘 알아듣지 못했으면서도 안다고 대답한다.

이해되지 않거나 헷갈리는 점이 있다면 그 자리에서 명확한 답을 얻자.

상사에게는 지시받은 직후에 질문하는 것이 가장 좋다. 사흘쯤 지나서 질문하러 가 봤자 "사흘 내내 뭘 한 거야!"라는 싫은 소리를 듣게 될 뿐이다.

즉 지시나 지도를 받은 뒤에는 불분명하거나 모호한 점을 절대로 남기지 말자. 만약 일을 실현해 내는 자신의 능력이 80퍼센트라면 100만큼 이해했을 때 완성도가 간신히 80점이 나온다. 그런데 60만큼만 이해한다면 완성도는 48점밖에 나오지 않는다. 그렇기 때문에 일을 처음 시작할 때는 최대한 100에 가깝게 이해해 두는 것이 중요하다.

상대가 알아들었냐고 묻지 않는다면 자신이 재차 확인하자. 그 자리에서 들은 내용의 요점을 복창하고 "이렇게 하면 될까요?"라고 확인하자. 만약 누락된 점이 있다면 상대가 알려 줄 것이다.

여하튼 세상에는 모르는 상태에서 알아들었다고 말하는 사람들이 무척 많다. 알겠다고 대답하면 더 배울 기회가 사라지며 상대가 알려 주지도 않는다.

결국 모호하고 불분명한 점이 무한히 증식해 무엇을 모르는지 알수 없는 상태에 빠져서 업무 습득이 느리고 일 못하는 사람이 되고 만다.

> 바로 알겠다고 대답하는 사람치고 제대로 아는 사람을 본 적이 없다.
>
> – 고바야카와 다카카게
> (일본 센고쿠 시대에 활약한 무관. 모리 가문의 '세 자루 화살'이라는 일화로 유명한 인물)

　그러니 철저히 질문하고 확인해서 모호하거나 불명확한 점을 남기지 말자.

　'그런 것도 몰라?'라는 소리를 들을지도 모르지만 그 정도는 한순간의 부끄러움에 불과하다. 모르는 것을 내버려 두면 업무를 숙지하지 못해 성장이 멈추고 급기야 짐짝 취급을 받을 것이다.

그림 ▶ 바로 "알겠습니다"라고 답하지 말자

To Do 3 ▶ 알려 준 일을 100퍼센트 실행하자

상대가 알려 준 내용을 100퍼센트 실행하는 것이 일을 배우는 제3단계에서 할 일이다.

알려 준 대로, 지시받은 대로 하자. 수파리의 '수'에 해당하는 단계로 기본 중의 기본이다. 지시받은 대로 100퍼센트 실행하기가 어렵다고 생각할 수도 있다. 하지만 문서가 아닌 말로 지시하는 일은 뛰어난 능력을 요구하지 않는 가장 기초적인 업무다.

100퍼센트 실행해도 70~80점을 받는 업무다. 지시한 사람 입장에서 보면 당연히 해내야 하는 일이다.

알려 준 대로 100퍼센트 실행해야 최소한의 평가를 받을 수 있는 기초 수준의 업무 그 이상도 이하도 아니다. 일부는 '80퍼센트나 실행했는데 알아주지도 않는군'이라며 불만을 품을 수도 있지만 상사는 '80퍼센트만 할 줄 아는 일 못하는 사람'이라고 평가한다.

지시받은 대로 해내는 능력은 만족시켜야 할 최저 수준, 합격 커트라인에 불과하다. 100퍼센트로 실행을 해야 간신히 합격점에 해당하는 70점 또는 80점을 받을 수 있다.

이 수준에 이르러야 비로소 일이 몸에 밴다. '일 하나를 배웠다'라고 말할 수 있는 상태에 도달한다.

듣기, 기록하기, 실행하기로 이어지는 3단계를 제대로 해내야 근본적인 요령을 터득할 수 있다. 그러면 업무 습득 능력이 비약적으로 향상되고 성장에도 기속도가 붙는다. 각 단계를 100퍼센트로 해내야 곱한 값이 100점이 나온다. 80퍼센트로 해내면 51점, 70퍼센트로 해

내면 34점밖에 나오지 않는다. 업무를 빠르게 습득하고 싶다면 듣기, 기록하기, 실행하기의 정확도를 높이자.

그림 ▶ 일을 배우는 단계

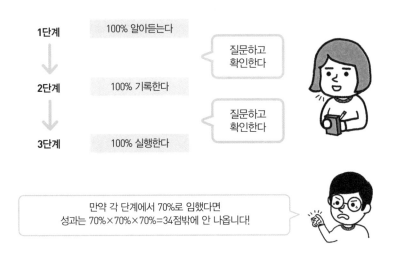

To Do 4 ▶ **일 배우는 속도가 느린 직원을 가르치는 방법**

만약 부하 직원이 일 배우는 속도가 느리다면 직원에게 일 배우는 성장의 3단계를 실행시키면 된다.

우선 꼼꼼하게 메모하고 지시받은 내용을 다시 말해 보라고 시킨다. 제대로 질문하고 확인하는지 상사인 자신이 수시로 체크해야 한다. 도중에는 일이 얼마나 진행되었는지 묻고 무엇이 부족한지 명확하게 전달해서 실행률을 100퍼센트에 가깝게 끌어올리자. 이렇게만 해도 부하 직원의 업무 습득 능력이 눈에 띄게 향상된다.

직장 생활

08 실력을 제대로 평가받지 못할 때의 대처법

키워드 ▶ 평균 이상 효과

'중소기업 인사 평가 관련 고민 및 과제'에 관한 조사에 따르면 '현재 회사에서 어떻게 평가받는가?'라는 질문에 50.6퍼센트가 '낮은 평가를 받는다'라고 답했다. 즉 일반 사원의 절반가량이 회사에서 자신을 낮게 평가한다고 느낀다.

많은 직장인이 '핵심 업무를 맡게 해 주지 않는다', '제대로 평가받지 못한다', '승진에서 제외된다' 같은 문제로 고민한다. 핵심 업무를 책임지면서 상사나 대표에게 높은 평가를 받고 동기들 중 가장 빨리 출세한다면 보람차게 일할 수 있을 것이다.

이와 같은 고민을 말끔히 해결하면 힘들고 지루한 직장 생활을 즐겁고 재미있는 나날로 바꿀 수 있다.

현재 자신의 상황을 제대로 분석하고 있는가? 대부분은 자신이 어떤 상황에 놓였는지 분석할 생각은 하지 않고 '동기가 나보다 먼저 승진해서 분하다', '나는 글렀다', '상사가 내 실력을 몰라본다' 같은 부정적 감정에 사로잡혀 사고 정지 상태에 빠진다.

피드백을 통해 상황을 분석하고 대책이나 대처법을 찾아내서 실천해야 비로소 자기 성장을 이룰 수 있다. 감정에 사로잡히면 자기 자신을 냉정하게 분석하지 못하므로 올바른 대책이나 대처법도 눈에 들어오지 않는다. 현재 상태에 계속 머물러 있으면 머지않아 후배에게 추월당할 것이다.

우선 자신의 부정적 감정을 떨쳐 버리고 냉정한 눈으로 스스로를 관찰하는 것이 중요하다.

자신이 '직장에서 제대로 평가받지 못하는 이유'를 차분히 글로 적자. 그런 다음 각 항목에 대한 대처법을 생각해 보자.

그림 ▶ 올바른 피드백

우울해하지만 말고…

직장에서 평가받지 못하는 이유는?

가 항목에 대한 대처법은?

하나씩 차분하게 돌이켜 생각해 봅시다.

업무 능력이 낮은 사람일수록 자신을 높게 평가한다

자기 평가와 실제 능력이 크게 어긋나는 경우가 종종 있다. 다음의
여러 심리 실험은 이러한 사실을 잘 보여 준다.

- 학생들의 유머 실력을 측정한 다음 각자 자신의 유머 실력을
  평가하게 했더니 하위 25퍼센트가 자신을 상위 40퍼센트 정
  도로 평가했다.
- 자신의 사회성을 평가하게 하자 '상위 10퍼센트에 속한다'라
  고 답한 사람이 60퍼센트, '상위 1퍼센트에 속한다'라고 답한
  사람은 25퍼센트나 됐다.
- 학생의 70퍼센트가 자신은 평균보다 뛰어난 리더십을 갖추었
  다고 답했다.
- 학생의 85퍼센트가 자신은 평균보다 뛰어난 운전 실력을 갖
  추었다고 답했다.
- 대학교수의 94퍼센트가 자신은 평균 이상으로 일하고 있다고
  답했다.

이처럼 자신의 기량이나 능력을 직접 평가하라고 하면 70~90퍼센
트 이상이 자신을 평균보다 뛰어나다고 평가한다. 심지어 대상자의
25퍼센트가 스스로를 상위 1퍼센트 수준으로 평가한 사례도 있다.

심리학에서는 이를 '평균 이상 효과'(Better-than-average Effect)라
고 부른다. 덧붙여 자기 평가와 타인 평가 사이에는 20점 차이가 난

다고 알려져 있다. 자신은 스스로가 한 일을 100점으로 평가해도 상사는 80점으로 본다는 뜻이다. 대다수 직장인이 자신의 실력을 정당하게 평가받지 못했다고 느끼는 것은 심리학 법칙에 비춰 보면 매우 당연한 일이다.

스스로를 정말 올바르게 평가했는지 한 번쯤은 의심해 봐야 한다.

타인의 잣대 자신의 잣대

눈금의 길이가 각각 다르구나.

– 아이다 미쓰오(일본의 시인)

Fact 2 **남에게 인정받지 못하는 이유는 실력이 부족하기 때문이다**

사내에서 제대로 평가받지 못하는 이유는 결국 실력이 부족하기 때문이다. 대다수의 사람은 자신의 실력이나 성과를 실제보다 더 높게 평가한다.

충분한 실력을 갖추었고 주어진 일을 제대로 소화해 내고 눈에 보이는 성과나 실적을 올리는 사람이라면 분명 높은 평가를 받고 있을 것이다.

자신의 역량이 인정받지 못한다고 느끼겠지만 그렇지 않다. 자신의 역량이나 성과에 대한 외부의 평가가 실제 현실이다.

실력 부족은 다르게 말하면 공부 부족, 자기 성장 부족이다. 앞서 말했듯이 자기 평가와 타인 평가 사이에는 커다란 간극이 있다.

그림 ▶ 자기 평가와 타인 평가

100점이다!

80점이다.

20

100

80

자기 평가와 타인 평가 사이에는 큰 차이가 있습니다!

즉 20점만큼 더 성장해야 간신히 자기 평가와 타인 평가를 일치시킬 수 있다. 부족한 20점을 채우기 위해서는 더 많이 공부하고 성장해야 한다.

Fact 3 ▶ 자신을 위한 공부가 부족하다

지금보다 더 나은 인재로 활약하기 위해 무엇을 공부하는가?

'선배나 상사가 알려 준 업무를 익히고 제대로 처리한다.'

'사내 연수에서 배운 내용을 착실히 활용한다.'

'사내 매뉴얼을 이해하고 그대로 따른다.'

직장인 대부분은 위와 같이 회사를 위해 공부한다. 스스로 열심히 노력한다고 생각할지도 모르지만 이래서는 공부하지 않는 것이나 마찬가지다.

매뉴얼은 '이것만 제대로 하면 충분하다'라고 평가하는 데 필요한 기준이 아니다. '이 정도는 해야 한다'라고 평가하기 위한 최저 기준이 매뉴얼이다.

상사나 선배의 가르침, 사내 연수를 통해서는 사회인으로서 반드시 알아야 할 최저 수준의 지식만 배울 수 있다.

<u>매뉴얼, 상사나 선배의 가르침, 사내 연수로 배운 내용을 완벽하게 이해하고 실천해 봤자 평가 후 받을 수 있는 점수는 합격 커트라인인 70점이 한계다.</u>

매뉴얼, 사내 연수, 일상직 지도는 직원에게 최소한의 업무 지식을 가르치기 위한 것이다. 그렇다면 자신보다 훨씬 일을 잘하는 동료는 도대체 어디에서 업무 기술을 익혔을까? 그들은 자신을 위해 공부한다.

To Do 2 ▶ **자신을 위해 공부하자**

회사를 위한 공부는 최저 수준을 통과하는 데 필요하다. 모든 직원이 같은 내용을 배우므로 아무리 필사적으로 노력해도 격차는 벌어지지 않는다.

남이 시키는 대로 실행만 한다면 로봇이나 다름없다.

회사는 스스로 판단해서 행동하고 양적으로나 질적으로나 요구한 이상의 성과를 내는 사람, 다시 말해 부가 가치를 창출하는 인재를 원한다.

100만큼 일해서 100의 성과를 내는 것은 당연하다. 100만큼의 일을 맡겼을 때 120의 성과를 내야 뛰어나다는 평가와 칭찬을 받는다.

인정받는 인재가 되려면 자신을 위해 공부해야 한다.

그러기 위해서는 업무 관련 기술을 배우고 일 처리 능력도 갈고닦아야 한다. 대화법, 문장력, 커뮤니케이션 기법, 메모하는 요령, 노트 작성법 같은 업무 관련 기술은 회사에서 따로 가르쳐 주지 않는다. 스스로 공부하는 수밖에 없다.

이러한 업무 기술을 습득하면 일의 생산성과 효율성이 향상되어 성과의 질도 높아진다.

표 ▶ 회사를 위한 공부와 자신을 위한 공부의 차이점

회사를 위한 공부	자신을 위한 공부
특징 • 현재 업무를 처리하는 데 도움이 된다 • 최소한으로 갖춰야 할 지식 • 긴급하다 • 당연히 해야 할 일	**특징** • 다양한 업무를 처리하는 데 도움이 된다 • +α에 해당하는 지식 • 긴급하지 않다 • 뒷전으로 미루기 십상이다
구체적 내용 • 사내 매뉴얼 • 사내 연수 • 상사나 선배의 가르침	**구체적 내용** • 업무 관련 기술 • 커뮤니케이션 기법 • 독서 모임, 세미나, 강연회 참가
당연히 해야 할 공부이므로 쉽게 생각하지 못한다	급하지 않는 시간의 부가 지식을 빌니다

일본인의 독서량에 관한 한 조사에 따르면 평소에 책을 한 권도 읽

지 않는 사람이 전체의 47.5퍼센트나 된다고 한다. 즉 일본인 두 명 중 한 명은 책을 읽지 않는다는 소리다.(2019년 국민 독서 실태 조사에 따르면 우리나라 성인의 종이책 연간 독서율은 52.1퍼센트였다.— 편집자) 공부의 기본은 독서인데 말이다.

남보다 먼저 승진한 사람은 매일 출퇴근 시간에 자신을 위해 공부하면서 조금씩 자기 성장을 이루었을 확률이 높다.

출퇴근 시간만 따져도 대략 하루에 2시간, 일주일이면 10시간, 한 달에 40시간, 1년에 480시간, 3년이면 1440시간이다. 자신의 라이벌이 자기 성장을 위해 시간을 투자하는 사이에 자신은 1440시간 동안 게임을 하거나 스마트폰을 만지작거리거나 드러누워서 텔레비전을 본다면 당연히 격차는 벌어진다.

직장에서의 모습만 보면 모두가 주변 사람과 다를 바 없이 열심히 일한다. 하지만 남들보다 높게 평가받는 사람은 대부분 남이 보지 않는 곳에서 자신을 위한 공부에 시간을 투자한다.

회사 밖에서까지 꾸준히 공부하는 사람의 뛰어난 실력은 주변에도 전해진다. 이런 사람들의 실력을 높게 사는 것이 올바른 평가다.

별생각 없이 게임을 하거나 스마트폰을 만지작거리거나 텔레비전 보는 시간을 줄이고 자신을 위한 공부에 시간을 투자하자. 단 몇 달만 실천해도 상사를 비롯한 사내의 평가가 확연히 달라질 것이다.

본업 이외에 부업을 하자

키워드 ▶ 인터넷 부업, 최초 소득 1만 원 벌기

본업 이외에 부업을 하려는 사람이 늘고 있다. 그런데 일본에서는 겸업을 허용하는 기업이 여전히 적다. 하지만 겸업 금지를 해제하려고 준비하는 기업이 31.9퍼센트에 달한다고 하니 앞으로가 기대된다.

Fact 1 **부업은 이제 불가피하다**

최근 일본에서 일어나는 부업 유행은 '일하는 방식 개혁'(働き方改革) 추진과 관련이 있다.

2019년 3월에 일본 후생노동성은 '일하는 방식 개혁'과 관련해서 새로운 취업 규칙을 내놓았다. 그곳에는 "노동자는 근무 시간 외에 다른 회사의 업무에 종사할 수 있다"라는 내용이 적혀 있다. 즉 실질적으로 부업을 인정하겠다고 선언했다.

2020년 현재는 약 70퍼센트의 기업이 부업 금지 규정을 둔 상태다.

하지만 시류를 반영해 앞으로 몇 년 사이에 부업을 허용하는 기업이 단숨에 늘어날 것으로 전망한다. 따라서 현재는 부업을 금지하는 회사에서 일하더라도 일찌감치 대비해 두는 편이 이득이다.

2019년 6월에 일본 금융청이 일반 국민에게 2000만 엔(약 2억 원)의 노후 자금이 더 필요하다고 보고해 큰 논란이 일었다.

평균적인 무직의 고령자 가구에서는 매달 약 5만 엔의 적자가 발생한다. 이를 바탕으로 연금 수급 개시 연령인 65세부터 평균 수명까지 산다고 가정했을 때 계산한 숫자가 2000만 엔이다.

2000만 엔을 더 저축해야 한다는 얘기를 들으면 심란해지지만 앞으로 부업을 통해 매달 4만 엔(약 40만 원)씩 소득을 올린다면 현재 저금해 놓은 돈이 0엔이라도 노후를 극복할 수 있다는 의미다.

그런 의미에서도 이제 부업은 남 일이 아니다. 정년을 맞이하기 전에 부업으로 얻는 소득을 어느 정도 궤도에 올려놓을 필요가 있다.

Fact 2 ▶ 돈 말고도 부업의 이점이 있다

부업에는 돈을 버는 것 외에도 중요한 의미가 있다. 그것은 '보람'과 '라이프워크'다.

천직을 본업으로 삼는다면 가장 좋겠지만 본업은 라이스워크로 두고 부업을 라이프워크로 삼아도 자아실현의 욕구를 채울 수 있다.

앞서 인정 욕구의 자아실현의 욕구는 매우 높은 가원비 부니비고 설명했다. 하시만 현실 세계에서 남에게 인정받을 기회는 그리 많지 않다.

부업은 그러한 기회를 늘리기 위한 하나의 도구가 될 수 있다. 혼자서도 자신만의 기술과 네트워크를 활용해서 고객을 확보하고 상품이나 서비스를 제공할 수 있다.

자신의 노력이 직접적인 성과로 나타나므로 훨씬 보람을 느끼기 쉽다.

Fact 3 ▶ 어떤 부업을 시작하면 좋을까?

부업으로는 어떤 일을 하면 좋을까? 인터넷을 활용한 부업을 추천한다. 아래 표에 장점을 정리해 두었다.

표 ▶ 인터넷 부업의 장점

(1) 지렛대 효과
(2) 장소와 시간에 구애받지 않으므로 틈새 시간에 카페에서도 작업할 수 있다
(3) 일정한 궤도에 오르면 내버려 두어도 돈이 벌린다
(4) 초기 투자 비용이나 고정 비용이 거의 필요 없다
(5) 육체적인 피로가 적다
(6) 고령자도 할 수 있다

휴일이나 본업을 마친 뒤에 따로 시간을 내서 식당이나 편의점 같은 곳에서 근무하는 부업은 하지 말자. 피로가 쌓이고 잠도 부족해져 본업에 지장을 초래할 가능성이 크기 때문이다.

부업으로는 지렛대 효과가 나는 일을 선택하자. 지렛대를 이용하면 작은 힘을 들여서 큰 힘을 발휘할 수 있다. 이처럼 지금 투자하는

노력이 나중에 몇 배가 되어 돌아오는 부업을 추천한다.

예를 들어 블로그에 글 쓰는 일을 부업으로 삼으면 매번 똑같은 시간을 들여서 블로그에 글을 써도 접속자 수가 열 배 오르면 소득도 열 배가 오른다. 새 글을 올리지 않은 날에도 접속자 수가 생기면 소득이 발생한다.

이처럼 따로 시간을 내서 하는 부업이 아니라 언제 어디서든 할 수 있는 인터넷 부업을 해야 한다.

To Do 1 ▶ 일단 하고 보자

아무리 부업의 장점, 특히 인터넷 부업의 장점을 설명해도 실제로 부업을 시작하는 사람은 소수다.

왜냐하면 시작도 하기 전에 '그렇게 간단하게 돈을 벌 수 있을 리가 없다'라고 생각하기 때문이다. 하지만 본격적으로 마음먹고 제대로 실행하면 누구나 부업으로 수십만 원의 소득을 올릴 수 있다.

인터넷을 활용한 부업 중에서 가장 쉽게 결과를 낼 수 있는 방법은 중고 물품 거래 사이트를 활용하는 일이다. 집에 있지만 사용하지 않는 물건을 팔면 용돈을 벌 수 있다. 익숙해지면 팔릴 만한 물건을 사들여서 판매해 보는 것도 좋다. 경매 사이트와 달리 어떤 물건은 내놓자마자 팔리기도 하므로 시작한 첫날부터 매출을 올리는 사람도 많다.

일본의 대표적 중고 물품 거래 사이트인 '메루카리'가 공식 발표한 자료에 따르면 2018년에는 1인당 월평균 매출액이 무려 1만 7348엔

(약 17만 6000원)이었다고 한다. 메루카리 이용자 250만 명 정도가 한 달에 1~2만 엔 정도 용돈을 번다고 생각하면 꽤 시작해 볼 만하지 않은가?

돈을 가장 많이 번 연령층은 의외로 60대 남성이었으며 금액은 평균 3만 1960엔이었다. 퇴직 후에 중고 물품 거래만으로 월 3만 엔의 용돈을 버는 셈이다.

일단 관심이 생기는 부업이 있다면 소규모로 시작해 보자. 0을 1로 만들지 않으면 10은 절대 얻을 수 없다.

To Do 2 ▶ 우선 1만 원을 벌자

처음에는 가벼운 마음으로 소득을 얻는 체험을 해 보는 것이 중요하다. 1만 원이라는 낮은 목표를 잡고 인터넷 활동으로 소득을 얻는다는 것이 무엇인지를 체감하자. 일반적으로 1만 원은 한 시간 동안 아르바이트를 하면 받을 수 있는 금액이다.(일본은 지역별로 최저 임금이 다른데 2020년 기준 전국 평균 901엔(약 1만 원)이다.─편집자)

인터넷을 활용해서 1만 원을 벌었다면 계속해서 5만 원, 10만 원, 30만 원으로 점차 목표 금액을 올리자. '이렇게 간단한 방법으로 돈을 벌 수 있구나'라는 사실을 깨달으면 의욕이 생겨 점점 그 일에 빠져들 것이다.

Fact 4 ▶ 회사에서 겸업을 금지하는 경우의 대처법

부업을 하려는 사람에게 가장 높은 장벽은 현재 근무하는 회사의 취업 규칙이다. 그런데 취업 규칙에 적혀 있는 부업 관련 규정을 다시 읽어 보기 바란다. 겸업 금지라고 적혀 있어도 <u>예외적으로 미리 신고하면 허용되는 경우도 있다.</u> 실제로 공립 고등학교 교사인 지인은 부업 허가를 받고 전국을 누비며 강연 활동을 한다.

게다가 회사가 아무리 겸업을 금지한다고 해도 중고 물품 거래 사이트에서 사용하지 않는 물건을 팔아 20~30만 원을 벌어들인 정도로 회사에서 잘릴 일은 절대 없다.

겸업으로 징계 처분을 받는 사례에는 '회사 업무에 차질을 빚은 경우', '대외적 신용을 잃은 경우', '동종 업계 타사에서 근무한 경우'와 같은 분명한 이유가 있다.

밤늦게까지 부업을 하느라 회사에서 자주 졸거나 근무 시간 중에 스마트폰으로 부업 관련 매출을 확인하는 것처럼 지나치게 도를 넘지만 않는다면 징계 처분을 받거나 해고될 일은 없다.

실제로 부업 때문에 징계 처분을 받은 사례는 한 해에 30~50건 정도라고 한다. 보통 납세액이 고액이거나 제삼자의 밀고로 발각된 경우다.

때로는 징계 해고를 둘러싸고 재판이 열리기도 한다. 그런데 징계 해고로 결론이 난 판결을 살펴보면 부업에 투자하는 시간이 상당히 길거나 동종 업계의 경쟁 업체를 설립한 극단적인 경우다.

평범히 수준으로 부업을 시작자면 어차피 처음에는 그리 많이 벌 시 못한다. 수십만 원 정도의 부수입은 대체로 문제 되지 않는다. 하지만 어디까지나 자기 책임이므로 염려된다면 부업은 그만두는 편이 낫다.

원칙적으로 공무원의 부업은 법률로 금지한다. 예외적으로 부동산, 주식, 외환 같은 투자 관련 수익은 인정하는 경우가 많지만 직급이나 부업 소득의 크기에 따라 예외 기준이 다르니 별도 확인이 필요하다.

To Do 3 **부업을 시작으로 창업을 고려하자**

부업을 시작한 지 얼마 되지 않은 시점에는 소득이 수십만 원 정도로 그칠 수 있지만 조금 더 규모가 커지면 개인 사업자로 등록하는 것을 고려해 보자.

'부업→개인 사업자→회사 설립'의 단계를 밟으면서 조금씩 소득을 늘리면 리스크는 그리 크지 않다.

개인 사업자로서 이른바 자영업부터 시작하자. 집을 사무실로 활용하면 고정 비용이 들지 않아 리스크를 최소화할 수 있다. 일반적으로 연 소득이 1억 원 이상 발생하면 회사를 설립하는 편이 세금 절감에 유리하다. 그 전까지는 개인 사업자로 충분하다.

많은 사람이 창업은 무리한 선택이라고 생각하지만 개인 사업자로 시작해 리스크를 줄여 문턱을 낮출 수 있다.

이런 식으로 미래를 계획하기 시작하면 회사에서 본업에 임하는 자세도 달라진다.

앞으로 창업하는 데 도움이 되는 기술을 익혀야겠다는 각오가 생겨 같은 일을 다른 관점에서 바라보게 된다. 일반 사원의 시점이 경영자의 시점으로 바뀌면서 이제까지 깨닫지 못했던 많은 것이 보이기 시작한다.

남이 알려 준 일만 하는 인풋형 인간에서 창의력을 발휘해 아이디어를 내는 아웃풋형 인간으로 변화한다.

2020년 이후, 코로나19가 미친 경제적 영향으로 파산하는 기업이나 실업자는 분명 늘어날 것이다. 앞으로는 회사를 떠나서도 개인으로서 소득을 벌어들일 역량이 있는지를 묻는 시대가 찾아온다. '지금은 안정적이니까 괜찮아'라며 자만하지 말고 리스크를 분산하는 방식으로 노동 형태를 전환해 나가자.

경제적 불안을 없애는 방법

키워드 ▶ 한계 효용 체감의 법칙, 비지위재, 자기 투자

누구나 돈에 관한 고민을 안고 산다. 노후를 생각하면 불안해진다는 이야기도 자주 들려온다. 이러한 경제적 불안을 없애는 방법은 무엇인지 살펴보자.

Fact 1 ▶ 평균 저축액의 진실

일본인의 평균 저축액이 1752만 엔(약 1억 8000만 원)이라는 소리를 들어 본 적이 있는가? 자신의 저축액과 비교하고 주눅 들거나 비관하는 사람도 있을지 모르겠다.

그러나 이 숫자에는 속임수가 있다. '평균' 저축액은 1752만 엔일지 몰라도 '중앙값'은 1036만 엔(약 1억 900만 원)이다.

평균값과 중앙값은 비슷하면서도 다른 개념이다. 저축액이 100만 원인 사람이 네 명, 10억 원인 사람이 한 명이라고 가정해 보자. 중앙

값은 순서대로 늘어놓았을 때 위에서부터 딱 중간에 위치한 사람의 값이다. 따라서 위에서 세 번째 사람의 저축액인 100만 원이 중앙값이다. 하지만 평균값은 다섯 명의 저축액을 다 더해서 5로 나눈 값이므로 2억 80만 원이 된다.

그림 ▶ 평균값과 중앙값

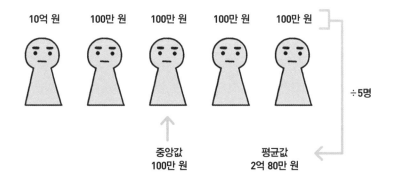

이런 경우 실태를 더 잘 반영하는 수치는 중앙값이다.

게다가 저축액에는 생명 보험이나 유가 증권도 포함된다. 따라서 현금 저축액만 따지면 훨씬 낮아진다. 참고로 혼자 사는 40대 일본인의 평균 저축액은 657만 엔(약 6900만 원)이다. 부유한 고령자가 일본인의 평균 저축액을 훅 끌어올려 놓았다고 해석할 수 있다.

30~40대의 금전 감각에 대한 의식 조사에 따르면 저축액이 100만 엔(약 1000만 원) 이하인 사람이 60퍼센트를 차지했으며 그중 저축액이 전혀 없는 사람도 무려 23퍼센트나 된다. 이 수치가 정부에서 제시하는 '현실을 반영하지 못하는 숫자'보다 오늘날의 현실을 훨씬 잘

보여 준다. 그러니 지금 저축해 놓은 돈이 전혀 없다고 해도 비관할 필요는 없다. 모두가 마찬가지다.

Fact 2 **돈과 행복은 항상 비례하지 않는다**

미국 프린스턴 대학교 명예 교수이자 노벨 경제학상을 받은 대니얼 카너먼 박사는 행복과 소득의 관계를 보여 주는 유명한 연구를 진행했다. 그는 소득 증가로 행복 지수가 상승하는 데는 한계가 있으며 연 소득이 7만 5000달러(약 8200만 원)가 넘으면 행복 지수와 소득 사이의 관련성은 찾아보기 어렵다고 말한다.

그림 ▶ 연 소득과 행복 지수의 추이

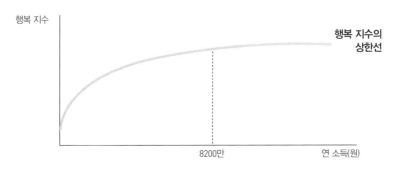

돈이 많을수록 행복을 느끼는 지점은 연 소득 8200만 원까지입니다!

일본 오사카 대학교 21세기 COE 프로그램에서 실시한 조사에서도 연 소득 700만 엔(약 7300만 원)이 행복의 포화점이라고 밝혔다.

경제학에는 '한계 효용 체감의 법칙'이라는 개념이 있다. 처음 10만 원을 받으면 누구나 기뻐하지만 두 번째에도 10만 원을 받으면 처음만큼 행복을 느끼지 못한다. 익숙함이 주는 효과가 발생하기 때문이다.

처음에는 10만 원으로 도파민이 분비되어 기쁨과 행복을 느끼지만 두 번째로는 그보다 높은 금액, 예를 들면 20만 원은 받아야 도파민이 분비된다. 도파민이 계속 나오게 하려면 희망 금액을 한도 끝도 없이 올려야 한다. 결국 1억이나 10억을 벌어도 진정한 행복은 얻지 못한다.

우리는 대부분 부자가 되고 싶어 하고 돈이 많을수록 행복해진다고 믿지만 사실은 그렇지 않다.

영국 뉴캐슬 대학교 행동 과학 심리학자 대니얼 네들 교수의 말에

그림 ▶ 지위재와 비지위재

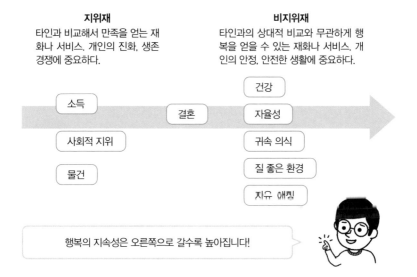

지위재
타인과 비교해서 만족을 얻는 재화나 서비스. 개인의 진화, 생존 경쟁에 중요하다.

비지위재
타인과의 상대적 비교와 무관하게 행복을 얻을 수 있는 재화나 서비스. 개인의 안정, 안전한 생활에 중요하다.

소득

결혼

사회적 지위

물건

건강

자율성

귀속 의식

질 좋은 환경

자유 애착

행복의 지속성은 오른쪽으로 갈수록 높아집니다!

따르면 돈을 비롯해 물욕과 관련된 '지위재'(positional good)가 주는 행복은 지속성이 낮고 건강, 애정, 자유와 같은 '비지위재'(non-positional good)가 주는 행복은 지속성이 높다.

다시 말해 지나치게 돈에서만 행복을 찾으면 행복해질 수 없다. 돈을 벌기 위해 일이나 공부에 매진하는 자세는 긍정적으로 봐야겠지만 돈에만 치중하면 불행해진다.

돈을 벌려고 너무 열심히 일한 나머지 건강을 망치거나 가족과 함께 보내는 시간을 소홀히 한 탓에 사생활이 너덜너덜해진 사람도 있다.

행복은 돈만이 아니라 건강, 유대, 애정, 인정, 자아실현, 사회 공헌을 통해서도 얻을 수 있다.

이러한 사실을 인지한 상태에서 열심히 일하고 사업을 확장하고 소득을 늘려 가는 자세는 매우 바람직하다.

> 돈은 일정 수준까지는 사람을 재미있는 곳으로 데려다준다. 하지만 돈이 있어도 자신을 사랑해 주는 사람이 늘거나 더 건강해지지는 않는다.
>
> – 워런 버핏(투자의 신이라 불리는 미국의 투자가)

Fact 3 ▶ 부자가 되는 방법은 두 가지뿐이다

부자가 되고 싶다거나 돈을 많이 벌고 싶으니 방법을 알려 달라는 문의가 자주 들어온다. 답은 간단하다.

세계의 억만장자를 조사해 보면 알 수 있다. 부자가 되는 방법은 두 가지뿐이다. 바로 '창업'과 '투자'다.

거액의 유산을 상속받았다고 해도 돈은 쓰는 족족 줄어들기 때문에 투자로 늘리지 않으면 한 세대 만에 다 사라진다.

복권으로 일확천금을 노리는 사람도 있는데 복권 고액 당첨자 중 70퍼센트는 파산을 경험한다. 만에 하나 복권에 당첨된다고 해도 행복해진다고 장담할 수 없다.

직접 회사를 설립하고 사업을 키워서 회사의 이익이 늘어나면 연소득은 얼마든지 올릴 수 있다. 상장 기업이 되면 수백억에서 수천억 원의 거금을 손에 쥐는 것도 불가능한 일은 아니다.

혹은 주식, 외환, 부동산에 투자하는 방법도 있나. 100만 원 정도의 소액으로도 시작할 수 있으니 공부해 보자.

To Do 1 소액 투자부터 시작하자

앞서 창업을 이야기했으니 여기서는 투자에 대해 살펴보자. 투자에 나설 때는 처음부터 고액을 투자하지 않도록 주의해야 한다. 기반도 없이 크게 성공할 확률은 매우 낮으므로 반드시 투자에 관한 지식을 충분히 쌓고 나서 뛰어들어야 한다.

소액 투자부터 시작해 용돈 정도의 적은 금액을 굴리면서 투자에 대해 공부하는 것이 정공법이다.

투자로 돈을 벌어 억만장자가 되고 싶겠지만 대부분은 한 달 수십만 원의 용돈, 연간 수백만 원의 보너스를 모아서 만든 종잣돈을 굴린다. 이런 돈을 억 단위로 불리는 일은 간단하지 않다. 종잣돈이 적은 상태에서 고위험·고수익 투자 상품에 손을 댔다가는 전액을 잃을 가능성도 있다. 우선은 차곡차곡 종잣돈을 벌어들이자.

Fact 4 ▶ **가장 확실하고 수익이 큰 투자는 자기 투자다**

저축해 놓은 돈이 1000만 원 있다고 해 보자. '10년에 열 배의 수익'을 내면서 원금까지 보장해 주는 절대 안전한 금융 상품이 있다면 어떻게 하겠는가? 놀랍게도 이런 꿈같은 투자가 현실에 존재한다.

바로 자신을 위한 투자, 이른바 '자기 투자'다. 자기 투자만큼 확실하고 수익성이 높은 투자는 없다. 10년에 열 배의 수익을 낸다고 적었는데 이것도 상당히 소극적인 수치다. 내 경우로 말하자면 25년 동안 나를 위해 투자한 금액에 비해 내가 얻은 이익은 분명 100배 이상이다.

20~30대 무렵 나는 벌어들인 돈을 모조리 지식과 경험을 쌓는 데 썼다. 대학생 시절부터 매달 스무 권 이상 책을 읽었다. 영화도 학창 시절에는 한 달에 스무 편, 사회인이 되고 나서도 열 편은 본다. 해외여행은 사회인이 된 후로 반드시 연 1회 이상, 최근에는 연 4회 이상으로 누적 50회 이상은 다녔다.

이러한 경험이 현재 내가 정보를 알리고 작가로서 활동하는 기반을 마련해 주었다. 지금의 나는 20대 때부터 꾸준히 자신에게 투자했기에 존재할 수 있었다.

정말 많은 도움을 준 지식은 최근 10년 사이에 읽은 책에서 얻었다. 10년 전에 읽은 책이 나의 피와 살이 되고 지금의 사고 회로를 형성했다.

재물에 투자하면 손해 볼 위험이 있지만 자신에게 투자하면 절대 뒤통수를 맞을 일이 없다. 10년 후의 자신을 만드는 것은 현재의 자기 투자다.

돈을 모아서 사고 싶은 물건이 확실하게 있는 경우가 아니라면 애초에 저축에 무슨 의미가 있을까 싶다. 현재 금리는 거의 0에 가깝고 인플레이션이 일어나면 돈의 가치는 크게 떨어진다. 저축 상품조차 실은 위험률이 높은 셈이다.

그럴 돈이 있다면 자신에게 투자해야 한다. 구체적으로 어떻게 투자하면 되는지 아래에 표로 정리했다. 이를 참고해 적극적으로 자신에게 돈을 쓰자.

표 ▶ 구체적인 자기 투자 방법

건강	헬스장 다니기, 마사지, 지압, 건강 보조 식품, 건강식품, 건강 진단, 정밀 건강 검진, 치과에서 치석 제거
인간관계	사람 만나기, 모임·친목회·파티 참석하기, 밥 사기
정보, 지식	책 사기, 독서, 독서 모임, 세미나, 강연회, 공부 모임, 문화 센터 교양 강좌, 영화·연극·뮤지컬·미술품 관람
기술력 향상	어학 배우기, 자격증 취득, 자격증 취득 학원, 교육원, 사회인 대학, 대학원
새로운 체험	해외여행, 국내 여행, 해외 유학, 봉사 활동, 체험 학습, 맛있는 음식 먹기, 고급 호텔에서 묵기
미용	미용실, 네일 숍, 피부 관리실, 옷·화장품 사기
시간	택시 이용, 가사 대행 서비스, 가사 도우미 서비스, 인력 교용, 재택 서비스 활용

제4장

지치지 않는
몸으로 만들자

몸 건강

수면 부족을 해소하자

키워드 ▶ 멜라토닌, 성장 호르몬

일본 후생노동성이 발표한 '2018년 국민 건강·영양 조사'에 따르면 수면 시간이 여섯 시간 미만인 사람의 비율은 남성이 36.1퍼센트, 여성이 39.6퍼센트다. 그 가운데 30대 남성과 50대 여성이 각각 50퍼센트, 54.1퍼센트를 차지해 가장 잠이 부족한 것으로 나타났다. 건강을 유지하는 데 필요한 적정 수면 시간이라고 알려진 일곱 시간 이상 자는 사람은 남성 29.5퍼센트, 여성 25.7퍼센트에 그쳤다. 한창 일할 나이에 해당하는 두세 명 중 한 명은 수면이 부족한 상태다.

Fact 1 ▶ 수면 부족의 위험성

수면 부족이 건강에 해롭다는 사실은 알아도 무엇 때문에 진짜 위험한지는 잘 모르는 사람이 많다. 수면 부족의 위험성은 크게 세 가지로 정리할 수 있다.

⑴ 병에 걸려 수명이 줄어든다

잠이 부족하면 병에 걸릴 위험이 높아진다는 사실은 이미 여러 연구를 통해 밝혀졌다. 여섯 시간보다 적게 자는 사람은 그렇지 않은 사람에 비해 질병에 걸릴 위험이 높다. 구체적으로는 암이 여섯 배, 뇌졸중이 네 배, 심근 경색이 세 배, 고혈압이 두 배, 당뇨병이 세 배, 감기가 다섯 배라고 한다. 사망률이 5.6배나 오른다는 연구 결과도 있다.

일반적으로 건강에 해로운 생활 습관이라고 하면 흡연을 떠올리지만 흡연보다 수면 부족이 건강에 더 악영향을 미친다고 주장하는 연구자도 많다.

젊은 시절에는 괜찮을지 몰라도 수면 부족은 10~20년 뒤에 생활 습관병으로 모습을 드러낸다.

⑵ 일 처리 능력이 떨어진다

늘 잠이 부족한 사람은 잘 모를 수 있지만 잠을 줄이면 뇌 기능이 크게 떨어진다. 14일 연속으로 여섯 시간씩 자면 인지 기능이 꼬박 이틀 밤을 새운 상태와 비슷해진다. 즉 매일 여섯 시간만 자는 사람은 '매일 밤새워 일한 상태'에서 또 일하는 셈이다.

잠을 줄이면 집중력, 주의력, 판단력, 실행력, 즉시 기억, 작업 기억, 수량적 능력, 수학 능력, 논리적 추론 능력, 기분, 감정에 이르기까지 거의 모든 뇌 기능이 떨어진다. 잠이 부족한 사람은 본래 갖추고 있는 능력보다 30~50퍼센트 낮은 상태에서 매일 일하는 셈이다.

> 우리는 건강에 이로운 것을 대체로 싫어하지만 유일하게 좋아하는 것이 있다.
>
> 바로 밤에 기분 좋게 잠드는 것이다.
>
> – 에드거 왓슨 하우(미국의 소설가)

(3) 쉽게 살찐다

잠을 줄이면 살이 찔 위험도 있다. 많은 사람이 다이어트에 실패하는 이유는 잠이 부족한 상태에서 살을 빼려 하기 때문이다.

수면 시간과 비만에 관한 연구에 따르면 수면 시간이 대여섯 시간이면 1.2배, 네다섯 시간이면 1.5배, 네 시간 이하면 1.7배나 쉽게 살찐다.

수면 부족 상태인 사람은 하루에 385킬로칼로리를 더 섭취한다는 연구 결과도 있다. 식욕이 급격히 상승하기 때문이다.

잠이 부족하면 식욕 증진 호르몬인 그렐린 분비가 늘고 식욕 억제 호르몬인 렙틴이 줄어 설탕, 지방, 정크 푸드를 섭취하고 싶은 욕구가 증가한다. 그래서 식욕이 늘고 달거나 기름진 음식이 당긴다.

우리 몸이 위험을 느끼고 필사적으로 에너지를 쌓아 두려 하기 때문이니 살을 빼고 싶다면 다이어드 이전에 수면부터 챙기자.

적정 수면 시간에 관한 연구와 데이터는 다양한데 일반적으로 하루에 일곱 시간 이상의 질 높은 수면을 취해야 한다고 알려져 있다.

　미국 캘리포니아 대학교에서 실시한 수면 시간과 사망률에 관한 연구에 따르면 매일 여섯 시간 30분~일곱 시간 30분 정도 자는 사람이 가장 오래 산다. 이보다 수면 시간이 짧으면 사망률이 올라간다. 수면 시간과 사망률의 관계는 다음과 같은 V 자 형태를 띤다.

그림 ▶ 수면 시간과 사망률

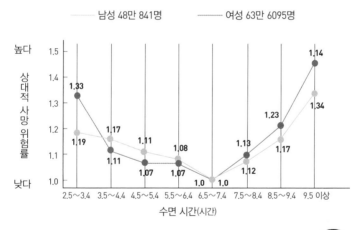

매일 일곱 시간 잘 때 가장 장수합니다!

* 출처: 캘리포니아 대학교 조사

일본 후생노동성의 조사에 따르면 40대의 약 절반이 여섯 시간보다 적게 잔다. 또 다섯 명 중 한 명은 수면 때문에 고민하고 스무 명 중 한 명은 수면제를 복용한다. 이처럼 현재 많은 사람이 심각한 수면 부족 문제를 겪고 있다. 수면 시간은 되도록 일곱 시간 이상 확보하자.

To Do 1 일주일만이라도 수면을 최우선으로 생각하자

잠이 부족하다는 자각이 있다면 수면 시간을 한 시간 늘리는 것부터 시작하자. 일주일만이라도 좋으니 평소보다 한 시간 빨리 잠자리에 들자. 스마트폰, 텔레비전, 게임에 쓰는 시간을 줄이거나 청소, 빨래 같은 집안일을 조금 세을리해서라도 수면 시산을 늘리자.

그림 ▶ 수면을 한 시간 늘릴 때의 이점

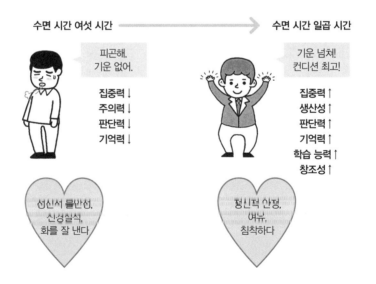

한 시간만 늘려도 뇌 기능이 현저하게 개선된다. 그 결과 업무 효율과 생산성이 오른다. 일을 빨리 마치면 수면 시간을 확보하기도 더 수월해진다.

Fact 3 ▶ 수면의 양과 질, 무엇이 더 중요할까?

수면의 양과 질 가운데 어느 쪽이 더 중요할까? 결론부터 말하자면 둘 다 중요하다. 수면에서 중요한 것은 질이지만 적어도 여섯 시간은 자야 최상의 효과를 얻을 수 있으므로 결국 둘 다 중요하다. 다만 일고여덟 시간을 자도 수면의 질이 낮으면 소용없다.

수면의 질은 아침에 눈떴을 때의 기분으로 알 수 있다. 수면의 질이 높으면 개운하게 눈이 뜨이고 기분도 상쾌하다. 전날 쌓인 피로가 풀려 오늘 하루도 힘내야겠다는 의욕으로 가득 찬다. 알람 없이 저절로 눈이 뜨이는 것도 질 높은 수면의 특징이다.

한편 수면의 질이 낮으면 아침에 일어나기가 힘들다. 더 자고 싶고 피로가 풀리지 않아 일하러 갈 의욕이 생기지 않는다. 수차례 알람 시간을 연장하고 아슬아슬한 시간까지 자는 사람은 특히 주의해야 한다.

잠버릇이 나쁘거나 밤중에 여러 번 잠이 깨고 낮에 강한 졸음을 느끼는 것도 수면의 질이 낮을 때 나타나는 특징이다.

스마트폰 수면 앱이나 스마트워치를 활용하면 수면 상태를 그래프로 확인할 수 있다. 수면의 질이 염려되는 사람은 한번 점검해 보자.

가장 먼저 수면에 나쁜 영향을 미치는 생활 습관을 고쳐야 한다. 우선 잠자리에 들기 전 두 시간 동안의 행동을 점검하고 바로잡자. 수면의 질을 높이려면 잠들기 전에 반드시 뇌를 쉬게 해야 한다. 뇌가 흥분한 상태로 이불에 들어가지 않도록 하자. 이어서 수면의 질을 떨어뜨리는 나쁜 생활 습관을 소개하겠다.

⑴ 블루라이트를 쐬지 말자

블루라이트는 스마트폰, 컴퓨터 모니터, 형광등 같은 곳에서 나오는 빛이다. 파랗게 갠 하늘에서 나오는 파장, 즉 낮에 나오는 빛의 파장을 일킨다. 한편 전구에서 나오는 불그스름한 빛은 노을빛의 파장이다.

블루라이트를 쐬면 뇌가 '지금은 낮이다'라고 오인해 수면 물질인 멜라토닌 분비를 억제한다. 한편 불그스름한 빛을 쐬면 뇌가 '이제 곧 밤이다'라고 인식해 멜라토닌을 분비하고 온몸의 활동에 서서히 제동을 걸어 잠잘 준비를 한다.

⑵ 음주나 식사를 하지 말자

자기 전에 술을 마시면 잠이 잘 온다고 믿는 사람이 있는데 절대 그렇지 않다. 술을 마시면 잠드는 데 걸리는 시간이 살짝 단축되지만 수면 시간도 줄어든다. 술자리 다음 날 아침에 평소보다 빨리 눈이 뜨인 경험이 있을 것이다. 이 두 가지 증상은 모두 알코올의 약리 작용 때문이다.

음주는 수면에 극심한 악영향을 미친다. 많은 알코올 중독 환자가 수면 장애를 앓는 이유도 그 때문이다.

내 환자 중에 수면제를 열 알 이상씩 복용하고 수년에 걸쳐 불면증을 치료한 사람이 있다. 이 환자는 입원해서 일주일 동안 술을 마시지 않았는데 그것만으로도 수면제 없이 잘 수 있을 만큼 상태가 좋아졌다. 습관적으로 술을 마시는데 잠을 설쳐서 고민인 사람은 일단 술을 끊어 봐야 한다.

잠자리에 들기 전 두 시간 이내에 식사를 해도 수면의 질이 낮아진다. 음식물을 먹으면 혈당치가 올라가 성장 호르몬이 나오지 않기 때문이다. 성장 호르몬은 혈당치를 높이는 작용을 하므로 이미 혈당치가 높은 상태에서는 분비되지 않는다. 수면의 질을 높이려면 성장 호르몬이 분비되어야 한다. 성장 호르몬이 분비되지 않으면 피로가 잘 풀리지 않기 때문이다.

(3) 뇌를 흥분시키는 놀이를 피한다

뇌를 흥분시키는 놀이란 게임, 영화, 드라마, 만화, 소설 같은 재미있는 콘텐츠다. 늦은 시간까지 게임을 해도 졸리지 않는 이유는 흥분에 관여하는 물질인 아드레날린이 나오기 때문이다. 아드레날린이 분비되면 교감 신경이 우위를 차지해 심장 박동 수와 혈압이 오르고 흥분 상태에 빠진다.

잠을 푹 자려면 부교감 신경이 우위를 차지한 안정 상태를 만드는 것이 필수적이다. 뇌를 흥분시키는 놀이를 하면 수면의 질이 급격히 떨어지니 자기 전에 심장이 두근거리고 손에 땀을 쥐게 하는 콘텐츠는 피하자.

키워드 ▶ 자연 치유력, 심신을 안정시키는 방법

앞서 일반적인 수면 부족에 관한 고민을 해결하려면 어떻게 해야 하는지 설명했다. 이번에는 수면의 질을 한층 더 높이는 방법을 살펴보겠다.

Fact 1 ▷ 불면을 방치하면 병에 걸린다

수면의 질이 낮다는 말은 애초에 무슨 의미일까?

우리는 뇌와 몸에 수면이라는 시스템을 갖추고 있다. 이 시스템은 피로 해소, 면역력 강화, 신진대사, 세포 회복, 두뇌 정보 처리 같은 작용을 한다. 이처럼 수면은 우리에게 꼭 필요한 중요한 역할을 맡고 있다.

잠을 이루지 못하는 것은 매우 심각한 문제다. 이는 불규칙한 생활이나 스트레스 때문에 정상적으로 수면 기능이 작동하지 않는다는 소리다.

인간의 몸은 <u>자연 치유력</u>을 타고났다. 이 기능은 낮에도 어느 정도 작동하지만, 특히 면역 활동이 활발해지는 수면 중에 열심히 돌아간다. 잠을 적게 자거나 수면의 질이 나쁘면 자연 치유력이 힘을 발휘하지 못해서 결국 병에 걸린다.

<u>불면은 몸에서 보내는 경고다.</u> 경고에 귀를 기울이고 건강을 해치는 요소를 없애야 한다. 그래야 마음의 병, 심근 경색이나 뇌졸중 같은 신체 질환, 돌연사나 과로사로 인한 사망의 위험을 줄일 수 있다.

그림 ▶ 수면 부족의 위험성

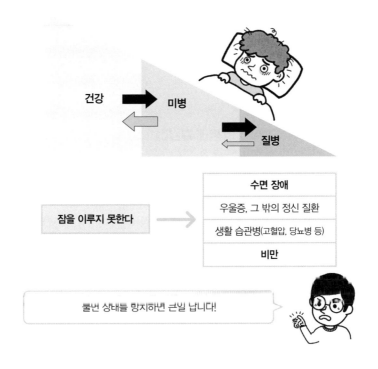

불면은 건강한 상태와 질병 상태의 중간에 해당한다. 이처럼 병으로 진단받지는 않았지만 건강하지도 않아서 내버려 두면 병에 걸릴 위험이 높은 상태를 '미병 상태'라고 부른다.

41쪽에서도 소개했듯이 만성 불면에 시달리는 사람은 깊이 잘 자는 사람보다 우울증 발병률이 40배나 높다. 치매에 걸릴 위험도 다섯 배 높다.

다시 한번 강조하지만 수면의 질이 나쁜 상태를 방치하면 매우 높은 확률로 병에 걸린다. 하지만 반대로 생각하면 생활 습관만 바로잡아도 건강하게 오래 살 수 있다.

To Do 1 ▶ 수면의 질을 개선하는 방법

앞서 수면에 악영향을 미치는 나쁜 습관을 살펴보았다. 여기서는 수면의 질을 개선하는 좋은 습관을 소개하겠다.

⑴ 올바른 목욕 습관을 들이자

스탠퍼드 대학교 니시노 세이지 교수는 잠을 푹 자는 가장 좋은 방법은 목욕이라고 말하며 잠자리에 들기 90분 전까지 목욕을 마치라고 권한다.

깊이 잠을 자려면 신체 내부 온도, 즉 심부 체온을 떨어뜨려서 피부 온도와의 차이를 줄여야 한다. 목욕을 하면 심부 체온이 일시적으로 올라가는데 심부 체온은 오른 만큼 크게 떨어지려는 성질이 있다. 그래서 목욕을 마치고 나오면 체온이 서서히 낮아진다. 90분이 지나면 심부 체온과 피부 온도의 차이가 줄어들고 성장 호르몬도 충분히 나온다.

목욕물 온도는 40도, 몸을 담그는 시간은 15분이 적당하다. 40도보다 높은 온도에 몸을 담그고 싶다면 잠자리에 들기 최소 두 시간 전에는 목욕을 마치자.

⑵ 운동을 하자

미국 오리건 주립 대학교 연구에 따르면 일주일에 150분 운동하면 수면의 질이 65퍼센트 개선되고 낮 동안의 졸음이 65퍼센트 감소하며 피로감과 집중력이 45퍼센트 개선된다. 하루에 20분 정도만 운동해도 수면의 질을 극적으로 개선할 수 있다. 빨리 걷기 정도만 해도 좋다. 중강도 운동을 45~60분 이상씩 일주일에 2회 이상 하면 더 효과적이다. 성장 호르몬을 분비시키는 운동법은 292쪽을 참고하기 바란다.

⑶ 조명과 실온을 적절하게 맞추자

앞서 말했듯이 블루라이트는 수면의 큰 적이다. 형광등에서도 블루라이트가 나오므로 따듯한 노란빛을 내는 백열전구나 LED 전구로 바꾸자.

수면의 질을 높이려면 암흑 속에서 자는 것이 가장 좋다. 꼬마 등도 켜지 말자. 얇은 커튼은 바깥의 빛을 막아 주지 못하므로 침실에는 적절하지 않다. 아주 적은 양의 빛도 수면 물질인 멜라토닌 분비를 억제한다.

실온도 매우 중요하다. 쾌적하게 잠들려면 여름에는 25~26도, 겨울에는 18~19도가 적당하다. 18~19도는 조금 싸늘한 온도지만 깊은 수면에 들기 위해 심부 체온을 내리기에는 딱 좋다. 실온이 살짝 낮을 때 수면의 질이 높아진다. 감기에 걸리지 않을 정도로 적당히 서늘한 환경에서 자기 바란다.

To Do 2 ➤ **잠자리에 들기 전 두 시간 동안 심신을 안정시키자**

최소한의 환경을 갖추었다면 이제 수면의 질을 한층 더 높이는 방법을 따라 해 보자. 우선 잠자리에 들기 전 두 시간 동안은 몸과 마음을 안정시켜야 한다. 밝을 때는 낮의 신경인 교감 신경이 우위를 차지하지만, 밤에 잠을 푹 자려면 반드시 밤의 신경인 부교감 신경이 우위를 차지하게 만들어야 한다. 그러기 위해 해야 할 일을 표로 정리했다.

표 ▶ 잠자리에 들기 전 두 시간 동안 심신을 안정시키는 방법

잠자리에 들기 90분 전에 40도의 물로 목욕을 마친다.

가족과 대화를 나누거나 반려동물과 놀이를 하면서 단란한 시간을 보낸다.

적당한 수분을 섭취한다. 카페인이나 알코올이 들어간 음료는 피한다. 식사도 삼간다.

스트레칭이나 요가 같은 가벼운 운동을 한다. 음악 감상, 아로마 테라피, 마사지처럼 시각을 자극하지 않는 휴식법을 활용한다. 블루라이트는 차단한다.

일기를 쓴다. 오늘 있었던 즐거운 일을 되돌아보고 긍정적으로 하루를 마무리한다.

불면증 때문에 정신과에서 수면제를 처방받는 사람도 있을 것이다. 수면제를 끊고 싶다면 앞에서 언급한 '수면의 질을 떨어뜨리는 나쁜 생활 습관'을 모두 개선하기 바란다. 한두 가지만 개선해서는 효과를 보기 어렵다. 나쁜 생활 습관을 '모조리' 고쳐야 한다. 체내 시계를 초기화하기 위해 아침에 산책하는 것도 필수다. 철저하게 모든 생활 습관을 바로잡으면 수면 장애는 반드시 낫는다. 그러니 진지한 자세로 임하자.

03 운동 부족에 대처하는 방법

키워드 ▶ 사망 위험률, 빨리 걷기

바쁜 직장인은 좀처럼 운동할 시간을 내기 어렵다. 일본 후생노동성이 발표한 '2016년 국민 건강·영양 조사'에 따르면 30분 이상의 운동을 일주일에 2회 이상, 1년 이상 계속하는 사람은 남성의 35.1퍼센트, 여성의 27.4퍼센트로 나타났다.

　매년 5만 명 정도가 운동 부족 때문에 사망한다고 한다. 먼저 운동 부족의 위험성을 일러두고 이어서 손쉽게 운동을 시작하는 방법을 이야기하겠다.

Fact 1 ▶ 운동 부족의 위험성

운동이 부족하면 건강이 망가진다. 이러한 사실은 누구나 대강은 예상했을 것이다. 하지만 실제로 얼마나 건강에 해로운지 구체적으로 알려 주는 사람은 거의 없다. 그래서 우선 운동이 건강에 미치는 효과를 표로 정리해 보았다.

표 ▶ 운동이 건강에 미치는 효과

전체 사망률	30~50% 감소
심장 질환	27~60% 감소
전체 암	30% 감소
유방암	30% 감소
결장암	50% 감소
당뇨병	58% 감소
우울증	12% 감소
치매	30~50% 감소

중강도 운동을 일주일에 150분 정도만 해도 이 정도 효과를 볼 수 있습니다!

다양한 연구 결과를 소개했는데 핵심은 일주일에 150분 정도만 운동해도 주요 질환에 걸릴 위험을 30~60퍼센트나 줄일 수 있다는 사실이다.

사망률은 매우 가볍게만 운동해도 30퍼센트나 감소한다. 고강도 운동을 추가해서 일주일에 150분 정도 운동하면 사망률이 50퍼센트나 낮아진다는 연구 결과도 있다. 반대로 생각하면 운동 부족은 사람을 죽음에 이르게 할 만큼 건강에 해롭다.

Fact 2 ▶ 셀 수 없을 만큼 다양한 운동의 효과

운동의 효과는 질병 예방과 다이어트에만 국한되지 않는다. 그 둘은 운동이 미치는 긍정적 영향의 극히 일부일 뿐이다. 다음 페이지 표에 운동의 다양한 효과를 정리해 두었다.

표 ▶ 운동의 효과

1. 다이어트 효과: 성장 호르몬 분비, 지방 연소를 촉진한다	
2. 신체 질환 예방 효과: 심장 질환, 당뇨병, 고혈압, 암과 같은 주요 질환의 대부분을 예방한다	
3. 머리가 좋아진다: 해마 부위에서 신경 세포가 생성되어 두뇌 노화와 치매가 예방된다	
4. 작업 기억 강화: 두뇌 회전이 빨라지고 일 처리 요령이 개선된다	
5. 업무 능력 향상: 집중력, 판단력, 창의력 같은 대부분의 뇌 기능이 향상된다	
6. 근육이 붙고 뼈가 강해진다: 노쇠와 골절이 예방되고 대사가 활발해져 살이 잘 찌지 않는다	
7. 면역력 강화: 암세포를 없애는 힘이 강해지고 바이러스에 대항하는 면역력이 향상된다	
8. 피로 해소: 성장 호르몬이 나와 피로가 풀린다	
9. 깊이 잠든다: 수면의 질이 개선되어 건강해진다	
10. 의욕 상승: 도파민이 분비된다	
11. 스트레스 해소 효과: 스트레스 호르몬이 저하한다	
12. 감정과 기분의 안정: 세로토닌이 활성화되어 초조함, 분노, 충동이 줄어든다	
13. 마음의 병 예방 및 치료: 마음의 병을 예방하고 우울증에 대해서는 약물 치료와 비슷하거나 그 이상의 효과를 낸다	

* 출처: 존 레이티, 에릭 헤이거먼, 《운동화 신은 뇌》

이처럼 운동을 하면 몸 건강에 도움이 될 뿐 아니라 머리가 좋아지고 업무 능력이 향상되고 감정이 안정되는 등 다양한 효과를 얻을 수 있다.

머리말에서 이야기했듯이 운동만으로도 고민이나 불안의 상당 부분이 해결 또는 개선된다. 몸을 움직이면 행복에 관여하는 물질인 도파민이 분비되기 때문이다. 고민으로 머릿속이 가득할 때 가장 먼저 해야 할 일은 운동이다.

운동이 얼마나 좋은지는 알지만 시간 여유가 없거나 귀찮다는 이유로 운동을 시작하지 못하는 사람이 많다. 이런 사람들은 '운동 시간을 따로 마련해 놓아야 운동할 수 있다'라고 생각한다.

세계 보건 기구(WHO)는 '걷기 등 중강도 운동은 일주일에 150분, 달리기 등 격렬한 운동은 일주일에 75분'이라는 최소 권장 운동량 가이드라인을 제시했다. 참고로 빠르게 걷기도 중강도 운동에 속한다.

즉 하루에 20분 정도만 빠르게 걸어도 최소 운동량을 채울 수 있다. 실제로 미국 국립 암 연구소는 일주일에 총 150분 동안 빨리 걷기를 했더니 수명이 4년 반이나 늘었다는 연구 결과를 내놓았다. 이런 이야기를 들으면 운동하기란 그리 어려운 일이 아니라는 생각이 들지 않는가?

> 나는 하루를 스물세 시간으로 정해 놓고 산다.
> 나머지 한 시간은 운동에 할애한다.
>
> – 무라카미 하루키(일본의 소설가)

To Do 1 틈새 시간을 운동으로 채우자

굳이 헬스장에 다니며 격렬하게 운동하지 않아도 매일 일상에서 조금만 신경 쓰면 충분히 운동 효과를 얻을 수 있다.

운동 시간을 따로 빼기 어려운 바쁜 사람들을 위해 틈새 시간을 활용한 효과적인 운동법을 소개하겠다.

표 ▶ 틈새 시간을 활용한 효과적인 운동

---

(1) **출퇴근할 때 빠르게 걷는다**
천천히 걷지 말고 빠르게 걸어야 한다. 전철을 타고 출퇴근한다면 원래 내려야 하는 역의 바로 전 역에서 내려서 목적지까지 걷자.

---

(2) **빠른 걸음으로 계단을 오른다**
에스컬레이터나 엘리베이터 대신 계단을 이용하면 상당한 운동량을 채울 수 있다.

---

(3) **자리에서 일어난 김에 스쾃을 한다**
의자에서 일어날 일이 생기면 일어난 김에 스쾃을 10회 하자. 무릎이 직각이 될 정도로 깊숙이 엉덩이를 내려서 제대로 자세를 취해야 한다.

---

(4) **점심은 밖에서 먹자**
빠른 걸음으로 5~10분 정도 걸리는 곳에서 밥을 먹자. 왕복하면 10~20분 정도 운동할 수 있다.

---

(5) **집안일도 운동이다**
청소, 방 정리, 세탁 같은 집안일도 운동이다.

캐나다 맥마스터 대학교 연구에 따르면 하루 20분의 운동은 집안일을 하면서 몸을 움직이는 정도로도 충분하고, 반드시 본격적으로 운동할 필요는 없다고 합니다.

표로 알 수 있듯이 조금만 머리를 쓰면 운동 시간 정도는 쉽게 마련할 수 있다. 만약 하루에 10분밖에 운동하지 못했다고 해도 낙담할 필요는 없다. WHO가 제시한 '일주일에 150분'을 채우지 않아도 하루에 10분씩 운동하면 사망률이 30퍼센트나 줄어든다는 사실이 연구를 통해 밝혀졌다. 아무튼 운동은 짧게라도 좋으니 일단 시작하는 것이 중요하다.

몸 건강

04 이상적인 운동법을 꾸준히 계속하는 방법

키워드 ▶ 유산소 운동, 무산소 운동, BDNF

앞서 건강을 유지하는 데 필요한 최소 운동량을 알아보았다. 이어서 건강을 더욱 증진하고 일 처리 효율을 높이는 이상적인 운동법을 살펴보자.

Fact 1 ▶ 이상적인 운동법이란?

최소 운동량에 해당하는 '하루 20분 빨리 걷기'라는 목표를 달성했다면 이제 더욱 본격적으로 운동을 해 보자. 다양한 관련 서적과 논문 그리고 내 경험을 종합해서 이상적인 운동법을 네 가지로 정리했다. 나 역시 이 방법대로 실천하고 있다.

 ⑴ 중강도 이상의 운동을 1회 45~60분 이상, 일주일에 2~3회 이상 한다.

(2) 유산소 운동과 근력 운동을 적절히 조합한다.

(3) 머리를 써야 하는 복잡한 운동을 중간에 집어넣는다.

(4) 운동의 적정량을 지키고 지나치게 무리하지 않는다.

각 항목에 대해 자세히 설명하겠다.

To Do 1 중강도 이상의 운동을 한다

평소에 운동하지 않던 사람에게는 5~10분 정도의 틈새 시간을 활용하라고 권하지만 아무래도 30분 이상 시간을 마련해서 운동하면 더 높은 효과를 얻을 수 있다.

왜냐하면 유산소 운동을 시작하고 나서 20~30분쯤 지나면 성장 호르몬이 분비되기 때문이다. 성장 호르몬은 지방 연소, 수면의 질 향상, 피로 해소, 면역력 강화, 피부 미용 등에 효과적인 궁극의 건강 물질이다.

운동을 시작하면 처음에는 당을 에너지로 쓰기 때문에 지방은 연소되지 않는다. 성장 호르몬도 지방을 연소하는 작용을 하므로 30분 넘게 운동해야 본격적으로 지방이 연소되기 시작한다. 30분보다 적게 운동하면 살이 잘 빠지지 않는 것도 이런 이유 때문이다.

운동 강도는 '중강도나 그 이상'이 가장 좋다. 중강도란 빨리 걷기나 느리게 달리기 정도의 강도를 말한다. 격렬하진 않지만 마치고 나면 가볍게 땀이 나는 정도의 운동이라고 생각하면 되겠다.

운동은 유산소 운동과 무산소 운동의 두 가지로 나뉜다. 둘 중 어느 쪽이 필요하냐고 묻는다면 답은 '두 가지 모두'다.

표 ▶ 유산소 운동과 무산소 운동의 차이

유산소 운동(호흡하면서 하는 운동)	무산소 운동(숨을 멈추고 하는 운동)
종류 • 걷기, 달리기 • 수영 • 자전거 타기	**종류** • 근력 운동 • 전력 질주 • 웨이트 트레이닝
장점 • BDNF 분비 • 성장 호르몬 분비 • 두뇌 단련 • 기억력↑, 집중력↑	**장점** • 테스토스테론 분비 • 성장 호르몬 분비 • 신체 단련 • 근력↑, 골격 강화

특징
• 지방 연소
• 저·중강도
• 지구력을 필요로 하므로
  장시간 운동할수록 효과적이다
	특징
	• 기초 대사↑
	• 고강도
	• 순발력을 필요로 하므로 단시간만 운동
	  해도 효과를 볼 수 있다

유산소 운동은 걷기, 달리기, 수영, 자전거 타기처럼 호흡하면서 하는 운동이다. 무산소 운동은 근력 운동, 전력 질주, 덤벨이나 중량들기 등의 웨이트 트레이닝처럼 숨을 멈추고 하는 운동을 말한다.

유산소 운동과 무산소 운동의 효과는 전혀 다르다. 유산소 운동을 하면 두뇌 활성화, 지방 연소 효과를 볼 수 있다. 반면 무산소 운동을 하면 근육이나 골격 단련, 기초 대사 향상 같은 효과가 나므로 신체 기능의 기반을 다지는 데 도움이 된다.

그리고 두 가지 운동을 조합하면 효과는 배가 된다. 각각 따로 하는 것보다 같은 날에 하는 편이 더 효과적이다.

단 1분만 스쾃을 해도 성장 호르몬이 활발하게 분비된다는 연구 결과가 있다. 고강도의 무산소 운동을 5~10분 정도만 해도 성장 호르몬이 상당히 많이 분비된다. 유산소 운동이면 20~30분은 해야 성장 호르몬이 나오는데 근력 운동의 경우에는 몇 분이면 충분하다. 즉 유산소 운동을 하기 전에 근력 운동을 히면 달리기를 시작한 직후부터 바로 지방이 연소되어 운동 효과가 비약적으로 상승한다.

근력 운동을 좋아하는 사람은 근력 운동만, 달리기를 좋아하는 사람은 달리기만 하는 경향이 있는데 그러기에는 너무 아깝다. 두 가지를 조합해서 운동하면 효과가 몇 배 이상 높아진다.

근력 운동은 원스톱 솔루션이다!
곤란해졌거나 고민에 빠졌다면 일단 근력 운동을 하자.

—Testosterone(《웨이트 트레이닝이 최강이 솔루션이다》 저자)

To Do 3 머리를 써야 하는 복잡한 운동을 중간에 집어넣는다

유산소 운동을 하면 두뇌가 활성화되고 뇌의 신경 네트워크를 확장하는 물질인 BDNF가 분비된다. 즉 머리가 좋아지는 물질이 나온다. 운동량이 같다면, 단순한 동작이 반복되는 운동보다 복잡한 동작이 이어지는 운동을 할 때 BDNF가 더 많이 분비된다.

러닝 머신 위에서 달리면 단조로워서 금방 싫증 나지만 야외에서 달리면 풍경이 바뀌어 변화를 즐길 수 있다. 길이 나지 않은 산속을 달리는 트레일 러닝은 두뇌 활성화에 효과적인 운동 가운데 하나로 꼽힌다.

두뇌를 활성화하려면 동작이 복잡하고 변화가 있고 어렵다고 느끼는 운동이 더 효과적이라고 말했는데, 에어로빅이나 격투기도 이런 조건을 충족한다.

나는 일본 전통 무술을 배우는데 이 운동은 상대의 움직임에 맞춰서 즉각적으로 대응하는 능력을 요구하기 때문에 하다 보면 몸과 뇌가 동시에 단련된다는 느낌을 강하게 받는다.

To Do 4 운동의 적정량을 지키고 지나치게 무리하지 말자

운동량은 많을수록 좋을 것 같지만 실제로는 그렇지 않다.

매일 운동하는 사람은 일주일에 2~3회 운동하는 사람보다 심장 발작, 뇌졸중 위험이 두 배 높다는 연구 결과가 있다. 운동량에 따른 사망률을 조사한 연구에서는 중강도로 운동하는 사람이 가장 오래 살고 그다음 오래 사는 사람은 가벼운 운동을 하는 사람인 것으로 나

타났다. 고강도로 운동하는 사람이 가볍게 운동하는 사람보다 사망률이 높다는 사실은 참으로 아이러니하다.

중강도 정도의 운동이라면 매일 해도 괜찮지만 매우 높은 강도의 운동을 매일 하면 오히려 건강을 해칠 수 있다. 운동은 적당히 할 때 건강에 가장 이롭다.

Fact 2 ▶ 우리가 꾸준히 운동하지 못하는 이유

운동은 꾸준히 계속하는 것이 가장 어렵다. 많은 사람이 달리기를 시작하고 사흘 만에 접거나 헬스장에 등록하고 전혀 가지 않는다.

우리는 즐거운 일은 꾸준히 하지만 즐겁지 않으면 계속하지 못한다. 즐거우면 도파민이 나오고 괴롭고 힘들면 스트레스 호르몬이 나온다. 대부분이 운동을 꾸준히 하지 못하는 이유는 괴롭고 힘들다고 느끼기 때문이다.

특히 다이어트를 목적으로 운동하면 계속하기 어렵다. 왜냐하면 다이어트 효과는 쉽게 나오지 않기 때문이다. 한 달 동안 달리기를 했는데 몸무게가 1킬로그램도 줄지 않으면 기운이 빠져서 의욕을 잃는다.

마찬가지 이유로 '한 달 동안 3킬로그램을 빼겠다', '매일 아침 반드시 한 시간씩 달리기를 한다'와 같이 큰 목표를 세우는 사람도 절대 오래 운동하지 못한다.

달리기처럼 혼자 하는 운동은 언제든 시작할 수 있지만, 이는 곧 언제든 그만둘 수 있다는 말이기도 하다. 꾸준한 운동을 방해하는 '그만두고 싶은 이유'를 극복해야 한다.

To Do 5 ▶ 즐길 수 있는 요소를 집어넣자

운동을 계속하지 못하는 이유를 명확히 알아냈다면 이제 그 이유를 하나씩 깨부수면 된다. 그러면 운동을 계속할 수 있다.

우선 자신이 즐겁게 할 수 있는 운동을 찾자. "운동이라면 뭐든 다 좋아합니다"라고 말하는 사람은 거의 없을 것이다.

'달리기나 근력 운동처럼 혼자서 담담하게 하는 운동'

'요가나 에어로빅처럼 여럿이서 수업을 받는 형식의 운동'

'남들과 함께 뛰고 겨루는 구기 종목'

우선 이처럼 다양한 운동 종목 중에서 자신에게 잘 맞고 즐기면서 할 수 있는 운동을 찾아야 한다.

즐길 만한 운동을 찾아냈어도 끈기가 없는 사람은 혼자 시작하면 대개 중도 포기한다. 그런 사람은 배우자, 연인, 친구와 함께 시작하는 편이 좋다.

함께 하면 서로 격려하면서 괴롭고 힘든 마음을 훨씬 쉽게 극복할 수 있다.

어떤 헬스장에서는 회원끼리 친목을 다지는 모임이나 이벤트를 정기적으로 열기도 한다. 운동 그 자체에는 즐거움을 느끼지 못하더라도 친목과 소통을 좋아하면 다른 종류의 의욕이 생겨나 꾸준히 운동할 수 있다.

운동을 마치고 나면 '아, 오늘도 열심히 운동했더니 개운하다'라고 중얼거리자. 이런 작은 행동만으로 의욕이 생겨나 운동을 대하는 마음이 달라진다.

운동하는 도중에는 힘들고 괴롭겠지만 운동을 마치고 나면 누구나 상쾌함과 성취감에 휩싸일 것이다. '아, 상쾌하다', '땀 흘렸더니 기분 좋다', '오늘도 열심히 했다', '이렇게 열심히 하다니 대단하다'라고 소리 내어 말하자.

나는 헬스장에서 돌아오는 길에 이런 식으로 혼잣말을 중얼거리면서 운동의 즐거움을 곱씹는다. 그러면 운동을 마친 뒤에 찾아오는 상쾌함과 성취감을 다시 느끼고 싶어서 내일 또 운동해야겠다는 마음이 생긴다.

정말로 건강에 이로운 음식은 무엇일까?

키워드 ▶ 완전 영양식, 당질 제한, 신경 비타민

'건강에 이로운 음식은 무엇이고 해로운 음식은 무엇일까?', '자료를 찾아볼수록 무엇을 먹으면 좋을지 모르겠다'라고 생각하는 사람들이 많을 것이다.

관련 서적이나 논문을 읽고 연구하다 보면 서로 다른 말을 하거나 비슷한 연구의 실험 결과가 상반되는 경우를 심심찮게 본다.

음식에 대해서는 학자들끼리도 의견이 분분하다. 그중에서 '이것만은 알아 두는 편이 좋다'라고 생각한 내용만을 엄선해서 정리했다.

Fact 1 ▶ 과학적으로 건강에 이로운 식품은 다섯 가지뿐이다

과학적으로 건강에 이로운 음식은 무엇일까? 수많은 연구로 밝혀낸 정말로 건강에 이로운 음식, 즉 뇌졸중, 심근 경색, 암의 위험을 낮추는 식품은 다섯 가지다.

그것은 바로 생선, 채소와 과일(과일 주스와 감자는 제외), 갈색 탄수화물(현미, 메밀, 통밀 빵), 올리브유, 견과류다.

반대로 건강에 해로운 식품으로는 우선 닭고기를 제외한 붉은색 육류를 꼽는다. 햄이나 소시지 같은 가공육은 특히 해롭다. 그리고 흰색 탄수화물(백미, 우동, 파스타, 밀가루로 만든 빵), 포화 지방산을 함유한 버터류도 해로운 식품에 해당한다.

이러한 식품은 아래 표와 같이 다섯 개 그룹으로 나눌 수 있다. 과학적으로 가장 건강한 식사법은 건강에 해로운 세 가지 식품을 피하고 건강에 이로운 다섯 가지 식품을 늘린 식단을 먹는 것이다. 쉽게

표 ▶ 건강에 이로운 식품과 해로운 식품

그룹	설명	식품의 예
1	신뢰할 만한 여러 연구에서 건강에 이롭다고 보고한 식품	생선, 갈색 탄수화물, 견과류, 야채와 과일, 올리브유
2	소수의 연구에서 건강에 이로울 가능성을 제시한 식품	다크초콜릿, 커피, 차, 요구르트, 두유, 낫토, 식초
3	건강에 어떤 영향을 미치는지 보고되지 않은 식품	기타 다양한 식품
4	소수의 연구에서 건강에 해로울 가능성을 제시한 식품	마요네즈, 마가린, 과일 주스
5	신뢰할 만한 여러 연구에서 건강에 해롭다고 보고할 식품	• 붉은색 육류(쇠고기와 돼지고기, 닭고기는 제외)와 가공육(햄, 소시지) • 흰색 탄수화물(감자 포함) • 포화 지방산을 포함한 버터류

* 출처: 쓰가와 유스케, 《과학으로 증명한 최고의 식사》

말해 '백미보다는 현미, 고기보다는 생선, 버터보다는 올리브유, 간식으로는 견과류'를 먹어야 과학적 근거에 기초한 건강한 식사라고 할 수 있다.

백미가 건강에 해로운 식품으로 분류되어 의외라고 생각할 수도 있겠다. 하지만 정미한 쌀은 영양분과 식이 섬유가 제거된 상태이고 쉽게 혈당을 높이므로 많이 먹으면 당뇨병에 걸릴 위험이 높아진다.

현미에는 비타민, 미네랄, 식이 섬유가 풍부하게 들어 있다. 비타민 C를 제외하고 건강을 유지하는 데 필요한 영양소의 대부분을 섭취할 수 있기 때문에 '완전 영양식'이라고 불린다.

현미는 단단해서 밥을 짓는 데 오래 걸린다는 인식이 있지만 백미로 밥을 지을 때보다 물을 20~30퍼센트 많이 넣고 하룻밤 불리면 일반 밥솥으로도 백미와 비슷한 정도로 부드러운 밥을 지을 수 있다.

그 밖에 건강에 이로울 가능성이 제시된 식품으로는 다크초콜릿, 커피, 차, 요구르트, 두유, 낫토, 식초를 꼽는다.

음식이 약이 되게 하고 약이 음식이 되게 하라.

– 히포크라테스(고대 그리스의 의사)

Fact 2 ▷ 당질 제한식은 건강에 이로울까 해로울까

최근에 당질 제한식이 유행하면서 이러한 식단이 건강에 이로운지

해로운지를 두고 다양한 의견이 오가는 듯하다. '엄격한 당질 제한식은 사망률을 높인다'라고 말하는 연구는 이전부터 존재했다. 그중에서도 2018년에 권위를 인정받는 의학 전문지 〈란셋〉(The Lancet)에서 발표한 연구가 신빙성이 높다고 알려져 있다.

해당 연구에서 45~64세 미국인 약 1만 5000명을 25년간 추적 조사한 결과, 총 섭취 칼로리 중 탄수화물이 차지하는 비율이 50~55퍼센트일 때 사망률이 가장 낮았다. 이보다 많거나 적은 경우에는 사망률이 더 높게 나타났다. 당질을 지나치게 섭취하면 당연히 건강에 해롭지만 지나치게 제한해도 마찬가지로 건강에 악영향을 미친다. 당질 제한 다이어트가 살을 빼는 데는 효과적일지 몰라도 건강한 다이

그림 ▶ 탄수화물 섭취량과 사망률의 U 자형 관계

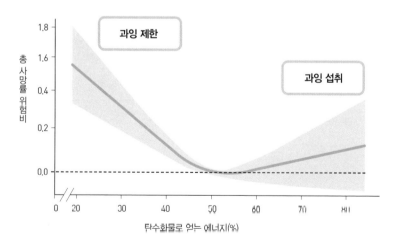

* 출처: Seidelmann SB et al, "Dietary carbohydrate intake and mortality: a prospective cohort study and meta-analysis", 2018

어트 방법이라고 말하기는 어렵다.

한 조사에 따르면 일본인의 40퍼센트 이상이 일일 권장 당질 섭취량인 300그램을 초과해서 먹는다고 한다.

당질을 과잉 섭취하는 사람에게는 일정량의 당질을 줄인 '적정한 당질 제한식'이 필요하다.

To Do 1 ▶ 해로운 당질을 끊자

하루에 당질을 몇 그램 정도 섭취하면 좋은지도 알아야겠지만 그보다는 어떤 당질을 섭취하느냐에 더 집중해야 한다. 즉 '양'도 중요하지만 '질'을 더 신경 써야 한다. 당질의 섭취량이나 칼로리가 아니라 실제로 섭취했을 때 혈당치가 얼마나 잘 오르는지를 알아야 한다. 혈당치가 급격히 오르면 인슐린 분비량이 늘어난다. 인슐린은 당을 지방으로 바꾸는 작용을 하므로 분비량이 늘면 살찌기 쉽다.

그뿐 아니라 인슐린 분비량이 늘면 췌장에서 인슐린을 만드는 세포가 손상되어 인슐린의 원활한 공급이 어려워진다. 이것이 당뇨병에 걸리는 이유 중 하나다. 따라서 당질 섭취량을 줄이는 것보다 혈당치를 급격히 높이는 '해로운 당질'을 끊는 것이 더 중요하다.

해로운 당질을 제공하는 주범은 캔 커피, 탄산음료, 주스다. 캔 커피 한 잔에는 각설탕 서너 개분, 달콤한 카페오레에는 각설탕 열 개분 이상의 당질이 들어 있는 경우도 있다. 콜라 한 캔은 각설탕 열네 개분, 건강에 좋아 보이는 야채 주스 한 잔도 각설탕 3.5개분 정도의 당질을 함유하고 있다. 액체는 심지어 흡수되는 속도도 빨라서 단숨에 혈당치를 높인다.

가급적이면 설탕이 든 과자도 피하자.

주식으로는 백미나 흰 빵 같은 흰색 탄수화물을 피하고 현미나 통밀빵 같은 갈색 탄수화물을 섭취하자. 혈당치의 상승이 억제되어 건강에 도움이 된다.

To Do 2 ▷ **착한 간식을 먹자**

초조하고 짜증 난다면 저혈당 상태일 가능성이 크다. 전체 에너지의 20퍼센트를 소비하는 뇌는 포도당을 에너지원으로 삼는다. 혈당이 떨어지면 뇌 기능이 약해지므로 오후의 간식은 챙겨야 하는 끼니라고 말할 수 있다.

간식으로 낱개 포장된 과자를 한두 개 집어 먹는 정도라면 괜찮지만 너무 많이 먹으면 역효과가 난다. 혈당치가 단숨에 오르면 인슐린이 분비되어 다시 혈당치가 급격히 떨어지기 때문이다.

간식으로는 견과류가 좋다. 견과류는 과학적으로 증명된 건강에 이로운 음식이다. 한 연구에서 견과류를 습관적으로 섭취하는 사람들을 30년 동안 추적 조사했더니, 견과류가 전체 사망률을 20퍼센트나 줄였고 신장 질환이나 당뇨병의 위험도 낮추었다.

일부는 칼로리가 높다는 이유로 견과류를 꺼리지만 견과류를 일주일에 2회 이상 먹는 사람은 그렇지 않은 사람에 비해 몸무게가 늘어날 확률이 31퍼센트 낮다는 연구 결과도 있다.

견과류에는 지방 성분과 식이 섬유가 풍부하기 때문에 흡수되는 속도가 느려 먹어도 혈당치가 잘 오르지 않는다. 즉 천천히 에너지를 공급해 주므로 간식으로 먹기에 가장 적합하다. 견과류의 적정 섭취량은 28~57그램이다. 견과 한 줌의 양이 약 30그램이니 참고하자.

Fact 3 　 건강 보조 식품은 좋을까 나쁠까?

건강 보조 식품은 필요한 영양소를 섭취하기에 편리해 보이지만 먹어도 효과가 없으므로 소용없다는 의견도 종종 들린다.

미국 존스 홉킨스 대학교는 이에 관한 연구 후 '비타민이나 미네랄을 함유한 건강 보조 식품에 심혈관 질환, 암, 치매나 언어 기억 저하, 심근 경색을 예방하는 효과는 없었다'라고 결론 내렸다.

영양소나 영양물질은 100종류가 넘는데 단 하나의 건강 보조 식품으로 생활 습관병의 위험을 줄일 수 있을 리가 없다.

생활 습관병은 흡연, 운동 부족, 수면 부족, 스트레스, 편식 같은 다양한 요인이 결합해서 일어난다. 음식 섭취도 이들 요인 중 하나다.

영양소 하나가 부족하다고 해서 바로 생활 습관병에 걸리지는 않으며 부족한 영양소만 채운다고 해서 수명이 늘어나지는 않는다.

그렇다면 건강 보조 식품은 먹어 봤자 아무 소용이 없을까? 그건 또 아니다.

예를 들어 비타민B6는 도파민, 아드레날린, 노르아드레날린, 가바(GABA), 아세틸콜린 같은 뇌의 주요 물질을 생성하는 데 꼭 필요하다. 비타민B12도 뇌의 신경 기능을 유지하는 데 없어서는 안 되는 비타민이다. 그래서 이것들을 '신경 비타민'이라고도 부른다.

신경 비타민이 부족하다고 해서 바로 병에 걸리거나 수명이 줄어들지는 않지만 뇌 기능이 떨어질 가능성은 매우 높다.

일본 후생노동성의 '국민 건강·영양 조사'에 따르면 20대에는 비타민과 미네랄 18종 가운데 16종이 부족한 것으로 나타났다. 비타민C, 비타민A, 비타민D, 칼슘, 식이 섬유 등 다섯 가지 영양소의 섭취량은 목푯값의 60퍼센트 이하로 특히 낮았다.

영양소는 되도록 음식물로 섭취하려고 노력해야겠지만 도무지 상황이 여의치 않다면 건강 보조 식품으로 보충하는 것도 하나의 방법이다.

참고로 내가 매일 먹는 건강 보조 식품은 비타민과 미네랄 25종이 배합된 멀티 비타민, DHA·EPA, 비타민C, 비타민D, 마그네슘이다. 최대한 식사로 필요한 영양소를 균형 있게 섭취하면서 아무래도 부족해지기 쉬운 영양소만을 골라 건강 보조 식품으로 보충한다.

몸 건강 06 건강하게 살 빼는 식사법

키워드 ▶ BMI, 면역력

어느 시대에든 늘 새롭고 다양한 다이어트 방법이 쏟아져 나온다. 많은 사람이 다이어트를 시도하지만 성공하지 못하는 현실을 반영하는 것은 아닐까? 다이어트와 건강한 식사법이란 무엇인지 함께 고민해보자.

Fact 1 ▶ '다이어트=건강법'이 아니다

각종 다이어트 방법을 훑어보면 서로 정반대되는 이야기를 하는 책이 드물지 않다. 어떠한 식사법과 다이어트법을 믿으면 좋을지 공부하면 할수록 헷갈리는 것도 어쩌면 당연하다.

일단 책을 읽을 때는 '누가', '무엇을 목적으로' 썼는지 알아야 한다.

다이어트나 근육 단련을 목적으로 쓴 책대로 따라 하면 일시적으로 살이 빠지거나 근육이 붙을 수는 있다. 하지만 장기적으로 실천했을 때 건강에 이롭다고 딱 잘라 말하기는 어렵다. 오히려 건강에 악영향을 미치는 경우가 많기 때문이다. 하지만 의사가 쓴 다이어트법은 병에 걸리지 않는 것을 기본 전제로 하므로 믿을 만하다.

당뇨병 전문가라면 혈당치를 높이지 않고 당뇨병을 예방하는 식사법에 중점을 둘 것이다. 나 같은 정신과 의사는 마음의 병에 걸리지 않는 방법을 중시한다. 여기부터는 정신과 의사로서 본 식사와 다이어트에 대한 견해를 전달하겠다.

Fact 2 ▶ 마른 몸은 건강한 상태가 아니다

마른 사람과 비만한 사람 중 누가 더 건강할까? 당연히 마른 쪽이 건강하다고 생각하기 쉽지만 실세로는 그렇시 않다.

BMI라는 개념을 들어 본 적이 있을 것이다. 몸무게와 키를 활용한 계산식으로 과체중인지 저체중인지를 알아보는 세계 표준 지표다. BMI의 기준값은 22다. 수치가 22에 가까울 때 고혈압, 당뇨병, 심근경색에 걸릴 위험이 가장 낮다고 알려져 있다.

하지만 실제로 BMI와 수명의 관계를 살펴보면 가장 장수하는 사람들의 BMI 수치는 일본이나 동아시아의 경우 24~27, 서구의 연구에서는 25~29로 나타나는 경우가 많다.

일본 비만 학회에서는 BMI 18.5~25 미만을 보통, 25~30 미만을 1단계 비만으로 보므로 이 기준에 따르면 보통의 상한부터 1단계 비만의 하한에 속하는 사람이 장수한다는 말이다. 쉽게 말해 '통통→보통→마름→고도 비만' 순으로 오래 산다.

BMI(Body Mass Index)를 계산해 봅시다.

$$BMI = \frac{몸무게(kg)}{키(m) \times 키(m)}$$

상태	BMI 지표(WHO 기준)
너무 마름	16 미만
마름	16~16.99
살짝 마름	17~18.49
보통	18.5~24.99
비만 전 단계	25~29.99
1단계 비만	30~34.99
2단계 비만	35~39.99
3단계 비만	40 이상

　최근의 대규모 연구 가운데는 통통한 상태의 이점을 부정적으로 보는 연구도 있다. 하지만 마른 상태가 보통이나 통통한 상태보다 건강에 나쁘다는 사실은 이미 많은 연구를 통해 드러났다.

　그런데도 많은 사람이 마른 몸을 원하고 그것을 목적으로 다이어트를 하면서 건강과 반대의 길로 가려 한다. 수명을 줄이고 싶어 하는 셈이다.

　일반적으로 지방은 건강에 해롭다는 인식이 강하지만 의학적으로 체지방은 곧 면역력이다. 몸에 지방이 적으면 면역력이 약하다는 의미다. 즉 병에 잘 걸리고 질병에 대한 저항력이 낮아 결과적으로 오래 살지 못한다.

일례로 보디빌더는 감기에 잘 걸린다. 지인의 말에 따르면 대회에 나가기 전에 체지방률이 9퍼센트를 밑돌면 근처에서 누가 재채기만 해도 감기에 걸린다고 한다. 그 정도로 면역력이 떨어진다.

암 환자도 마른 사람일수록 오래 살지 못한다. 화학 치료를 견뎌 낼 체력이 부족하기 때문에 생존율이 낮아진다.

근육과 지방의 비율도 중요하다. 몸무게가 똑같더라도 근육을 제대로 갖춘 상태에서 지방이 붙은 사람과 그저 지방만으로 살쪄 있는 사람의 건강 상태는 큰 차이를 보인다. 당연히 후자는 건강 면에서 최악이다. 통통한 사람이라도 혈압이나 혈당치가 높아 고혈압 또는 당뇨병 예비군에 속한다면 건강하다고 말하기 어렵다. 생활 습관병에 걸릴 위험이 높으므로 식사법과 생활 습관을 반드시 바로잡아야 한다.

고도 비만은 물론이고 마른 상태도 건강하다고 보기 어렵다는 점을 기억하자.

Fact 3 ▶ 비만하면 건강하지 않다?

'표준 체중이면서 운동하지 않는 사람'과 '비만이면서 운동하는 사람'을 비교해 보면 실제로는 후자가 더 건강하다. 미국 사우스캐롤라이나 대학교에서 연구한 결과, '비만이면서 운동하는 사람의 사망률'은

'표준 체중이면서 운동하지 않는 사람'보다 절반이나 낮게 나왔다.

보통은 표준 체중인 사람보다 비만인 사람의 건강이 더 나쁠 것이라고 생각하지만 실은 운동 부족 상태인 사람의 건강이 제일 나쁘다.

위 연구를 주도한 스티븐 블레어 교수는 "비만 상태라도 적절히 운동하는 습관을 유지하면 비만의 위험성은 사라진다"라고 말했다.

위험 인자별 사망률을 살펴보면 '운동 부족'으로 인한 사망자는 연간 5만 2000명인 데 비해 '과체중·비만'의 경우는 1만 9000명으로, 전자의 3분의 1 정도에 그친다. 즉 비만일 때보다 운동 부족일 때 사망 위험률이 세 배 가까이 높아진다.

Fact 4 ▶ 하루 두 끼의 칼로리 제한식은 건강에 이로울까?

'건강을 생각해서 하루 두 끼만 먹는다'라거나 '시르투인 유전자를 활성화하기 위해 하루 한 끼만 먹는다'라고 말하는 사람이 있다.

곤충, 쥐, 붉은털원숭이를 대상으로 한 동물 실험 결과, 칼로리를 제한하면 장수의 열쇠를 쥔 시르투인 유전자가 활성화된다고 알려졌다. 하지만 현재까지 인간을 대상으로 '극단적인 칼로리 제한식을 실시했더니 시르투인 유전자가 활성화되어 더 오래 살았다'라고 주장할 만한 과학적 근거는 보이지 않는다.

동물 실험은 세균과 바이러스가 없는 실험실에서 이루어지기 때문에 극단적인 칼로리 제한식을 먹은 동물이 야생에서 활기차게 살아갈 수 있을지도 의문이다.

2009년에 미국 위스콘신 국립 영장류 연구소(WNPRC)가 붉은털원

숭이를 대상으로 실험한 후에 '칼로리를 제한했더니 수명이 늘어났다'라는 연구를 발표해 세상의 주목을 모았다. 하지만 2012년에 미국 국립 노화 연구소(NIA)가 진행한 비슷한 실험 모델 연구에서는 '칼로리를 제한해도 수명이 늘어나는 효과는 없다'라는 결과가 나왔다.

100세까지 산 고령자의 식습관을 조사한 결과에 따르면 90퍼센트가 하루 세 끼를 챙겨 먹는다고 답했다. 하루 두 끼를 먹는 사람은 남성의 7.5퍼센트, 여성의 5.4퍼센트로 나타났다. 이들 대부분의 특징은 70세 무렵과 식사량이 비슷할 뿐 아니라 고기, 생선, 채소, 주식을 균형 있게 먹는다는 점이다. 100세 이상 장수한 일본인을 대상으로 진행된 '백세 연구'를 보면 실제로 섭취 칼로리를 줄여서 100세 이상 장수한 사람은 거의 없다.

당뇨병과 우울증을 예방하기 위해서도 하루 세 끼를 먹는 편이 좋다.

Fact 5 아침밥은 이로울까 해로울까?

아침밥이 건강에 어떤 영향을 미치는지에 대한 연구는 매우 다양하며 논의도 활발하다. 아침을 걸렀을 때 능률이 오르거나 공복 상태인 오전 중에 하루 업무의 대부분을 마칠 수 있는 사람이라면 아침은 먹지 않아도 괜찮다.

하지만 다음 항목에 해당하는 사람이라면 아침밥을 먹는 편이 좋다.

아침밥을 먹어야 하는 사람의 특성
□ 깊이 잠들지 못하고 아침에도 개운하게 일어나지 못한다.

312

□ 아침에는 머리가 멍해서 업무 효율이 떨어진다.

□ 업무 시작 후에도 컨디션이 돌아오기까지 시간이 좀 걸린다.

□ 아침부터 우울하다.

□ 수면 장애가 있어서 수면제를 먹는다.

아침 습관에 관한 한 조사에 따르면 49.7퍼센트가 '아침에는 최대한 오래 이불 속에 있고 싶다'라고 답했다. 아침에 약한 사람은 아침밥만 잘 챙겨 먹어도 컨디션이 좋아지므로 여러 면에서 지금보다는 나아질 것이다.

아침은 하루 중에서 혈당치가 가장 낮은 '저혈당의 시간대'다. 저혈당 상태가 되면 머리가 멍해서 집중력이 떨어진다. 오전 컨디션이 나쁜 것은 그저 아침을 걸렀기 때문에 혈당이 떨어진 결과인 경우가 많다.

정신 의학적 관점에서 아침밥은 체내 시계를 초기화하고 부교감 신경에서 교감 신경으로 전환을 유도할 뿐 아니라 세로토닌의 활성화 스위치를 켠다. 다시 말해 쾌적하게 하루를 시작하는 데 필요한 역할을 한다.

아침밥을 먹으면 머리와 소화 기관이 지금부터 하루가 시작되는 것으로 받아들이고 뇌와 몸의 기능을 활발하게 작동한다.

특히 마음의 병을 앓는 환자 중에 아침밥을 거르는 사람이 많다. 아침을 먹지 않으면 체내 시계와 자율 신경이 흐트러져 마음의 병이 생기거나 악화된다.

꼭 마음의 병 때문이 아니더라도 오전부터 활기차게 일하고 싶다면 아침밥은 먹는 편이 좋다. 제대로 된 식단이 아니어도 괜찮다. 우리 몸 안의 스위치는 수프 한 그릇이나 바나나 한 개만 먹어도 켜진다.

To Do 1 ▶ 꼭꼭 씹어서 먹자

지금까지 마른 몸이나 칼로리 제한식이 왜 건강에 해로운지 이야기 했다. 그렇다면 다이어트는 절대 하지 말아야 할까?

그렇지는 않다. 건강하게 다이어트하는 방법이 있다. 그것은 바로 '꼭꼭 씹어 먹기'와 '천천히 먹기'다.

같은 종류의 음식을 같은 양만큼 먹더라도 꼭꼭 씹어서 천천히 먹으면 다이어트 효과를 얻을 수 있다.

빨리 먹으면 살찐다는 말을 들어 본 적이 있을 것이다. 급하게 먹으면 단숨에 혈당치가 높아지기 때문이다. 그러면 인슐린이 분비되어 쉽게 살찐다. 천천히만 먹어도 흡수되는 속도와 혈당치의 상승 곡선이 완만해져 살이 잘 찌지 않는다.

꼭꼭 씹으면 뇌의 포만 중추가 자극을 받아 금세 포만감을 느낀다는 장점도 있다. 과도한 식욕이 억제되므로 과식을 막을 수 있다.

머리말에서도 말했듯이 꼭꼭 씹어 먹으면 세로토닌 신경이 활성화되므로 아침밥을 천천히 꼭꼭 씹어 먹으면 하루를 상쾌하게 시작할 수 있다. 한 입 넣고 서른 번씩 씹어 보자. 실제로 해 보면 꽤 힘들지만 식사량을 줄이거나 굶는 다이어트보다 훨씬 쉽다. 꼭 시도해 보기 바란다.

기호품과 잘 지내는 방법

키워드 ▶ 금연 클리닉, 코르티솔

이번에는 담배, 술, 커피 같은 기호품에 대해 알아보자. 기호품별로 어떤 장단점이 있는지 정리해 두었다.

Fact 1 ▶ 여하튼 담배는 건강에 해롭다

담배 포장지에는 담배를 피우면 심각한 병에 걸릴 수 있다는 내용의 경고 문구가 적혀 있다. 그런 만큼 담배의 위험성은 누구나 잘 알겠지만, 매우 중요한 사항이니 다시 한번 짚고 넘어가자.

담배를 피우면 수명이 10년 정도 단축된다는 연구 결과가 있다. 흡연자의 절반은 타고난 수명보다 약 15년, 4분의 1은 약 25년이나 빨리 사망한다.

일본에서는 흡연 때문에 연간 12~13만 명이 사망하고 간접흡연 때문에 1만 5000명이 숨진다. 흡연 시 암에 걸릴 위험을 살펴보면 후

두암이 5.5배, 폐암이 4.8배, 모든 암에 걸릴 위험이 1.5배 증가한다.

어떤 이들은 '담배를 피워도 병에 안 걸리는 사람도 있다'라고 주장하지만 정신과 의사로서 내가 우려하는 부분은 정신 건강에 미치는 영향이다. 흡연자는 비흡연자에 비해 우울증, 수면 장애, 치매에 걸릴 위험이 각각 3배, 4~5배, 1.4~1.7배 높고 자살할 위험도 1.3~2배나 높다. 흡연은 수면의 질을 떨어뜨리므로 담배를 피우면 270쪽에서 설명한 수면 부족의 위험성을 그대로 짊어지는 셈이다.

담배를 피우면 질병에 걸릴 위험이 커지고 일 처리 효율이 크게 떨어진다. 어떤 이들은 담배를 피우면 집중력이 향상된다고 말하지만 실제로는 그렇지 않다. 니코틴에 중독된 흡연자의 집중력은 크게 약해진 상태이기 때문에 담배를 피워야 겨우 정상 수준으로 돌아온다. 이 때문에 담배가 집중력을 올려 준다고 착각하는 것이다.

흡연자는 주의력이 약해 실수가 잦다. 흡연을 하면 산업 재해율도 60퍼센트나 상승한다. 금연에 성공한 사람은 담배를 피울 때보다 머리가 맑고 집중력이 높아졌다는 사실을 실감한다. 흡연하는 사람은 스스로 인지 기능을 약화해 일 처리 효율을 떨어뜨리는 셈이다.

To Do 1 **담배를 끊는 방법**

담배에 대처하는 방법은 '건강하게 오래 살고 싶다면 지금 당장 금연하자'라는 한마디면 끝이다. 하지만 담배를 끊고 싶어도 끊지 못하는 사람이 대부분일 것이다. 니코틴에 중독되었기 때문이다. '담배를 피우고 싶다'라는 강렬한 욕구는 뇌에서 보내는 명령이기 때문에 의지로 뿌리칠 수 있을 만큼 만만하지 않다.

혼자 애써 가며 금연하려 하지 말고 금연 클리닉에 다니라고 권하고 싶다. 전문가와 상담한 후에 니코틴 패치, 니코틴 껌, 챔픽스(champix) 같은 먹는 약을 비롯한 금연 보조제의 도움을 받아 가며 끊자. 금연 보조제를 쓰면 혼자 힘으로 담배를 끊을 때보다 성공률이 서너 배는 높아진다.

니코틴 껌이나 패치는 약국에서도 살 수 있지만 혼자서 금연에 도전하면 금방 다시 유혹에 흔들린다. 크게 마음먹고 금연 클리닉에 다녀야 한다. 처방용 내복약을 먹으면 니코틴 패치만 쓸 때보다 금연 성공률이 1.5배 높아진다.

Fact 2 ▶ 술과 건강의 관계

술이 건강에 이로운지 해로운지에 대한 연구와 논의는 매우 다양하다. 핵심 내용을 네 가지로 나눠서 살펴보자.

⑴ 소량의 음주는 건강에 이롭다?

'소량의 음주는 건강에 이롭다'라는 말이 상식으로 받아들여지고 있다. 예전에는 'J 커브 이론'에 따라 술을 전혀 마시지 않는 사람보다 소량 마시는 사람의 사망률이 더 낮다는 의견이 많았다.

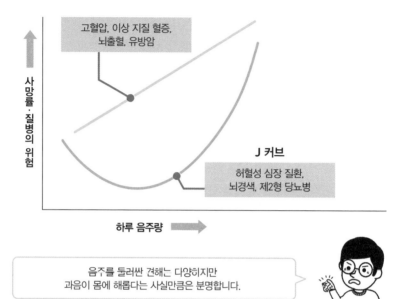

그림 ▶ 음주량과 사망률의 J 커브

고혈압, 이상 지질 혈증, 뇌출혈, 유방암

사망률·질병의 위험

J 커브

허혈성 심장 질환, 뇌경색, 제2형 당뇨병

하루 음주량 ▶

음주를 둘러싼 견해는 다양하지만
과음이 몸에 해롭다는 사실만큼은 분명합니다.

하지만 최근 연구에 따르면 소량의 음주로 발병 위험률이 내려가는 경우는 허혈성 심장 질환, 뇌경색, 제2형 당뇨병 같은 몇몇 질환에만 한정된다. 고혈압, 이상 지질 혈증, 뇌출혈, 유방암의 경우에는 음주량이 늘어날수록 발병 위험률이 높아지는 것으로 밝혀졌다. 정리하자면 J 커브의 효과는 거의 없거나 미미하며 술을 마시면 마실수록 병에 걸릴 위험이 커진다.

그러므로 술을 거의 마시지 않는 사람이 소량의 음주는 건강에 좋다는 소리를 듣고 무리해서 마실 필요는 없다. 백해무익할 따름이다.

'적정량'에 대한 견해도 다양하다. 일본 후생노동성 정책인 '건강 일본 21'에서는 일본 내 대규모 연구 결과를 바탕으로 적정 음주량을 '순수 알코올로 하루 평균 20그램 정도'라고 정했다. 이는 맥주 500밀리리터 한 캔, 일본주 한 홉에 해당한다. 아래에 종류별로 정리해두었다.

그림 ▶ 건강을 해치지 않는 하루의 음주량

맥주	일본주	위스키	소주(25도)	와인	추하이(7%)
한 캔(500㎖)	1홉(180㎖)	더블 한 잔(60㎖)	1/2컵(100㎖)	두 잔 조금 안 되게(200㎖)	한 캔(350㎖)

* 출처: 후생노동성 '건강 일본 21'

⑵ 적정량 이상의 술은 마실수록 건강에 해롭다

음주량이 적정선을 넘어서면 고혈압·뇌졸중·이상 지질 혈증·당뇨병 같은 생활 습관병, 간 기능 장애, 정신 질환에 걸릴 위험이 대폭 상승한다. 또한 맥주를 많이 마시면 통풍(고요산 혈증)이 발생할 위험이 높아진다.

'건강 일본 21'에서 정한 기준에 따르면 생활 습관병의 위험을 높이는 하루 음주량은 알코올 40그램이고, 60그램이면 과음이다. 하루에 500밀리리터 캔 맥주 세 개를 마시는 것은 과음에 해당한다.

⑶ 매일 마시지는 말자

적정량이라도 매일같이 술을 마시면 건강에 매우 해롭다. 알코올을 분해하느라 간이 쉬지 못해서 간 기능이 나빠진다. 게다가 매일 술을 마시면 알코올 중독의 위험이 급격히 상승한다. 1년 동안 하루도 빠짐없이 술을 마시는 사람은 알코올 중독을 의심해 보는 편이 좋다. 술을 한 방울도 마시지 않는 날, 다시 말해 간의 휴식일을 일주일에 이틀 이상은 확보하자.

⑷ 음주는 정신 건강에 매우 안 좋다

음주는 수면의 질을 악화시켜 수면 장애를 일으키는 주요 원인이다. 게다가 정신 질환의 위험률을 크게 높인다. 과음을 하면 우울증 위험이 3.7배, 치매 위험이 4.6배, 자살 위험이 3배나 높아진다.

마음의 병을 치료하는 중이라면 술은 반드시 끊어야 한다. 술을 마시면 깊이 잠들지 못해 병이 잘 낫지 않는다.

애초에 술을 마시면 스트레스가 풀린다는 생각은 과학적으로 옳지 않다. 술을 마시면 스트레스 호르몬인 코르티솔이 더 많이 분비되기 때문이다. 술을 마시는 기간이 길어질수록 내성이 생겨 스트레스에 약해지고 우울 증세도 심해진다. 스트레스가 쌓여 음주량을 늘렸다면 우울증을 향해 돌진하는 길로 들어선 것이나 마찬가지다.

알코올은 뇌의 흥분을 가라앉히는 신경 전달 물질인 가바(GABA)의 분비를 촉신한다. 그래서 술을 마시면 진정제를 먹을 때와 비슷한 효과가 난다. 하지만 이런 선택은 언 발에 오줌 누기일 뿐이다. 일시적인 효과를 믿고 문제를 그대로 방치하면 사태는 점점 악화되어 손 쓸 수 없는 지경에 이르고 스트레스는 더욱 심해진다. 그러니 스트레스는 술로 풀지 않는 편이 좋다.

To Do 2 ▶ 술을 마시는 바람직한 방법

저녁 반주를 하루의 즐거움으로 삼는 사람도 많겠지만 집에서 마시면 무심결에 과음하기 십상이다. 저녁 반주를 좋아하는 사람은 거의 매일 마실 테니 적정 음주량을 지키기 어렵다. 되도록 집에서는 마시지 말자.

나는 술을 아주 좋아하지만 기본적으로 집에서는 마시지 않겠다고 규칙을 정했다. 보통 일주일에 두세 번 정도 회식하면서 마신다. 일주일에 두 번만 마시면, 가령 하루에 맥주 세 잔을 마신다고 해도 일주일 치 적정 음주량에서 벗어나지 않는다.

그리고 술은 즐겁게 마셔야 한다. 축하할 일이 있거나 자신에게 포상을 내리고 싶을 때 친한 동료와 즐겁게 대화를 나누면서 마시자.

표 ▶ 술을 마시는 바람직한 방법

바람직한 음주법	잘못된 음주법
축배나 포상의 의미로 즐겁게 마신다	험담하면서 스트레스를 해소하기 위해 마신다
친한 동료나 친구와 마신다	혼자 마신다
일주일에 이틀 이상은 쉰다	매일 마신다
물과 함께 적정량을 마신다	과음을 하고 술만 마신다
술이 깨고 나서 잔다	자기 전에 마신다

술이나 담배도 적당히, 식사도 조금 아쉽다 싶을 정도로 적당히 먹자. 일

도 너무 열심히 하지 말고 너무 게으름 피우지도 말고 적당히, 운동도 마

찬가지로 적당히 하자. '적당히' 하면 모든 일이 잘 풀린다.

– 사이토 시게타(일본의 정신과 의사이자 수필가)

Fact 3 ▶ 커피와 차를 마시면 무엇이 좋을까?

마지막으로 소개할 기호품은 커피와 차다. 커피와 차에는 항산화 물

질이 풍부하게 들어 있다. 특히 커피는 세계적으로 많은 사람이 마셔

서인지 관련 연구를 비롯해 다음 페이지 표와 같이 건강에 미치는 긍

정적 효과도 다수 보고되어 있다.

일본 국립 정신·신경 의료 연구 센터의 연구 결과에 따르면 녹차를

하루에 네 잔 이상 마시는 사람은 한 잔 이하를 마시는 사람보다 우

울증에 걸릴 위험이 절반가량 낮다고 한다. 이는 녹차의 감칠맛을 내

는 성분인 테아닌과 떫은맛을 내는 성분인 카테킨의 효과로 보인다.

테아닌은 몸과 마음의 휴식을 돕는 성분으로 알려져 있으며 수면

보조제로도 판매된다.

카테킨은 항산화 능력이 뛰어나 활성 산소를 제거한다. 건강 기능

식품으로 분류될 만큼 그 효능을 인정받았으며 콜레스테롤이나 혈당

지의 상승을 억제하는 효과를 포함해 장점이 많다.

나는 매일 중국차를 마신다. 좋은 찻잎을 쓰면 다섯 잔에서 열 잔은

표 ▶ 커피의 효과

- 사망률을 16퍼센트 낮춘다.
- 다양한 암에 걸릴 위험을 낮춘다. 구체적으로는 결장암(여성), 간세포암, 전립선암, 구강암, 식도암 등에 걸릴 위험이 50퍼센트 이상 저하된다.
- 담석으로 인한 질병의 발병률을 45퍼센트 낮춘다.
- 심장 질환에 걸릴 위험을 44퍼센트 낮춘다.
- 당뇨병에 걸릴 위험을 50퍼센트 낮춘다.
- 백내장을 예방하는 효과가 있다.
- 우울증에 걸릴 위험을 20퍼센트 낮춘다.
- 알츠하이머형 치매에 걸릴 위험을 65퍼센트 낮춘다.
- 행복에 관여하는 물질인 도파민의 분비를 촉진한다.
- 집중력, 주의력, 단기 기억, 반응 속도를 높인다. 카페인을 섭취한 운전자는 사고를 일으킬 확률이 63퍼센트 낮다.
- 지방 연소율을 비만인 사람의 경우 10퍼센트, 마른 사람의 경우 29퍼센트 높인다.
- 근지구력을 높이므로 피로를 느끼지 않고 장시간 운동할 수 있다.

위의 연구는 대부분 커피를 네 잔 이상 섭취했을 때 나온 결과입니다!

우릴 수 있기 때문에 한 번밖에 우리지 못하는 커피에 비해 경제적이다. 녹차와 비슷한 양의 테아닌과 카테킨이 들어 있으므로 건강에 미치는 효과도 비슷할 것으로 기대한다.

커피는 마실 수 있는 일종의 마법이다.

– 캐서린 M. 밸런트(미국의 소설가)

널리 알려져 있듯이 커피나 차에는 카페인이 들어 있다. 그리고 카페인은 각성 작용을 한다. 아침에 커피를 마시면 머리가 맑아지는 느낌이 드는데 이는 과학적으로도 맞는 말이다.

몸과 마음의 긴장을 푸는 효과도 있으므로 낮의 휴식 시간에 마셔도 좋다. 하지만 카페인의 반감기는 4~6시간으로 분해되는 데까지 의외로 시간이 많이 걸린다.

저녁 식사를 하고 나서 마시는 커피는 잠을 설치게 만드는 원인이 되므로 삼가자. 카페인 섭취 마감 시간은 수면에 영향을 미치지 않는 오후 2시까지로 정하는 것이 가장 좋다.

설탕을 너무 많이 넣어서 마시는 것은 피하사. 난 커피는 혈당치를 급격히 상승시키므로 하루에 몇 잔씩 마시면 당뇨병에 걸릴 위험이 커진다. 환자 중에 캔 커피를 좋아하는 사람이 있었는데 단맛이 강한 캔 커피를 하루에 네 잔씩 마시다가 젊은 나이에 당뇨병에 걸렸다.

커피는 아무것도 넣지 않은 블랙으로 마시든가 극소량의 설탕만 넣고 마셔야 한다. 커피 체인점에서 파는 프라푸치노, 캐러멜마키아토 같은 단 커피에도 대량의 설탕이 들어 있다. 하루에 섭취해도 되는 설탕의 적정량은 세 큰술까지이니 주의하자.

캔 커피나 인스턴트커피, 페트병에 든 차에는 건강에 이로운 각종 섬분이 힣씬 적게 들이 있다.

거피는 원누로, 차는 찻잎으로 그 자리에서 바로 우려 마실 때 가장 효과적이다. 편의점이나 자동판매기에서 사지 말고 집에서 직접 우리는 습관을 들이자. 기분 전환도 되고 좋다.

지금까지 커피와 차의 장점을 이야기했지만, 유전적으로 카페인에 약한 사람도 있다.

그런 사람이 커피를 많이 마시면 심근 경색 발생률이 높아진다. 최근 연구를 통해 카페인에 약한 유전자 타입이 발견되었다. 하지만 유전자 검사를 해 보지 않아도 알 수 있다. 카페인에 약한 사람은 다른 사람보다 카페인 대사가 느려서 커피를 마시면 잠을 못 자거나 오히려 피로를 느끼는 등 카페인의 영향을 강하게 받기 때문이다.

커피와 차가 건강에 여러모로 이롭다고 해서 카페인에 약한데도 무리하게 섭취량을 늘리는 사람은 없기 바란다.

제5장

마음을 가다듬고
새로운 자신으로
업데이트하라

마음 건강

나 자신을 바꾸는 방법

키워드 ▶ 긍정적 사고, 인지 행동 치료

2013년에 일본을 포함한 7개국의 만 13~29세 청년층을 대상으로 실시한 의식 조사에 따르면 일본 청년층 가운데 '자기 자신에게 만족하는 사람'의 비율은 45.8퍼센트로, 7개국 중 가장 낮았다.(한국의 기록은 두 번째로 낮은 71.5퍼센트였다. 그 외 국가의 기록은 스웨덴 74.4퍼센트, 독일 80.9퍼센트, 프랑스 82.7퍼센트, 영국 83.1퍼센트, 미국 86.0퍼센트였다.—옮긴이)

절반 정도는 자기 자신에게 만족하지 못하며 특히 '자신의 성격과 외모를 바꾸고 싶다'라고 생각하는 사람이 아주 많았다.

Fact 1 ▶ 성격을 바꾸려면 끝이 없다

결론부터 말하자면 성격은 바꿀 필요가 없다. 정신 의학적 견해를 말하자면 3년 정도 장기적으로 노력할 경우 성격을 바꿀 수는 있지만 하루아침에는 불가능하다. 스스로가 제일 잘 알겠지만 '내일부터 다시 태어나자!'라고 마음먹어도 그 다짐은 얼마 가지 못한다.

내성적인 성격을 바꾸고 싶어서 몇 년에 걸쳐 적극적이고 사교성 넘치는 모습을 연기한다면 그다음에는 또 다른 결점이 신경 쓰일 것이다. 결점을 고치려고 하면 아무리 고쳐도 또 고칠 점이 보인다. 결점이나 단점을 고치는 일에만 몰두하다가 인생이 끝나 버린다.

예를 들어 쌍꺼풀 수술을 하고 나면 이제 코가 신경 쓰인다. 그래서 코를 수술하면 그다음에는 턱을 고치고 싶어진다. 마음에 들지 않는 부분을 찾아 끊임없이 수술한다.

이와 마찬가지로 인간은 절대 자신의 성격에 완벽하게 만족하지 못한다.

To Do 1 ▶ 성격이 아니라 행동을 바꾸자

하지만 성격이 내성적이라 남에게 말을 걸거나 눈을 마주치지도 못하고 대화도 거의 나누지 못하는 정도라면 사회생활에 지장이 생기므로 고칠 필요가 있다. 이럴 때는 '성격'이 아닌 '행동'을 바꾸면 된다.

> 누군가의 성격은 그 사람이 행동한 결과다.
>
> — 아리스토텔레스(고대 그리스의 철학자)

내성적인 성격을 바꾸고 싶다면 직장에서 마주치는 모든 사람에게 웃는 얼굴로 인사해 보자.

눈을 마주치기가 힘들다면 눈과 눈 사이 부근을 보면서 인사하면 된다. 일주일만이라도 꾸준히 인사하면 주변 사람들이 생각하는 자신의 인상이 싹 바뀐다.

물론 일주일 만에 내성적인 성격을 사교적으로 바꿀 수는 없지만 행동에 변화를 주면 상대방의 호감을 살 수 있다. 주위에서 자신을 보는 시각이 달라지기만 해도 문제는 해결된다.

'내향적인 사람'에서 '인상 좋은 사람'으로 이미지가 달라질 뿐이지만 그것으로 충분하다.

행동을 바꾸려면 25쪽에서 다룬 행동의 문턱을 낮추는 방법이 효과적이다. 다음과 같이 실제로 종이에 적은 다음 실천해 보자.

그림 ▶ 성격과 행동을 바꾸는 아웃풋 작업의 예시

당신이 바꾸고 싶은 성격은?
➡ 내향적인 성격을 외향적으로 바꾸고 싶다.

내향적인 성격을 바꾸는 행동 세 가지
➡ 1. 아침에 웃는 얼굴로 인사를 건넨다.
  2. 각자의 생각을 물을 때 가장 먼저 손을 들고 말한다.
  3. 누군가를 처음 만나면 내가 먼저 질문한다.

Fact 2 ▶ 장점 계발에 집중한다

주변의 매력적인 사람을 관찰해 보자. 빼어난 장점을 갖춘 사람에게도 분명 몇 가지쯤은 결점이 있을 것이다. 하지만 장점이 두드러지면 그 밖의 소소한 결점은 눈에 들어오지 않는다. 우리가 누군가에게 호감을 느끼는 순간에는 결점을 신경 쓰지 않는다. 그저 상대의 장점에 끌릴 뿐이다. 연인이나 친구 관계, 직장 동료 사이에도 마찬가지다.

사람들이 누군가를 좋아하는 이유는 단점이 없어서가 아니라 장점이 있어서다. 다시 말해 단점을 몇 가지쯤 고쳐도 남들의 호감을 살 수는 없다.

젊은 층은 대체로 단점 극복이 더 중요하다고 생각하지만 나이가 들수록 장점 계발을 중시하는 쪽으로 생각이 변화한다. 단점에 집착해 봤자 소용없다는 사실을 깨닫는다.

단점을 극복하는 문제로 고민할 정도라면 차라리 장점 계발에 공을 들이자.

To Do 2 〉 **세 줄 긍정 일기를 쓴다**

자신의 단점이 아닌 장점에 집중하려면 긍정적 사고를 단련해 두어야 한다. 하루에 단 3분만 투자하면 긍정적 사고를 단련할 수 있는 방법이 있다. 바로 '세 줄 긍정 일기'다.

세 줄 긍정 일기는 하루를 마무리하면서 그날 있었던 즐거운 일, 긍정적 사건을 세 가지 쓰는 단순한 작업이다. 예를 들면 다음과 같이 그날 느낀 긍정적인 일을 적으면 된다.

(1) 점심을 먹으러 새로 문을 연 식당에 갔는데 제법 맛있었다.

(2) 기획서를 제출했는데 예상외로 좋은 평가를 받아서 기뻤다.

(3) 업무가 조금 일찍 마무리되어 헬스장에 가서 기분 좋게 땀을 흘렸다.

긍정 일기는 잠자기 전 15분 안에 쓰자. 잠자기 직전은 기억에 가장 잘 남는 '기억의 골든 타임'이다. 따라서 이때 긍정적인 마음으로 하루를 되새기면 긍정적 사고를 단련할 수 있다. 부정적인 일은 쓰지 않도록 주의하자. 부정적 사고를 일으키는 사건은 그대로 잊어버리면 된다. 부정적 사건에 대처하는 방법은 361쪽 '현자의 작업'을 참고하기 바란다.

즐거운 일이 세 가지나 떠오르지 않을 수도 있다. 그럴수록 필사적으로 짜내야 긍정적 사고가 단련된다. 시작 단계에서는 '날씨가 맑았다', '점심이 맛있었다' 정도만 써도 괜찮다. 가능하다면 자신의 행동, 생각, 감정을 떠올려 '오늘 하루 잘 풀린 일'을 적으면 더 좋다.

많이 쓸수록 효과적이므로 세 가지 이상만 지킨다면 몇 줄을 쓰든 상관없다. 긍정적인 아웃풋은 많을수록 좋다.

긍정 일기 쓰기는 인지 행동 치료의 기본 작업을 간편하고 실행하기 쉽게 만든 것으로, 효과가 매우 좋다고 알려져 있다. 꾸준히 실천하면 사물의 좋은 면에 눈길이 가고 긍정적 사고도 단련할 수 있다. 자신의 단점보다 장점에 주목하게 되면서 겸겸이니 콤플렉스에 얽매이지 않는 사람으로 바뀐다.

마음 건강 02
자기 긍정감을 높이는 방법

키워드 ▶ 자기 부정감, 자기 수용

요즘은 여기저기서 자기 긍정감이라는 말이 들려온다. 그런데 연구자마다 자기 긍정감을 조금씩 다르게 정의한다. 자기 긍정감을 높이는 방법도 제각각이다.

예를 들면 아들러 심리학에서는 자기 긍정이 아닌 자기 수용을 중시한다. 부정적인 사람이 무리하게 긍정적인 말을 한다고 자기 긍정감이 높아지는 것은 아니라고 말한다. 이처럼 의견이 갈리는 자기 긍정감이라는 개념을 차근차근 정리해 보자.

Fact 1 ▶ 자기 긍정감과 자기 부정감

애초에 자기 긍정감이란 무엇일까? 심리학 사진에는 "자신의 가능성을 믿고 할 수 있다는 자신감을 품고 스스로를 긍정적으로 인식하는 것"이라고 적혀 있다. 참으로 알 듯 모를 듯하다.

표 ▶ 자기 부정감과 자기 긍정감

자기 부정감	자기 긍정감
나는 안 돼	나는 할 수 있어
나는 살 가치가 없어	나는 살 가치가 있어
사라지고 싶어	나를 드러내고 싶어
아무도 나를 필요로 하지 않아	사람들은 나를 필요로 해
나 자신이 싫어	나 자신이 좋아
인생을 즐기는 건 죄악이야	인생을 즐기고 싶어
살아 있어도 즐겁지 않아	하루하루가 즐거워
죽고 싶어	살고 싶어

자기 긍정감은 '높다' 혹은 '낮다'로 설명한다. '자기 긍정감이 낮다'
리는 개념을 조금 더 간단하게 쓰자면 '자기 부정감'이라고 바꿔 밀
할 수 있다.

자기 부정감이 있으면 '애초에 나 따위가 무슨', '나는 안 돼', '나는
살 가치가 없는 인간이야'라는 생각에 빠진다.

반대로 '나는 할 수 있어', '나는 살 가치가 있어', '하루하루가 즐거
워'라고 생각하게 만드는 것이 자기 긍정감이다. 자기 긍정감이 높은
지 낮은지보다 자기 긍정감과 자기 부정감 중에서 어느 쪽으로 치우
쳐 있는지를 생각해 보면 자신의 상태를 이해하기 쉬울 것이다.

자기 부정감이 있는 사람은 남에게 칭찬이나 격려를 받아도 '어차
피 진심으로 하는 말은 아니겠지', '분명 억지로 꾸며낸 말일 거야'라
고 부정적으로 받아들인다. 일에서 성과를 내도 '어쩌다 잘 풀렸을
뿐이야'라는 식으로 생각한다. 모든 체험에 마이너스 값을 곱하는 것

이다.

이래서는 타인에게 인정받아도 성공 체험으로 누적되지 않는다.

Fact 2 　**자기 수용으로 자기 부정감을 초기화한다**

자기 부정의 세계에서 자기 긍정의 세계로 옮겨 가려면 어떻게 해야
할까? '자기 수용'이 필요하다.

자기 부정감을 초기화해서 0으로 만들려면 자기 수용의 과정을 거
쳐야 한다. 콤플렉스, 결점, 단점투성이에 실패만 하는 부정적인 자신
을 그대로 받아들이자. '지금의 내가 좋다', '있는 그대로의 내 모습이
좋다', '지금처럼 살아도 괜찮다'라고 생각하는 것이 자기 수용이다.

어린 시절에 부모에게 인정받지 못하거나 학대받은 경험이 있는
사람은 '나는 살아서는 안 되는 존재'라고 스스로를 세뇌한다.

자기 수용의 과정은 자기 긍정의 세계로 가는 관문이나 마찬가지
다. 그 관문을 통과해야만 자기 긍정의 세계로 나아갈 수 있다.

자기 자신을 부정하는 사람에게는 어떤 조언도 무의미하다. 우선
은 자기 수용을 거쳐 자기 부정의 세계에서 벗어나야 한다.

> 있는 그대로가 좋고, 있는 그대로가 아니면 소용없으며, 있는 그대로여
> 야만 한다.
>
> – 모리타 마사타케(일본의 정신과 의사이자 모리타 요법의 창시자)

자기 부정감을 가진 사람이 자신을 있는 그대로 받아들이려면 무엇을 해야 좋을까? 나는 네 줄짜리 자기 수용 일기를 쓰라고 권하고 싶다.

앞에서 '세 줄 긍정 일기' 쓰는 방법을 설명했다. '자기 수용 네 줄 일기'를 쓸 때는 긍정 일기의 맨 앞에 부정적인 일을 한 줄 추가하면 된다.

부정적인 내용을 글로 써서 밖으로 토해 내면 스트레스가 조금 풀리지만 그것만 반복하면 부정 일기가 되어 부정적 사고를 강화할 우려가 있다. 따라서 네 줄 일기를 쓸 때는 부정적인 일을 한 줄 쓴 다음 반드시 피드백을 추가해서 스스로를 인정하도록 해야 한다.

그림 ▶ 부정적인 일을 한 줄 쓴다

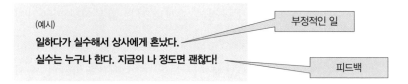

(예시)
일하다가 실수해서 상사에게 혼났다. ── 부정적인 일
실수는 누구나 한다. 지금의 나 정도면 괜찮다! ── 피드백

피드백 항목에 '다음에 더 잘하면 돼'라든가 '일일이 마음에 담아 둬 봤자 소용없어'라는 식으로 스스로를 칭찬하거나 응원하거나 격려하는 말을 남기면 좋겠지만, 그렇게 쓰는 것도 어렵다고 느낄 수 있다.

그럴 때는 '지금의 나 정도면 괜찮다!', '이대로도 괜찮아'와 같은 식으로 지금의 자신을 인정하는 내용을 쓰자.

마음속에 갈등이 일더라도 일단 쓰고 보자. 일단 쓰면 사고 회로가 재배치되어 작은 변화, 소소한 성장이 일어난다.

서두르지 말고 '자기 부정→자기 수용→자기 긍정'의 계단을 한 칸씩 올라가면 된다.

부정적인 일을 한 줄 썼으면 그 뒤에 이어서 반드시 긍정적인 일을 세 줄 써야 한다. 긍정적인 기분으로 마무리하는 것이 가장 중요하다. 아래 예시를 참고해서 무탈하게 하루를 마치기 바란다.

그림 ▶ 자기 수용 네 줄 일기

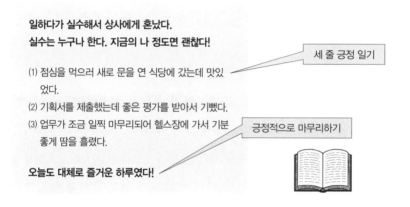

일하다가 실수해서 상사에게 혼났다.
실수는 누구나 한다. 지금의 나 정도면 괜찮다!

(1) 점심을 먹으러 새로 문을 연 식당에 갔는데 맛있었다.
(2) 기획서를 제출했는데 좋은 평가를 받아서 기뻤다.
(3) 업무가 조금 일찍 마무리되어 헬스장에 가서 기분 좋게 땀을 흘렸다.

오늘도 대체로 즐거운 하루였다!

세 줄 긍정 일기

긍정적으로 마무리하기

Fact 3 ▶ 자기 긍정감과 자신감의 차이

자기 긍정감과 관련 있는 말이 '자신감'이다. 흔히들 "자신감을 가져!"라고 격려하는데 마음을 먹는다고 자신감이 생기지는 않는다. 우선 자신감의 개념부터 알아 두자.

자신감은 다음의 공식으로 이해하면 쉽다.

【자신감의 공식】 자기 긍정감 × 경험 = 자신감

즉 자기 긍정감을 높이고 성공 체험을 쌓아야 자신감이 생긴다.

예를 들어 시험을 잘 쳤다고 해 보자.

자기 긍정감이 있으면 '열심히 한 만큼 결과가 나왔네', '공부하길 잘했어', '이번처럼 다음에도 열심히 하면 또 좋은 점수를 받을 수 있을 거야'라는 식으로 상황을 적극적으로 받아들이고 자신감을 키워 나간다.

한편 자기 부정감이 있는 사람은 '운 좋게 예상한 문제가 나왔을 뿐이야'라는 식으로 반응한다. 모처럼의 성공 체험도 부정적으로 받아들이기 때문에 자신감이 쌓이지 않는다. 결국 시험 '결과'보다는 '어떤 식으로 받아들이느냐'가 더 중요하다.

그 밖에도 자존감, 자기 효능감, 자기 유용감 등 비슷한 용어가 여럿 있어서 혼란스러운 사람이 많을 것이다. 이들 개념에 대해서는 《쓰기만 해도 인생이 바뀌는 자기 긍정감 노트》(書くだけで人生が変わる自己肯定感ノート)라는 책에서 이해하기 쉽게 설명해 놓았으므로 다음 페이지 표에 정리해 두겠다.

여기까지 자기 긍정감을 설명했는데, 자기 긍정감을 높여서 얻을 수 있는 가장 큰 이점은 '새로운 일에 도전하게 된다'라는 것이다. 행동이 적극적으로 바뀌고 자기혐오가 줄고 열등감도 사라진다. 스스로에게 자신감이 생겨 연애나 일도 잘 풀린다. 하지만 매사를 부정적으로 받아들이면 인생을 즐기지도 못하고 행복하게 살 수도 없다.

표 ▶ 자기 긍정감의 개념 정리

여섯 가지 감각		의미	나무에 비유하면
자기 긍정감	자존감	자신을 가치 있는 사람으로 여기는 감각	뿌리
	자기 수용감	자신을 있는 그대로 받아들이는 감각	줄기
	자기 효능감	자신이 해낼 수 있다고 기대하는 감각	가지
	자기 신뢰감	자신을 믿는 감각	잎
	자기 결정감	스스로 결정할 수 있다고 느끼는 감각	꽃
	자기 유용감	무언가에 도움이 되는 쓸모 있는 존재라고 느끼는 감각	열매

* 출처: 나카시마 데루(中島輝), 《쓰기만 해도 인생이 바뀌는 자기 긍정감 노트》

<table>
<tr><td>마음 건강
03</td><td>## 쉽게 긴장하는 사람을 위한 대처법</td></tr>
</table>

키워드 ▶ 노르아드레날린, 1분 심호흡법, 세로토닌

'긴장'에 관한 어느 조사에 따르면 '나는 쉽게 긴장한다'라고 대답한 사람이 80퍼센트가 넘었다. '어떤 상황에서 긴장하는가?'라는 질문에 대한 답변으로는 '발표', '시험·면접', '발표회·연주회', '초면인 사람과 일대일로 만날 때'와 같이 누구나 긴장할 만한 상황이 상위에 올랐다.

표 ▶ 어떤 상황에서 긴장하는가?

1위 여러 사람 앞에서 말하거나 연설할 때	82.2%
2위 처음 보는 사람과 만날 때	36.5%
3위 새로운 직장, 업무 변경, 인사이동 등	35.6%
4위 발표나 보고를 하는 자리	27.8%
5위 발표회나 연주회	26.7%

이러한 상황에서 긴장하지 않고 늘 100퍼센트로 실력을 발휘한다면 인생은 크게 달라질 것이다.

긴장의 원인은 오랜 연구로 자세히 밝혀졌으며 대처법도 확립된 상태다. 긴장에 대해 제대로 알아 두면 누구나 긴장을 통제할 수 있다. 긴장으로 인한 실패도 막을 수 있다.

Fact 1 ▶ 긴장은 아군이다

'긴장하는 것은 매우 좋은 일이다'라고 말하면 큰 반발이 돌아오지 않을까 싶다. 그런데 100여 년 전부터 뇌 과학과 심리학 분야에서는 긴장을 긍정적인 반응으로 보았다.

1908년에 생리학자 로버트 여키스와 존 도드슨은 실험용 쥐가 흰색과 검은색 표식을 구별할 수 있도록 훈련했다. 그 과정에서 틀린 색을 고르면 전기 충격을 주어 학습을 촉진했다. 그 결과 쥐는 전기 충격이 주는 자극이 적당할 때 가장 빠르게 학습했다. 전기 충격이 너무 약하거나 반대로 너무 강할 때는 학습 능력이 떨어지는 것으로 나타났다.

즉 적당한 긴장감과 긴박감은 수행 능력을 높인다. 실험 결과는 긴장이 우리의 적군이 아니라 아군이라는 사실을 보여 준다.

그림 ▶ 여키스-도드슨 법칙

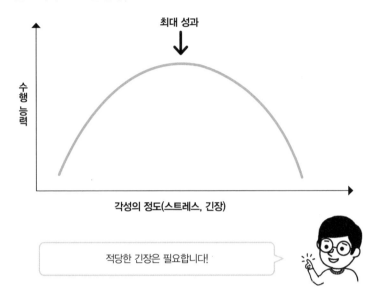

최대 성과

수행 능력

각성의 정도(스트레스, 긴장)

적당한 긴장은 필요합니다!

　적당한 긴장 상태에서는 노르아드레날린이라는 물질이 분비된다. 노르아드레날린은 집중력과 판단력을 높이고 뇌 기능을 비약적으로 높인다.

　다만 지나치게 긴장하면 머릿속이 새하얘지고 근육이 경직되어 오히려 수행 능력이 떨어진다.

To Do 1 ▶ 긴장을 풀어 주는 말 습관

대부분은 긴장될 때 "아, 긴장돼, 실패하면 어쩌지…"라는 식으로 부정적인 말을 내뱉는다. 부정적인 말과 생각은 불안을 부추겨 긴장을 더욱 증폭한다.

그럴 때는 "적당히 긴장한 상태니까 오늘은 최고의 성과를 낼 수 있을 것 같아!"와 같은 긍정적인 말로 바꾸자. 혹은 더 간단하게 "능력치가 오르는 중이야"라고 말하자. 평소에 입버릇처럼 말하면 효과를 볼 수 있다.

긴장은 '실패의 징후'가 아니라 '성공의 징후'다. 긴장을 긍정적으로 받아들이고 즐기면 최고의 능력을 발휘할 수 있다.

> 긴장하지 않는 개그맨은 세상이 알아주질 않아, 진짜로.
> 다들 긴장은 해. 두려우니까 열심히 하는 거지.
>
> – 아카시야 산마(일본의 개그맨)

Fact 2 ▶ 긴장의 원인은 수면 부족

시험 전날 밤새워 공부하거나 중요한 발표 전날 밤새도록 준비한 적은 없는가?

긴장의 주요 원인은 수면 부족이다. 잠이 부족하면 교감 신경이 우위를 차지하기 때문이다. 구체적으로 설명하자면 건강한 사람이라도 밤을 새우면 혈압이 10수은주밀리미터(mmHg) 정도 상승한다. 그리고 혈압이 오르면 교감 신경이 활성화되이 긴장하기 쉬운 상태가 된다.

밤새워 시험공부나 발표 준비를 하는 것은 스스로 '긴장의 폭주 상태'를 불러오는 것이나 마찬가지다.

긴장을 조절하려면 잠을 잘 자야 한다. 일곱 시간 이상 자면 교감 신경에 적당히 브레이크가 걸린다.

전날 일곱 시간 동안 푹 잤는데도 무척 긴장했다고 말하는 사람도 있다. 이런 경우는 이미 수면이 부족하기 때문이다. 매일 다섯 시간씩 자다가 딱 하루만 일곱 시간을 잔다고 해서 갑자기 부교감 신경이 우위를 점하지는 못한다.

고혈압 치료를 받는 사람이 단 하루 동안 충분히 잠을 잔다고 해서 갑자기 혈압이 내려가진 않는 것과 마찬가지다. 하지만 고혈압인 사람의 수면 시간을 일주일 동안 매일 한 시간씩 늘렸더니 혈압이 평균 약 8수은주밀리미터 낮아졌다는 연구 결과가 있다.

긴장에 강한 사람이 되고 싶다면 평소에 일곱 시간씩 자야 한다. 스스로 수면이 부족하다고 느낀다면 오늘 밤부터 노력해서 잘 긴장하지 않는 체질로 바꿔 나가자.

그림 ▶ 수면과 긴장의 관계

충분한 수면	⟷	수면 부족
부교감 신경	⟷	교감 신경
혈압 정상화	⟷	혈압 상승

잘 긴장하지 않는다   쉽게 긴장한다

세로토닌 분비량이 줄어들면 긴장하기 쉽다

쉽게 긴장하는 편이라면 평소에도 짜증이 잦고 걸핏하면 화를 내고 기분이 불안정하지 않은가? 혹은 의욕이 없거나 아침에 잘 일어나지 못하는 등 우울 증상은 없는가?

이 중 무언가에 해당한다면 세로토닌 분비량 저하를 의심해 봐야 한다. '뇌의 지휘자'라고도 불리는 세로토닌은 박자가 빠른 연주자를 발견하면 박자를 맞추라고 지적한다. 즉 노르아드레날린이 지나치게 분비되지 않도록 제어한다.

반면 세로토닌 신경이 약해지면 노르아드레날린은 쉽게 폭주한다. 즉 쉽게 긴장이나 불안에 빠진다.

자주 긴장하거나 감정이 불안정한 사람은 세로토닌 신경이 지쳤을 가능성이 있다. 따라서 긴장을 제어하려면 세로토닌 신경을 활성화해야 한다.

46쪽에서 소개했듯이 세로토닌 신경을 활성화하는 데는 아침 산책이 좋다. 꾸준히 아침에 산책하는 습관을 들이면 긴장을 제어할 수 있을 것이다.

To Do 3 1분 만에 효과를 볼 수 있는 긴장 완화법

긴장되는 상황에서 바로 효과를 볼 수 있는 긴장 완화법을 소개하겠다. 평소 제대로 잠을 자고 아침 산책을 한다면 이 방법도 한번 시도해 보자.

(1) 올바른 방법으로 심호흡한다

긴장되는 순간에 바로 떠오르는 대처법은 심호흡일 것이다. 하지만 심호흡을 해도 긴장이 가라앉지 않았던 적은 없는가?

그 이유는 심호흡하는 방법이 근본적으로 잘못되었기 때문이다. 올바른 방법으로 심호흡하면 부교감 신경이 우위를 차지하므로 반드시 긴장이 가라앉는다.

올바르게 심호흡하려면 숨을 크게 들이마시고(흡기) 들이마실 때보다 두 배 이상 천천히 숨을 내쉬어야 한다(호기). 숨을 내쉴 때 시간을 두 배 이상 들이지 않으면 교감 신경이 자극을 받아 긴장이 더욱 심해지니 주의하자. 가늘고 길게 10초 이상, 가능하면 20초 이상 들여 숨을 모두 토해 내자. 횡격막이 오르내리는 것을 의식히면서 복식 호흡을 하는 것도 중요하다. 심호흡은 올바른 방법으로 해야 긴장 억제 효과를 극대화할 수 있다. 아래에 시계를 보면서 심호흡하는 '1분 심호흡법'을 정리해 두었으니 따라 해 보기 바란다.

표 ▶ 1분 심호흡법

> **시계 문자판을 보면서 다음의 20초 심호흡을 60초 동안 3세트 반복한다.**
> (1) **5초 동안 코로 숨을 들이마신다.(5초)**
> (2) **10초 동안 입으로 숨을 내쉰다.(10초)**
> (3) **계속해서 5초 동안 폐의 공기를 전부 토해 낸다.(5초)**

(2) 허리를 편나

허리만 펴도 긴장이 스르륵 풀린다. 자세가 세로토닌 분비에 영향을 미치기 때문이다. 허리를 펴고 자세만 바르게 해도 세로토닌이 활성화되어 긴장을 조절할 수 있다.

긴장하는 사람을 보면 보통 상체를 앞으로 수그리고 있다.

앉아 있을 때는 허리를 곧게 펴고 자신이 할 수 있는 가장 바른 자세를 취한 다음 1분 동안 심호흡하자.

서 있을 때는 누가 위에서 실로 끌어당긴다 생각하고 허리를 펴자. '긴장하지 말자'라며 스스로에게 되뇌지 말고 허리를 펴는 동작에 의식을 집중하자.

⑶ 일부러라도 웃는 표정을 짓는다

긴장하면 얼굴이 굳는다. 그럴 때일수록 일부러라도 미소를 지으면 긴장이 가라앉는다.

타인과 대화를 나누거나 여러 사람 앞에서 발표해야 하는 상황이라면 일단 웃는 얼굴로 이야기하자. 자세뿐 아니라 표정도 세로토닌 분비에 영향을 미친다. 기쁘지 않아도 웃는 표정을 지으면 세로토닌이 활성화되어 긴장을 능숙하게 조절할 수 있다.

분노를 다스리는 방법

키워드 ▶ 아드레날린, 거울 뉴런

누구나 한 번쯤은 순간적으로 욱해서 폭언을 토해 내거나 분노가 담긴 메시지를 보내 본 적이 있지 않을까 싶다.

분노라는 감정은 인간관계에 갈등을 일으키고 뒤늦게 후회할 일을 만들기 쉬우므로 조심히 다루어야 한다. 분노는 어떻게 조절하면 되는지 방법을 알아보자.

Fact 1 ▶ 화를 알아차리자

흔히들 화가 나는 것을 '이성을 잃는다'라고 표현한다. 그만큼 화가 나면 자신의 마음을 알 수 없게 되고 이성을 다스리지 못하는 상태에 빠진다.

화가 난다면 '지금 나는 화가 났나'라는 사실을 알아차리는 것이 중요하다. '나는 이제 곧 화를 낼 것 같다', '이대로 가다가는 이성의 끈이 끊어질 것 같다', '왠지 모르게 짜증 나기 시작했다'라는 식으로 '분노의 징후'를 먼저 알아차리면 화를 다스릴 수 있다.

'분노'가 날뛰는 말이라면 '분노의 인식'은 고삐를 꽉 쥐는 행위다. 말이 곧 날뛸 것처럼 보이면 고삐를 쥐고 말을 통제해야 한다. 제대로 꽉 쥐지 않으면 고삐는 손에서 벗어나고 말은 날뛰다가 실격 처리되고 말 것이다.

To Do 1 ▶ '나는 화났어'라고 중얼거리자

그럼 어떻게 해야 분노를 알아차릴 수 있을까?

화가 치밀어 오를 때 '지금 나는 화났어'라고 마음속으로 중얼거리면 된다.

'지금 나는 화났어. 지금 나는 화났어. 지금 나는 화났어'라고 마음속으로 세 번 중얼거리자. 혼자 있을 때는 소리 내서 말해도 좋다. '그 정도로 되겠어?'라고 생각하겠지만 시험 삼아 해 보면 얼마나 효과적인지 금방 알 수 있다.

그래도 화가 가라앉지 않는다면 '지금 나는 화났어. 지금 나는 내가 화났다는 사실을 알아차렸어. 지금 나는 화를 조절하지 못하고 있어. 그 사실을 깨달았지'라는 식으로 자신의 마음을 실황 중계하자.

분노 그 자체는 돌발적으로 솟구치는 감정이다. 화를 가둬서 못 나오게 해 봤자 소용없다. 가둬 놓지 말고 '화내는 자신', '화가 난 것 같은 자신'을 객관적으로 바라보면 된다.

계속해서 마음의 실황을 중계하면 카메라가 자신을 촬영하는 듯한 기분이 든다. 텔레비전 화면을 통해 '말싸움 상대와 자신'이 나오는 방송을 보는 중이라고 상상할 수 있다. 이쯤 되면 분노는 이미 가라앉았을 것이다.

Fact 2 ▶ 분노의 정체를 알자

애초에 분노란 무엇일까? 뇌 과학적으로 분석하면 분노는 '아드레날린의 분비'와 '교감 신경의 흥분'이라는 신체 변화라고 볼 수 있다.

체내에서 일어나는 변화로 심장 박동 수가 오르고 호흡이 얕아진다. 머리로 피가 몰리면서 욱한 감정이 치밀어 오른다.

결국 아드레날린과 교감 신경을 제어하면 분노는 사그라든다. 즉 분노를 다스릴 수 있게 된다.

To Do 2 ▶ 6초 동안 분노의 절정이 지나가게 내버려 두자

아드레날린이 가장 많이 분비되는 순간은 화가 난 시점부터 6초 동안이라고 한다. 즉 6초 동안 분노의 감정이 지나가게 내버려 두면 서서히 냉정을 되찾을 수 있다.

화가 나면 속으로 1부터 6까지 천천히 세자. 혹은 눈앞에 보이는 여섯 가지 사물의 이름을 천천히 순서대로 '책상, 형광등, 달력, 책장, 냉장고, 시계'와 같이 나열하자.

앞서 이야기한 '지금 나는 화났어, 지금 나는 화났어, 지금 나는 아니야'라는 말을 마음속으로 중얼거리기만 해도 6초가 지나간다.

6초 동안 참으면 분노의 절정은 지나가지만 짜증은 가라앉지 않는다. 아드레날린의 양이 줄어들려면 시간이 조금 걸리기 때문이다.

아드레날린 같은 생리 활성 물질은 정점에 도달했다가 농도가 절반 정도로 내려가면 효과가 매우 약해진다. 농도가 절반으로 줄어드는 데 걸리는 시간을 '반감기'라고 한다. 아드레날린의 반감기는 20~40초로 알려져 있다.

그림 ▶ 분노 조절

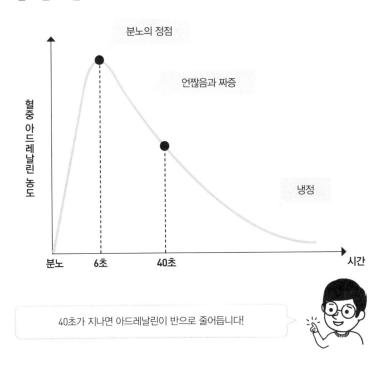

40초가 지나면 아드레날린이 반으로 줄어듭니다!

아드레날린의 혈중 농도는 화가 난 시점부터 6초 뒤면 절정에 달하지만 한순간에 사그라들지는 않는다. 10~20초쯤 지난 뒤에도 일정 농도가 유지되기 때문에 언짢은 기분은 남아 있다.

아드레날린의 효과가 가라앉으려면 반감기인 40초가 지나야 한다. 분노를 능숙하게 다스리고 싶다면 6초와 40초를 기억하고 실천하자.

> 화가 나면 무언가를 말하거나 행동하기 전에 열까지 세라. 그래도 화가 가라앉지 않으면 백까지 세라. 그래도 안 되면 천까지 세라.
>
> – 토머스 제퍼슨(제3대 미국 대통령)

40초가 지나가는 동안 심호흡을 하면 좋다.

앞에서 올바르게 심호흡하는 방법을 소개했다. 5초 동안 들이마시고 15초 이상 들여서 모든 숨을 내쉰다. 이러한 20초 심호흡을 두 번 하면 딱 40초가 된다.

심호흡을 하면 교감 신경 우위가 부교감 신경 우위로 전환된다. 화가 가라앉고 차분한 상태로 돌아온다. 심호흡은 이미 화가 난 시점에 하는 것보다 화가 날 것 같을 때 예방 차원에서 미리 하면 더 효과적이다.

예를 들어 부부 싸움을 하는 상황이라면 맨 처음 욱해서 싸움으로 번질 것 같은 분위기를 느낀 순간에 심호흡하자. 그러면 상대가 시비를 걸어와도 냉정하게 차분한 어조로 말하게 되어 큰소리가 오가는 싸움으로 번지지 않게 막을 수 있다.

To Do 4 〉 일부러 천천히 말한다

말다툼하는 상황에서 상대의 말에 재빨리 반박하면 심호흡할 틈이 생기지 않는다. 그럴 때는 천천히 말하면 좋다.

말만 천천히 해도 화는 서서히 가라앉는다. 그리고 신기하게도 상대의 화도 가라앉는다.

화가 나거나 흥분하거나 긴장하면 말하는 속도가 빨라진다. 교감 신경이 우위에 놓이면서 호흡이 얕아지기 때문이다. 숨을 깊게 쉬지 못해서 단숨에 문장 하나를 다 토해 내려 하기 때문에 저절로 말이 빨라진다.

교감 신경 우위일 때는 말이 빨라지지만, 반대로 천천히 말하면 부교감 신경 우위로 전환된다. 의식적으로 천천히 말하면 여유를 가지고 숨을 들이쉬게 되므로 실질적으로 심호흡할 때와 같은 효과를 얻을 수 있다.

To Do 5 〉 상대의 화를 가라앉히는 방법

때로는 상대가 먼저 분노의 화살을 쏘아 대기도 한다.

예를 들면 불만을 접수하려고 전화한 사람이 몹시 화를 내면서 빠른 말로 쏘아붙이는 경우가 있다. 이때 상대의 빠른 말에 휩쓸려서 자신도 빠르게 말하지 않도록 주의하자. 가는 말이 고와야 오는 말이

곱다고, 상대의 분노에 휘말리면 자신도 모르게 화가 치밀어 폭발하기 쉽다. 서로 언성이 높아지면 해결하기 어려운 심각한 문제로 발전한다.

이런 상황일수록 의식적으로 천천히 말하자. 상대의 페이스에 휘말리지 않으려면 평소 자신이 말하는 속도보다 30퍼센트 느리게 말하는 편이 좋다. 속도를 30퍼센트 줄이면 너무 느릴 거라 생각할 수 있지만 듣는 사람은 크게 의식하지 못한다. 상대의 분노를 잠재우기에 딱 좋은 속도이니 기억해 두자.

Fact 3 ▶ 감정의 줄다리기를 이용한다

심리적으로 우리는 다른 사람의 감정에 전염된다. "바보야!"라는 말을 들으면 똑같이 "바보야!"라고 맞받아치고 싶고 웃는 얼굴로 "고맙습니다"라고 인사하는 상대에게는 웃으면서 "저야말로 정말 고맙습니다"라고 말하고 싶은 마음이 절로 든다.

뇌에 있는 '거울 뉴런'이라는 신경 세포가 상대방을 따라 하게 만들기 때문이다.

분노는 분노를, 냉정은 냉정을 만들어 낸다. 나는 이것을 '감정의 줄다리기'라고 부른다.

상대는 분노, 자신은 냉정의 끈을 쥐고 있다. 두 사람이 줄다리기를 하면 깊이 쪽이 이긴다. 심호흡하기와 천천히 말하기로 냉정을 유지하면 상대의 분노는 가라앉는다. 줄다리기에서 반드시 분노가 이기라는 법은 없다.

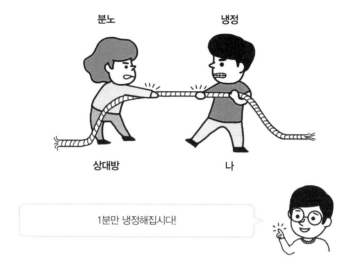

분노 　 냉정

상대방 　 나

1분만 냉정해집시다!

　정신과에는 감정이 불안정하고 마구 소리 지르는 사람이 가끔 찾아온다. 하지만 환자의 분노에 휩쓸리지 않고 1분 정도 냉정을 유지하면 상대도 차분해진다. 그리고 5분쯤 지나면 평범하게 대화할 수 있게 된다.

05 기분 나쁜 일을 잊는 방법

키워드 ▶ 자이가르니크 효과

실언이나 실패 같은 기분 나쁜 일이 머릿속에 들러붙어서 떠나지 않을 때가 있다. 이럴 때 다른 생각으로 전환하려면 어떻게 해야 하는지 알려 주겠다.

Fact 1 ▶ 싫은 기억은 되새길수록 강화된다

기분 나쁜 일이 생기면 어떻게 하겠는가? 이를테면 연인과 헤어지고 충격에 빠졌다고 해 보자. 이 일을 단기간에 친구 세 명에게 각각 상담하면 어떻게 될까?

말하기도 아웃풋이다. 그래서 단기간에 세 명에게 이야기하면 강렬한 기억으로 남아 쉽게 잊히지 않는다. 뇌의 기억 처리 시스템이 원래 그렇다.

그렇게 필사적으로 기억에 남기는 작업을 해 놓았으니 당연히 더

잊기 힘들어진다. 아웃풋 과정을 통해 강화된 기억을 지우는 것은 'apple은 사과다'라는 단어의 뜻을 잊는 것만큼이나 어렵다.

'연인과 헤어졌다', '일하다가 큰 실수를 저질렀다', '상사에게 혼났다'와 같은 부정적인 일을 몇 번이고 남에게 이야기하는 행동은 하지 않는 편이 좋다.

To Do 1 딱 한 번만 말하자

기분 나쁜 일을 아무에게도 말하지 않고 마음속에 담아 두면 스트레스가 쌓일 수 있다. 그래서인지 어떤 이들은 참고 말하지 않는 것을 정말 견디기 힘들어한다.

아웃풋을 단기간에 세 번 하면 강렬한 기억으로 남지만 딱 한 번이라면 괜찮다. 영어 단어를 한 번 듣고 한 번 소리 내어 읽는다고 외워지지는 않는다. 기분 나쁜 일도 마찬가지다. 자신이 가장 신뢰하는 친구에게 딱 한 번만 말하고 마무리 짓는 것이 최선의 방법이다.

나는 이것을 '스트레스 해소의 1회 규칙'이라고 부른다. '1회'만 잘 지키면 스트레스도 풀리고 기억도 강화되지 않는다. 기분 나쁜 일을 털어놓으면 스트레스가 풀린다고들 말하지만 너무 여러 번 이야기하면 몇 달, 몇 년이 지나도 잊히지 않아 고통받을 수 있으니 주의하자.

한 번만 말하면 스트레스가 쌓인다고 느낀다면 그 한 번에 충분히 토해 내지 못했기 때문이다. 한 번에 모든 부정적인 생각을 다 떨쳐 낼 각오로 말해야 한다.

딱 한 번만 말하고 전부 잊는 습관을 들이자. 처음에는 힘들 수 있지만 익숙해지면 할 만하다. 잊는 능력도 연습하면 는다.

To Do 2 잠자기 직전에 '세 줄 긍정 일기'를 쓰자

도저히 싫은 기억을 떨쳐 내지 못하겠다면 앞서 소개한 '세 줄 긍정 일기'를 쓰자. 늦은 시간, 잠자기 직전에는 기분 나쁜 일이 잘 떠오른다. 잠자기 15분 전은 기억의 골든 타임이므로 그 시간에는 괴로운 일, 기분 나쁜 일을 떠올리기만 해도 기억에 잘 남는다.

그림 ▶ 통제 가능한 일

기분 나쁜 일을 떠올린다	⟶ 통제	**불가능**
기분 나쁜 일을 남에게 이야기하지 않는다	⟶ 통제	**가능**
잠자기 전에 기분 나쁜 일을 떠올리지 않는다	⟶ 통제 (멋대로 떠오른다)	**불가능**
잠자기 전에 즐거운 일을 떠올린다	⟶ 통제	**가능**

특히 마음의 병을 앓는 사람은 자기 전에 괴로운 일을 떠올리면 불안이 덮쳐 와 잠을 이루지 못한다. 자기 직전에 '세 줄 긍정 일기'를 쓰고 그 내용을 되새기면서 기분 좋은 상태로 잠자리에 눕자.

인간의 뇌는 두 가지 이상의 작업을 동시에 처리하지 못한다. 즐거운 일을 생각하는 동안에는 괴로운 일이 떠오르지 않는다. 따라서 즐

거운 일을 떠올리면 괴로운 일을 머릿속에서 몰아낼 수 있다.

> 미래를 두려워하거나 과거에 집착하지 말고 지금을 살라.
>
> – 호리에 다카후미(일본의 기업인)

Fact 2 ▶ 마무리 지은 일은 잘 잊어버린다

이런저런 방법을 시도해도 좀처럼 지울 수 없는 과거의 기억이 있다. 이미 일어난 일 때문에 생긴 트라우마는 좀처럼 사라지지 않는다. 트라우마를 잊으려면 어떻게 해야 할까?

우선 '부정적인 일은 한 번만 말하기'와 '자기 전에 부정적인 일 떠올리지 않기'가 몸에 배어 있지 않은 사람은 '과거의 트라우마를 잊는 작업'을 해도 효과를 볼 수 없다. '스트레스 해소의 1회 규칙'을 지키고 '세 줄 긍정 일기'를 쓰는 습관부터 들이자.

기본 습관을 들였다면, 우선 자신이 좋아하는 텔레비전 드라마나 애니메이션 시리즈를 떠올려 보자. 제1회부터 어떤 내용이었는지 줄거리를 말할 수 있는가? 분명 대부분은 줄줄 설명할 것이다.

그렇다면 예를 들어 세 달 전에 본 〈사자에 상〉(サザエさん)의 줄거리를 떠올리는 사람은 얼마나 될까? 이 애니메이션의 특징은 '한 회 단위로 완결'된다는 점이다. 그래서 회차별 줄거리나 전체적인 흐름을 떠올리기가 어렵다.(〈사자에 상〉은 후지TV에서 1969년부터 지금까지

50년 넘게 방송 중인 일본의 국민 애니메이션이다. 매회 20분 정도 독립된 에피소드를 다룬다.— 옮긴이)

사람은 대체로 목표를 완료하지 못한 작업을 완료한 작업보다 더 잘 기억한다. 심리학에서는 이를 '자이가르니크 효과'(Zeigarnik Effect)라고 부른다. 다시 말해 우리는 마무리 지은 일은 잘 잊어버리지만 계속 이어지는 사건은 잘 잊지 못한다.

연인과 헤어진 일은 완결된 사건처럼 보이지만 마음속에서는 미련, 억울함, 아쉬움, 분노 같은 다양한 감정이 소용돌이치고 있다. 쉽게 말해 떨쳐 내지 못한 상태다.

그림 ▶ 자이가르니크 효과

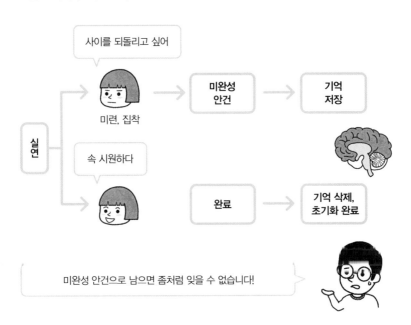

360

떨쳐 내지 못하던 사건이라도 매듭을 지으면 깔끔하게 잊을 수 있지만 감정을 끌고 가면 아무리 시간이 흘러도 기억에서 지우지 못한다.

To Do 3 ▶ 현자의 작업을 통해 사실과 감정을 분리하자

어떤 사건이 벌어지면 우리는 감정 반응을 일으킨다. 연인에게 차이면 슬픔이나 미련의 감정이 밀려온다. 상사에게 혼나면 화가 나고 때로는 불합리하다고 느낀다.

격렬한 감정이 솟구치면 사물을 객관적으로 보지 못한다. '사실'과 '감정'이 하나로 뒤섞여 객관성을 잃는다. 감정의 짙은 안개에 뒤덮여 사실을 올바로 이해하고 대처하지 못한다. 감정은 더욱 격해지고 점점 더 깊은 수렁에 빠진다.

따라서 사실과 감정을 떼어 놓기만 하면 충격적인 일, 싫은 기억, 트라우마도 스스로 처리할 수 있다.

가장 간단한 방법은 시간에 맡기는 것이다. 연인에게 차여도 1년쯤 지나면 "그런 일도 있었지"라고 말할 정도로 차분해진다. 시간이 지나면 감정도 희미해져 사실과 감정을 떼어 놓고 냉정하게 볼 수 있기 때문이다.

여기까지 읽고 나니 '무슨 수로 1년이나 기다려'라는 생각이 들었을 것이다. 이제부터 단 20분이면 실천할 수 있는 '싫은 기억 잊는 방법'을 알려 주겠다. 이름하여 '현자의 작업'이다.

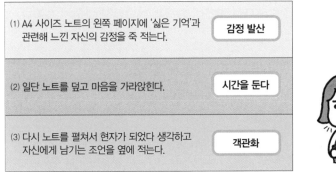

(1) A4 사이즈 노트의 왼쪽 페이지에 '싫은 기억'과 관련해 느낀 자신의 감정을 죽 적는다. **감정 발산**

(2) 일단 노트를 덮고 마음을 가라앉힌다. **시간을 둔다**

(3) 다시 노트를 펼쳐서 현자가 되었다 생각하고 자신에게 남기는 조언을 옆에 적는다. **객관화**

* 출처: 오시마 사치요(大島祥誉), 《맥킨지에서 배운 감정 다스리는 기술》
(マッキンゼーで学んだ感情コントロールの技術)

머릿속에서 전부 내보내겠다는 마음으로 싫은 기억을 노트에 빠짐없이 도해 내자. 그리고 10~30분쯤 시간을 두었다가 노트를 펼친다. 그곳에 적힌 내용을 자신이 아니라 제삼자인 타인이 썼다고 생각하면서 다시 읽는다.

그런 다음 전문가가 되었다 생각하고 제삼자에게 객관적인 조언을 남긴다.

'그렇게까지 침울해할 일이 아니야', '그런 일은 잊고 앞으로 나아가는 편이 좋아', '앞으로 분명 좋은 일이 있을 거야'라는 식으로 최대한 많이 쓰자.

현자의 작업을 하면 마음이 정화되어 상당히 개운해진다. 내용을 적고 노트를 덮었다가 다시 펼치면 정말 남의 이야기를 읽듯이 객관적인 눈으로 볼 수 있어서 신기할 정도다. 이것이 아웃풋을 통한 객관화의 효과다.

글로 쓰면 사실과 감정이 분리된다. 시간을 두고 기다리면 감정이 희미해져 남의 일처럼 바라볼 수 있다.

현자의 작업을 할 때도 반드시 딱 한 번만 써야 한다. 같은 일을 두세 번씩 쓰면 기억이 강화되어 잘 사라지지 않는다. 싫은 기억을 잊는 것이 목적이니 주객전도가 일어나지 않도록 주의하자.

기분 나쁜 일을 세세하게 다 적는 편이 좋다고 조언하는 사람도 있지만 나는 그 의견에 회의적이다. '쓰기'는 '말하기'보다 기억을 더욱 강화하기 때문이다.

다만 현자의 작업을 할 때는 객관화 과정을 거치면서 '감정으로 일그러진 해석'을 '냉철한 해석'으로 고쳐 쓰기 때문에 안심해도 좋다. 기분 나쁜 일만 세세하게 다 적는 작업은 그저 싫은 기억만을 강화할 뿐이니 그만두자.

우울하다고 느낄 때 해야 할 일

키워드 ▶ 증상 고정, 두 가지 질문법

'요즘 마음이 울적하다', '우울한 느낌이 든다', '병원에 가는 편이 좋을까?'라는 생각에 힘들지는 않은가? 이렇게 마음이 아파서 고민하는 사람을 위해 대처법을 정리해 두었다.

2016년에 5000명을 대상으로 진행한 정신 질환 유병률에 관한 대규모 연구에 따르면 12개월 동안의 우울증 유병률은 2.7퍼센트이고 조울증을 포함한 기타 기분 장애의 유병률은 3.2퍼센트였다. 즉 서른 명 중 한 명은 최근 1년 사이에 우울증을 비롯한 기분 장애를 앓았다는 얘기다.

1년 사이에 서른 명 중 한 명이 우울증을 비롯한 기분 장애를 앓는다는 말은 직원이 서른 명인 직장 또는 부서에서 한 명은 우울증으로 병원에 다녀도 이상하지 않다는 소리다.

평생 사는 동안 기분 장애에 걸릴 확률은 7퍼센트, 정신 질환 중 무언가를 앓을 확률은 15.2퍼센트이므로 여섯 명 중 한 명은 정신 질환에 걸린다는 계산이 나온다. 정신 질환은 남의 일이라고 생각하는 사람도 많겠지만 실상은 그렇지 않다.

Fact 1 ▶ 언제 병원에 가야 할까?

'기분이 우울하고 의욕도 안 생긴다. 회사에 가기 싫지만 억지로 출근해서 간신히 일은 하고 있다. 인터넷에서 찾아봤더니 우울증이랑 비슷해 보이지만 그렇게까지 심하지는 않은 것도 같다. 병원에 가야 할까 아니면 상태를 지켜보는 편이 나을까….'

이처럼 애매한 상태를 두고 고민하는 사람이 의외로 많을 것이다. 상태가 좋지 않아도 언제쯤 병원에 가야 하는지를 정하기는 매우 어렵다.

증상이 얼마나 나빠지면 병원에 가는 편이 좋을까? 인터넷을 검색해 봐도 병원에 갈지 말지를 정하는 기준은 자세히 나와 있지 않다. 그래서 주요 내용을 알기 쉽게 설명해 보려고 한다.

"쇠뿔도 단김에 빼라"라는 속담은 우울증 치료에도 적용된다. 발병 직후에 병원을 찾으면 아주 빠르게 증상이 호전된다.

하지만 몇 달을 방치하면 치료에도 몇 달이 걸린다. 6개월에서 1년 정도 방치하다가 뒤늦게 병원에 가면 이미 치료하기 어려운 상태까지 심해진 경우가 많다.

의학 용어 중에 '증상 고정'이라는 개념이 있다. 병에 걸렸는데 치료하지 않고 방치하면 아픈 것이 당연해져 증상이 고정된다.

상한선은 1년까지다. 나쁜 상태를 1년 이상 방치하면 증상이 고정되어 약을 써도 잘 듣지 않는다. 차도가 전혀 없다고 말할 수는 없지만 매우 낫기 어려운 상태에 빠진다.

내 경험상 발병 후에 병원을 찾는 데 걸린 기간과 증상이 완화되는 데 걸리는 기간은 대체로 비슷하다. 한 달 전부터 상태가 안 좋았던 환자는 한두 번만 진찰해도 증상이 호전된다. 대체로 세 달 전부터 안 좋았던 사람은 치료에도 세 달 정도 걸리고 반년 동안 방치한 사람은 치료에 반년 이상 걸린다.

마음의 건강 상태가 좋지 않다거나 우울증이 의심된다면 되도록 빨리 정신과를 방문하는 편이 좋다. 괴로운 상태는 참고 견딜수록 고치기 힘들다.

Fact 2 고민할 정도라면 그냥 진찰을 받자

마음의 병을 앓는 환자를 수천 명 이상 진찰해 온 경험에 따르면 '왜 이렇게 상태가 심각해질 때까지 병원에 오지 않았을까?'라는 생각이 들게끔 하는 환자가 절반 이상이다. 대부분의 환자가 오래도록 상태를 지켜보면서 참다가 질병을 악화시킨다.

일반적인 정신 건강 클리닉의 경우 예약을 해 두면 대기 시간, 진찰, 치료비 납부까지 두 시간이면 끝난다.

내과와 달리 검사 항목도 많지 않아서 진료비가 수십만 원씩 나오는 일은 드물다. 예외적인 검사를 하지 않는 한 보통은 5만 원 이하다.(우리나라도 정신 건강 의학과 초진 시 진료비가 3만 원을 넘지 않는 경우

가 대부분이라고 한다.─ 편집자)

최근에는 야간 진료나 휴일 진료를 하는 병원도 늘었다. 두 시간과 몇만 원이면 확실하게 우울증인지 여부를 알 수 있으니 몇 달씩 참을 필요 없다.

병원에 더 일찍 왔다면 상태가 이토록 나빠지지는 않았을 텐데….

– 정신과를 찾아온 환자가 흔히 하는 말

To Do 1 우울증 자가 진단

368쪽 표에 '우울증의 증상'을 정리해 두었다. 하지만 증상을 읽어도 '너무 많아서 잘 모르겠다'라는 것이 솔직한 심정이지 않을까 싶다. 실제로 우울 정도가 심각한 사람이 자신을 객관적으로 관찰하고 올바르게 판단해서 스스로 진단을 내리기는 어렵다.

그래도 우울증인지 아닌지는 염려될 것이므로 누구나 쉽게 할 수 있는 자가 진단 테스트를 소개하겠다. 아래의 두 가지 질문에 대한 자신의 대답은 무엇인가?

☐ 최근 한 달 동안 기분이 가라앉거나 우울한 기분이 드는 날이 자주 있었는가?

☐ 최근 한 달 동안 도무지 어떤 일에도 흥미가 생기지 않고 진심

으로 즐기지 못한다는 느낌을 자주 받았는가?

　'최근 한 달 동안'과 '자주'라는 표현이 중요하다. 여기서 말하는 '자주'는 '거의 매일'이라는 의미다.

　두 가지 질문 중 하나에 그렇다고 답했다면 우울증일 가능성이 있고 두 가지 모두에 그렇다고 답했다면 우울증일 가능성이 약 88퍼센트에 달하므로 정신과를 방문해 전문적인 진단을 받는 편이 좋다.

표 ▶ 우울증의 증상

진단 관련 증상	특징
1 우울한 기분	기분이 가라앉는다. 우울하다. 사소한 일로 눈물이 난다.
2 흥미와 기쁨의 상실	무슨 일을 해도 즐겁지 않다. 취미나 좋아했던 일을 그만두었다.
3 식욕 감퇴, 몸무게 감소	아무것도 먹고 싶지 않다. 한 달 사이에 몸무게가 5퍼센트 이상 줄었다. 음식에서 모래를 먹는 듯한 맛이 난다. 미각에 문제가 생겼다. 식욕이 과다해지고 몸무게가 늘었다.
4 수면 장애	거의 매일 불면에 시달리거나 반대로 너무 많이 잔다. 잠을 설친다. 푹 잠들치 못한다. 아침 일찍 눈이 뜨인다.
5 초조감	짜증이 난다. 안절부절못한다. 가만히 있지 못한다.
6 잦은 피로감	기력이 감퇴한다. 쉽게 지친다. 몸이 나른하다. 기운이 없다.
7 무가치관, 죄책감	자신에게 아무런 가치가 없다거나 살 가치가 없다고 느낀다. 전부 자신이 탓으로 돌린다.
8 사고력·집중력 감퇴, 결정 장애	산만해서 실수가 잦다. 물건을 두고 다닌다. 생각이 제자리를 맴돈다. 매사에 결정을 내리지 못한다. 자꾸 미룬다.

9 자살 생각, 자살 기도	죽고 싶다거나 살 가치가 없다고 생각한다. 구체적인 자살 방법을 생각하거나 도구를 준비한다.
그 밖에 흔한 증상	특징
신체 증상	어깨 결림, 목 뻐근함(납덩이가 들어 있는 느낌), 두통, 머리가 무거운 느낌, 등의 통증, 전신 권태감, 설명하기 어려운 컨디션 난조
불안감	불안이 머리에서 떠나지 않고 부정적인 일만 떠오른다.
하루 동안의 변화	오전에 상태가 매우 안 좋고 오후에는 비교적 편하다.
사회적 장애	회사나 학교에 가지 않거나 가더라도 실수가 잦다.

'1' 또는 '2'의 증상이 있고 최근 2주 사이에 아홉 항목 가운데 다섯 항목 이상이 '거의 매일' 반복된다면 우울증으로 진단받을 가능성이 있습니다. 스스로 진단을 내리면 안 됩니다. 반드시 의사에게 진단을 받읍시다.

앞의 두 가지 질문 가운데 첫 번째는 '우울한 기분', 두 번째는 '흥미와 기쁨의 상실'을 다룬 것으로 우울증의 가장 특징적인 증상을 물은 것이다.

'두 가지 질문법'은 이름 그대로 질문이 단 두 가지뿐이지만 정확도가 매우 높은 우울증 진단법이라서 일반 내과 의사들도 자주 활용한다. 다만, 어느 하나에 해당한다고 해도 우울증이 아닐 수 있다. 확실한 것은 실제로 정신과 의사에게 진단을 받아야 알 수 있다. 그리고 어디까지나 몇 가지 증세를 가려내기 위한 질문이다. 그러니 만일 해당하는 항목이 있다고 해도 일일이 근심에 잠기지는 말자.

To Do 2 ▶ **자신의 상태를 체크하자!**

우울증을 비롯한 마음의 병이 의심되어 병원에 가야 할지 말아야 할지 망설여진다면 추가로 아래의 체크 리스트를 확인해 보자.

그림 ▶ 정신과 진단 체크 리스트

다음 중 해당하는 항목에 체크해 보세요.
☐ 1 일주일 전보다 증상이 심해졌다.
☐ 2 수면 상태가 나빠졌다. 즉 수면의 질이 낮아지거나 수면 시간이 줄었다.
☐ 3 살면서 '지금'처럼 상태가 안 좋았던 적이 처음이다.
☐ 4 회사나 학교에 갈 수가 없다. 실제로 며칠 쉬었다.

> 두 항목 이상 체크한 사람 → 병원에서 진찰받는 편이 좋습니다.
> 3번이나 4번 항목에 체크한 사람 → 병원에서 진찰받는 편이 좋습니다.
> 그 외의 사람 → 경과를 지켜봅니다.

정신과에서 진찰받는 편이 좋다고 여겨지는 네 가지 징후를 설명하겠다.

(1) 증상이 점점 심해진다

한 달 전보다 상태가 나빠지고 점점 심해지고 있다면 반갑지 않은 징후다. 앞으로도 악화될 가능성이 매우 크기 때문이다. 한 달 전과 비교했을 때 거의 달라지지 않았거나 다소 개선되었다면 조금 더 상태를 지켜봐도 괜찮다.

⑵ 수면 상태가 나빠졌다

잠을 잘 때와 잠에서 깨어난 직후의 상태는 우리의 정신 건강 상태를 여실히 보여 준다. 수면 장애가 한 달 이상 지속되었고 개선의 여지가 없어 보인다면 좋지 않은 징후다.

⑶ 살면서 '지금'처럼 상태가 안 좋았던 적은 처음이다

우울증에 걸리면 살면서 이런 괴로움은 처음 겪는다는 생각이 들고 상태가 나쁘다는 실감이 든다. 환자는 '이 정도로 상태가 안 좋았던 적은 처음이다'라고 말한다. 인생에서 경험한 적 없는 최악의 상태에 이르렀다면 마음의 병을 앓고 있을 가능성이 크다.

⑷ 회사나 학교에 갈 수가 없다

사회인이라면 출근은 제대로 하는지, 학생이라면 학교에 제대로 가는지가 중요한 기준이다. 회사나 학교에 가지 못할 정도로 상태가 나쁘고 실제로 자주 빠졌다면 병원에서 진찰을 받아야 하는 수준이다. '회사에 가기 싫어! 더는 못하겠어!'라는 생각이 든다면 병원을 찾아가 진찰받자.

마음의 병에 대처하는 방법

키워드 ▶ 생활 요법

"3년간 정신과를 다녔지만 마음의 병이 낫질 않아요"라거나 "병이 낫질 않는데 다른 병원에 가 보는 편이 좋을까요?" 같은 문의가 많이 들어온다. 마음의 병을 치료 중인 사람의 대부분은 '좀처럼 낫질 않는다'라는 문제로 고민한다. 그런 사람들에게 도움이 될 만한 이야기를 해 보려 한다.

Fact 1 ▶ **마음의 병은 완치할 수 없다**

한때 '우울증은 마음의 감기'라는 말이 자주 쓰였다. 그 덕분에 우울증의 이미지가 바뀌어서 정신과에 가기 편한 분위기가 생긴 것은 다행이다. 하지만 이 말 때문에 우울증도 감기처럼 완전히 나을 수 있는 병이라는 인식이 굳어진 측면이 있다.

우울증은 '마음의 감기'라기보다는 '마음의 골절'이다.

유명 스포츠 선수가 다쳐서 뼈가 부러졌다고 해 보자. 골절을 치료하고 복귀해도 부상 이전과 똑같은 수준으로 활약하기는 힘들다. 골절의 영향이 남아 있기 때문이다.

　마음의 병도 마찬가지다. 우울증의 경우 90퍼센트는 완화되지만 50~60퍼센트 이상이 재발한다. 완화되지 않는 나머지 10퍼센트는 난치성, 지연성으로 분류된다. 입원하는 횟수로 말하자면 1회 입원으로 낫는 사람은 고작 11퍼센트뿐이며 3회 이상 치료받는 사람이 73퍼센트, 5회 이상 치료받는 사람이 46퍼센트다.

　여러 연구를 바탕으로 정리해 보면 1회 입원으로 말끔히 낫는 경우는 10퍼센트 정도다. 대부분은 일단 완화되더라도 장기적으로 여러 차례 우울 증세가 반복된다. 이런 사례가 압도적으로 많다.

　환자에게 '낫는다는 말의 의미'가 무엇인지 물으면 대부분은 '병에 걸리기 이전의 자신으로 되돌아가는 것'이라고 답한다. 즉 100퍼센트 건강한 상태로 돌아가는 것을 전제로 아직 낫지 않았다고 말한다.

　"지금 몇 퍼센트까지 나았나요?"라고 질문하면 "80퍼센트 정도"라고 답하는 사람도 있다.

　'90퍼센트 정도 나았다'라고 답하는 환자가 있다면 주치의에게 고마워해야 한다. 우울 증상이 거의 사라진 환자여도 대부분은 아프기 전에 비해 '체력이 약해졌다'라거나 '집중력이 떨어졌다', '스트레스에 취약해졌다'라며 정신적으로 약해졌다고 말한다.

　마음의 병은 완치하기가 어렵다.

To Do 1 병을 받아들이자

마음의 병을 완전히 낫게 하기는 어렵다는 말을 듣고 실망하지는 않았는가?

하지만 그것이 현실이다. 일단 마음의 병에 걸리면 완치는 어렵다. 그런데 이 사실을 받아들이지 않고 바꿀 수 없는 현실을 바꾸려고 애쓰면 극심한 스트레스가 발생한다. 그러면 모처럼 나아진 증상이 나빠지거나 재발하기도 한다. 애쓰면 애쓸수록 병이 낫지 않는 딜레마에 빠진다.

그렇다면 어떻게 해야 할까? 병을 받아들여야 한다. 병에 저항하지 말고 병을 성격이나 기질 같은 자신의 일부로 받아들이자.

또한 병이 완전히 낫기를 기다리지 말고 사회로 복귀하여 활동을 시작하자. 100퍼센트까지는 아니어도 90퍼센트까지 나았다면 일은 할 수 있다. 복지을 목표로 움지여야 한다.

신기하게도 병마와 싸우기를 멈춘 환자는 정말로 귀신이라도 떨어져 나간 것처럼 밝아지고 증세도 점점 나아진다. 그러다 문득 어느 날 보면 90퍼센트에서 95퍼센트로, 거기서 다시 98퍼센트까지 회복이 진행되어 있다.

환자에게 "요즘 컨디션이 상당히 좋네요"라고 말하면 "병을 까맣게 잊고 지냈어요"라고 얘기한다.

'고치자, 고쳐야 해'라고 필사적으로 애쓸수록 병은 낫지 않는다. 병을 받아들이고 고치기를 그만두면 그때부터 상당히 호전된다. 그러다가 거의 다 낫는 사람도 많다.

374

표 ▶ 병을 받아들인 사람이 보이는 반응

요즘에는 병에 대해 거의 생각하지 않는다.
병을 완치하는 것보다 사회와 회사에 복귀하는 것이 더 중요하다고 생각한다.
병에 걸렸던 것은 회사, 가족, 자신의 탓이 아니다.
지금 생각해 보면 병에 걸리기 전에 직장에서든 일상에서든 너무 무리했다.
병이 난 것은 과거의 일이다. 이제 앞으로 무엇을 할지 차분히 생각할 수 있다.
의사와 간호사가 잘 챙겨 준다. 가족에게 늘 도움을 받는다. 친구나 동료의 배려가 기쁘다.
요즘에는 취미 활동을 하고 싶은 마음이 든다.
그동안 끙끙 앓던 자신이 바보 같았다는 생각이 든다.

To Do 2 ▶ 새로운 자신으로 업그레이드하자

> 뭐 하러 이런 병에 걸리게 만든 원래의 자신으로 돌아가요?
>
> – 나카이 히사오(일본의 정신과 의사이자 고베 대학교 명예 교수)

환자가 "치료받으면 원래대로 돌아옵니까?"라고 질문하자 정신과 의사인 나카이 히사오 교수가 한 말이다. 이는 질병의 본질을 파악한 매우 날카로운 대답이다.

일례로 우울증 환자 중에는 아무리 업무가 힘들어도 약한 소리 한 번 내지 않고 컨디션이 나쁜데 연차도 쓰지 않은 채 필사적으로 애쓰는 매우 성실한 사람이 있다. 그렇게 고지식한 성격 그대로 다시 원래 직장으로 돌아가면 어떻게 될까?

또 같은 상황이 되풀이된다. 다른 일을 맡아도 또 무리하게 애쓰다가 우울증이 재발할 것이다. 그러니 원래의 자신으로 돌아가면 안 된다. 질병의 위험 요소를 안고 있는 자신으로 돌아가 봤자 마음의 병이 반복될 뿐이다.

왜 병이 났는지 꼼꼼히 자기 자신을 분석한 다음 스트레스를 받아넘길 수 있을 만큼 대범하고 여유로운 자신으로 진화해야 한다.

구체적으로 말하자면 회복 탄력성을 기르는 것이 중요하다. 어느 정도의 스트레스는 가볍게 받아넘기자. 너무 애쓰지도 말고 자신의 페이스에 맞춰서 일하면 된다. 원래의 자신으로 돌아가지 말고 새로운 자신으로 업그레이드하자. 이것이 비로 병을 받아들이고 극복하는 자세다.

그림 ▶ 원래의 자신으로 돌아가서는 안 된다

발병 · 재발

원래대로 돌아가고 싶어…

'원래의 자신'이 아니라 '새로운 자신'으로 다시 태어나야 합니다!

구체적으로 어떻게 자신을 업그레이드하면 좋을까? '병이 낫는 사람'과 '병이 낫지 않는 사람'에게는 각각 특징이 있다.

표 ▶ 병이 낫는 사람과 병이 낫지 않는 사람의 특징

병이 낫는 사람	병이 낫지 않는 사람
병을 받아들인다	병과 싸우고 병에 저항한다
고맙다는 말을 자주 한다	험담을 자주 한다
자주 웃는다	자주 찡그린다
작은 일로 끙끙거리지 않는다	뭐든지 불안해한다
거리낌 없이 남에게 상담한다	남에게 상담하지 않는다
지금을 산다	과거에 연연한다
호전된 증세에 주목한다	나빠진 증세에 주목한다
한 군데 병원을 꾸준히 다닌다	수시로 병원을 바꾼다

자신은 '병이 낫지 않는 사람'의 특징 중 몇 개에 해당하는가? 해당하는 항목을 개선하고 '병이 낫는 사람'으로 변화하자. 그것이 새로운 자신으로 업그레이드하는 방법이다.

To Do 3 ▶ 생활 요법을 철저히 실천한다

'주치의의 치료법에 문제가 있는 것은 아닐까?', '병원을 바꾸는 편이 좋을까?'라는 문제로 고민하는 사람도 많다.

히지만 현대 정신 의료에서는 같은 진단 기준과 치료 가이드라인을 적용해서 진단하고 치료한다. 병원을 바꿔도 따로 특효약을 처방해 주지는 않는다.

환자가 해야 할 일은 병원을 바꾸는 것이 아니라 생활 요법에 착실히 임하는 것이다.

마음의 병은 대부분 정신 건강에 악영향을 미치는 불규칙한 생활 습관 때문에 생긴다. 예를 들면 1년 이상 불면에 시달리는 사람은 우울증 발병률이 건강한 사람의 40배나 높다는 연구 결과가 있다.

그림 ▶ 생활 요법의 중요성

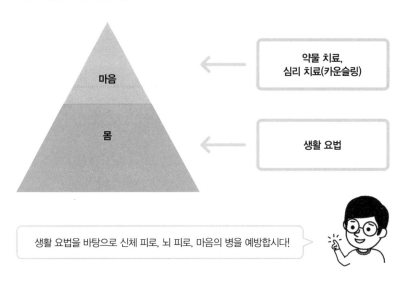

마음의 병을 치료 중인 사람이 실천해야 할 생활 요법은 앞서 언급한 방법들이다. 하루 일곱 시간의 수면, 주당 150분의 운동, 아침 산책, 금수와 금연을 철저하게 지키자. 제대로만 하면 정말로 증세가 호전된다.

왼쪽 페이지 그림처럼 마음은 몸의 일부다. 몸이 건강해야 마음도 안정된다. 하지만 일이 바빠서 야근이 늘면 수면 시간이 줄어든다. 자연히 신체 피로가 쌓이고 뇌도 지쳐서 마음이 너덜너덜해진다. 몸이 한계에 부딪히면 정신도 더는 버티지 못하고 무너져 내린다. 이것이 마음의 병이다.

마음의 병은 약물 치료만으로는 고치기 어렵다. 기본적으로 잘 자고 꾸준히 운동하는 규칙적인 생활을 통해 몸을 단련해야 한다. 정신을 지탱할 수 있을 만큼 체력을 되돌리는 것이 우선이다.

마음의 병은 생활 요법을 실천하지 않고 약물과 심리 치료에만 의존하면 잘 낫지 않는다. 생활 요법을 병행해야 훨씬 빠르게 치료 효과를 볼 수 있다.

발달 장애가 의심된다면

키워드 ▶ 회색 지대

최근 여러 매체에서 발달 장애를 다루는 빈도가 늘었다. 그런 곳에서 소개하는 진단 기준, 자가 진단 체크 리스트를 직접 살펴보고 '나한테도 발달 장애 징후가 있는 것 같다'라며 병원을 찾는 사람이 급증했다. 발달 장애 전문 외래 시스템을 갖춘 병원 중에는 반년 뒤까지 예약이 꽉 찬 곳도 있다고 한다. 발달 장애에 대한 걱정과 불안이 확산되는 가운데 어떻게 대처하면 좋을지 알아보자.

Fact 1 ▶ 발달 장애가 의심되는 케이스는 흔하다

질병에는 '질병의 전 단계'에 해당하는 상태가 있다. 이러한 상태는 미병(未病), 예비군, 회색 지대 같은 다양한 말로 표현된다.

일본에서 실제 당뇨병을 앓는 환자는 약 1000만 명이지만 당뇨병 예비군도 1000만 명 정도 더 있다. 즉 일본인의 약 20퍼센트가 당뇨병 환자이거나 당뇨병 예비군이다.

치매 환자는 약 400만 명이고 치매 예비군인 경도 인지 장애(MCI)를 앓는 사람도 약 400만 명이다. 65세 이상 고령자의 약 25퍼센트가 치매이거나 치매 예비군에 속한다.

발달 장애를 겪는 사람은 일본 인구의 5퍼센트로 알려져 있는데 최근에는 10퍼센트라는 통계치도 나왔다. 발달 장애의 회색 지대에 속하는 사람이 얼마나 되는지 조사한 통계 자료는 없다. 하지만 대부분 질환의 예비군이 원래 환자 수와 비슷하거나 그보다 많다는 것을 전제로 한다면 최대 20퍼센트 정도가 발달 장애이거나 그 예비군에 속한다고 봐도 이상하지 않다. 자신에게 발달 장애 증세가 있다는 생각이 들더라도 전체 인구의 약 20퍼센트는 비슷한 상황이니 너무 심각하게 비관하거나 의기소침할 필요 없다.

Fact 2 ▶ **발달 장애를 스스로 진단하기는 불가능하다**

인터넷에서 발달 장애를 검색하면 자가 진단 관련 페이지가 많이 나온다. 이 진단을 혼자 해 보고 발달 장애를 의심하는 사람이 많은데 대부분은 틀리게 진단하니 시도하지 않는 편이 좋다.

주의력 결핍 과잉 행동 장애(ADHD)도 발달 장애의 한 형태다.

성인 ADHD를 진단하는 경우에는 진단 기준에 나온 여덟 가지 증상 가운데 반드시 '다섯 가지 이상'에 해당해야 한다. 그런데 자신도 발달 장애일지 모른다고 의심하는 사람은 세 가지 항목에만 해당해도 불안해한다.

여덟 가지 증상 중 다섯 가지 이상에 해당하면 ADHD일 가능성이 있다. 하지만 세 가지 항목에만 해당하면 ADHD가 아니다.

ADHD의 여덟 가지 증상에 모두 해당하더라도 증상 외에 충족해야 할 필수 항목이 있는데 그것을 언급하지 않는 사이트가 많은 것도 문제다. ADHD 진단에 필요한 필수 항목에는 "사회적, 직업적, 학업적으로 현저한 지장을 보인다"라고 적혀 있다. 구체적으로 말하자면 '일을 하지 못한다', '출근을 못 한다', '취업을 못 한다', '꾸준히 일하지 못한다', '금방 해고된다' 같은 상태다. 평범하게 사회생활을 하고 있다면 몇 가지 증상을 겪고 있더라도 그것이 사회적, 직업적인 면에 지장을 일으키지 않는 상태이므로 발달 장애에 해당하지 않는다.

그림 ▶ 마음의 병은 그러데이션 같다

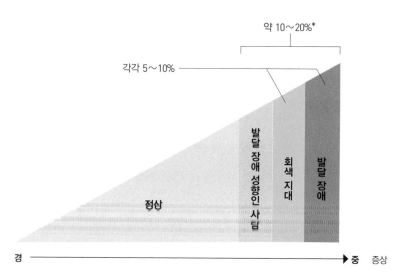

* 저자의 추정값

약 10~20%*

각각 5~10%

발달 장애 성향인 사람

회색 지대

발달 장애

정상

경 ─────────────▶ 중   증상

몇 가지 항목에는 해당하지만 사회생활에는 문제없는 사람을 나는 '발달 장애 성향인 사람'이라고 부른다.

내 경험에 비추어 보았을 때 일본인의 30퍼센트 정도는 발달 장애, 회색 지대, 발달 장애 성향인 사람 중 하나에 해당할 것으로 추정된다. 많은 사람이 '나에게는 발달 장애 성향이 있다'라고 생각하는 것도 어쩌면 당연하다.

게다가 모든 마음의 병이 마찬가지지만 마음의 병은 '여기서부터는 ○○병'이라고 명확하게 선을 그을 수 없다. 마치 그러데이션처럼 다양한 증상이 정도의 차이를 두고 존재한다.

진단 기준의 두세 가지 항목에 해당한다고 해도 전혀 이상하지 않다. 진단 기준에서 규정한 증상을 두루 갖추었고 각각의 증세가 심각할 뿐 아니라 사회생활이 어려울 정도로 괴롭고 힘들어하는 일부가 질병을 앓고 있는 것으로 진단받는다.

생각을 그 즉시 행동으로 옮겼다가 사고를 저지르는 촐랑대는 성격의 아이는 과잉 행동, 충동성, 산만함이 특징인 ADHD 환자와 비슷해 보인다. 그래서인지 〈사자에 상〉의 등장인물인 가쓰오라는 개구쟁이 소년을 ADHD의 사례로 소개하는 책이 있을 정도다.

그렇다면 가쓰오는 병원을 찾아가 ADHD 치료를 받는 편이 좋을까? 당연히 갈 필요가 없다. 본인이 매일 즐겁게 하루를 보내고 사회적으로 문제가 없고 학업에 지장을 받지 않는다면 ADHD 증상과 비슷한 모습을 보여도 병에 걸렸다고 할 수 없다.

진단 기준은 의사를 위한 자료다

"퀴즈입니다. 목이 길고 사족 보행하는 초식 동물이 있습니다. 무엇일까요?"

"기린입니다."

"틀렸습니다. 답은 알파카입니다."

이 대화를 보고 어떤 생각이 드는가? 사진이 있다면 기린인지 알파카인지 바로 알 수 있지만 특징을 말로만 설명하고 맞히라고 하면 기린인지 알파카인지 구별하기 어렵다.

이는 정신과 진단에서도 마찬가지다. 비전문가가 글로 적힌 내용만 보고 증상을 판단해서 발달 장애를 진단할 수 있을 리가 없다.

진단 기준은 일반인이 아닌 의사가 활용하라고 만든 자료다. 정신과 의사의 진단 기준 주의 사항에도 '숙련된 임상가'가 임상 현장에서 사용하는 자료라고 분명하게 적혀 있다.

숙련된 임상가란 쉽게 말해 실제로 발달 장애 진단을 내린 적이 있는 전문가를 말한다. 단 한 번도 발달 장애 진단을 내려 본 적 없는 사람이 발달 장애 여부를 정확히 진단하기란 불가능하다.

'나도 발달 장애를 겪는 것 같다', '아무래도 우울증 같다', '내가 인격 장애에 해당하는구나'라는 식으로 스스로 진단을 내리고 '완전히 내 얘기다'라는 착각에 빠져 불안과 우울을 느낄 필요 없다. 이는 진단 기준을 잘못 적용해서 나온 결과이기 때문이다.

일반인용으로 나온 발달 장애 자가 진단 체크 리스트는 어디까지나 증상을 선별하기 위한 도구다. 최종 진단은 경험이 풍부한 정신과 의사만 할 수 있다. 그러니 자가 진단 결과를 함부로 자신에게 적용하고 낙담하거나 의욕을 잃어 자기 비하에 빠지는 일이 없도록 하자.

Fact 4 › 발달 장애는 결점이 아니다

사람들이 발달 장애가 의심될 때 걱정하는 이유는 발달 장애를 부정적으로 보기 때문이다.

발달 장애 증상은 '예민한 성격'으로 바꿔 말할 수 있다. 즉 그 사람의 특징에 지나지 않는다. 따라서 잘 활용하면 장점이 되고 활용하지 못하면 단점이 될 뿐이다.

천재, 위인, 사회적으로 성공한 사람 중에도 발달 장애 사례가 많다. 토머스 에디슨, 사카모토 료마, 존 F. 케네디, 빌 게이츠, 스티브 잡스는 ADHD에 해당하는 것으로 알려져 있다.

일본 대기업 라쿠텐 창업자 미키타니 히로시와 비즈니스 관련 책을 쓰는 저자 가쓰마 가즈요는 직접 자신이 ADHD 환자라고 밝혔다.

ADHD는 질병이라기보다는 특징이다. 과잉 행동이나 충동성 같은 특징이 있으면 가만히 있지 못하므로 학교에서는 '앉아서 수업을 못 받는다'라는 결점이 두드러질 수도 있다. 하지만 일본 무사 사카모토 료마의 그러한 특징은 '일본 전역을 누비는 에너지'가 되어 막부 말기를 크게 움직인 원동력으로 작용했다.

언뜻 산만해 보이지만 자신이 정말 좋아하는 일에는 집중해서 몰두하거나 푹 빠져들 수 있다. 발명에 몰두한 에디슨과 아이폰을 개발한 잡스가 여기에 해당한다.

과잉 행동은 활기찬 성격으로, 충동적이고 감정 기복이 심한 특성은 감수성이 풍부한 것으로, 집중하지 못하는 특성은 창의력이 풍부한 것으로도 볼 수 있다. 또 남의 말을 잘 듣지 않는 특성은 독창성으로, 싫증을 잘 내는 특성은 신선함을 추구하는 경향이 있다는 장점으로 파악할 수 있다.

To Do 1 ▶ 증상을 특징이자 장점으로 활용한다

모든 마음의 병은 실제로 질병이 아니라 '특징'이자 '장점'이다. 따라서 증상을 특징으로 파악하고 장점으로 살려 낼 수 있는 환경을 구축해야 한다. 주변 사람들의 지지와 응원도 중요하다.

표 ▶ ADHD와 ASD 증상이 있는 사람이 뛰어난 분야와 서툰 분야

	ADHD(주의력 결핍 과잉 행동 장애)	ASD(자폐 스펙트럼 장애)
뛰어난 분야	• 자주적으로 돌아다니는 영업직 • 번뜩이는 아이디어·기획력·행동력을 요구하는 기획 개발, 디자이너, 경영자, 예술가	• 규칙성, 계획성, 깊이 있는 전문성을 요구하는 설계사, 연구자 • 치밀함과 집중력이 필요한 시스템 엔지니어, 프로그래머 • 방대한 데이터를 다루는 재무 설계사, 경리, 법무사
서툰 분야	• 데이터·스케줄 관리처럼 치밀함과 꼼꼼함이 필요한 업무 • 장기적으로 계획을 세우고 차분하게 추진하는 업무 • 행동력보다 인내력이 필요한 작업	• 고객 개별 대응 업무, 계획이 수시로 변경되는 작업 • 대화 중심 업무, 상사가 애매하게 지시한 업무

* 참고: https://www.sankeibiz.jp/economic/news/100217/ecb1002171610001_n4.htm

이를테면 ADHD에 잘 맞는 직업과 안 맞는 직업, 자폐 스펙트럼 장

애(ASD)에 잘 맞는 직업과 안 맞는 직업이 있다.

ADHD의 특징을 지닌 사람은 디자이너나 예술가로 활약할 가능성이 있다. 하지만 시간이나 스케줄을 엄수해야 하는 회사원으로 근무하면 상당한 고초를 겪는다.

ASD의 특징을 지닌 사람은 커뮤니케이션에 서툴기 때문에 고객응대 또는 서비스를 담당하거나 인간관계가 미묘한 직장에서 근무하면 크게 고생한다. 하지만 프로그래머나 연구직처럼 사람을 만나지 않고 혼자서 몰입하고 집중해야 하는 일을 맡으면 보통 사람보다 뛰어난 성과를 낼 가능성이 있다.

나는 혹시 HSP일까?

키워드 ▶ 심리학 개념

일상에서 시소한 일에 예민해지고 쉽게 상처받는다거나 섬세함이 지나쳐서 살기가 힘들다면 매우 예민한 사람, 즉 HSP이기 때문인지도 모른다.

Fact 1 ▶ HSP는 병이 아니다

HSP(Highly Sensitive Person)는 1996년에 심리학자 일레인 N. 에런이 고안한 개념으로, 민감한 기질을 타고나서 주위의 자극이나 타인의 감정을 과도하게 받아들이는 사람을 뜻한다.

HSP는 성격적인 경향으로 신경이 과민하고 정보 인지 능력이 뛰어나다는 특징이 있다. 이러한 경향은 인간 이외에 100여 종의 생물에서도 나타난다.

즉 HSP는 질병이 아니다.

다른 사람보다 조금 '신경의 전달이 예민한 사람'일 뿐이다. 이는 하나의 특징이지 좋고 나쁘고를 논할 문제가 아니다.

HSP는 어느 나라에서든 전체 인구의 약 15~20퍼센트를 차지한다고 알려져 있다. 이는 혈액형이 B형인 사람의 수와 비슷한 수준으로 매우 많다.

HSP는 정신과 진단 기준에도 실려 있지 않다. 사회생활, 일상생활에 심각한 지장을 주거나 현저한 고통을 일으키지 않으면 정신 질환으로 진단하지 않기 때문이다.

만일 신경이 극도로 예민해서 인간관계를 유지하고 사회생활을 이어 나가는 데 지장이 생길 정도라면 강박 장애나 불안 장애 같은 진단이 내려질 것이다.

정신과에서는 HSP를 성격적인 경향으로 파악한다. 병원에 가서 "HSP를 고쳐 주세요"라고 말하는 것은 "내성적인 성격을 고쳐 주세요"라고 말하는 것이나 마찬가지다. "그렇게는 못 합니다"라는 답변을 듣게 될 것이다. HSP가 의심되는 정도로는 정신과 진료를 받아 봤자 별 의미가 없다. 다른 사람보다 지각 능력이 예민할 뿐이니 지나치게 걱정하지 않아도 된다.

Fact 2 ▶ HSP는 안심하라고 만든 개념이다

어린 시절부터 줄곧 '왜 나만 이렇게 살기 힘들까?'라는 문세로 고민하던 사람이 HSP라는 개념을 알면 '뭐야, 나는 HSP였구나', 'HSP가 20퍼센트나 된다니, 문제가 있거나 병에 걸린 게 아니구나' 하고 안

심할 수 있다.

이처럼 심리학 개념은 사람을 불안에 떨게 하기 위해서가 아니라 안심시키기 위해 존재하고 고안된다.

그림 ▶ 심리학 개념은 우리를 안심시키기 위해 존재한다

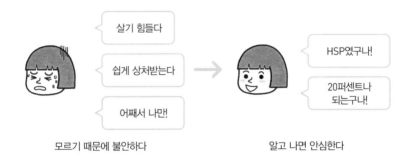

모르기 때문에 불안하다   알고 나면 안심한다

To Do 1 ▶ **인터넷 정보를 곡해하지 말자**

사람들은 대부분 인터넷 기사를 대충 훑는다. 심심풀이용으로 작성된 단편적 정보를 읽고 '나도 HSP 같아', '병원에 가 봐야 하나?'라며 멋대로 불안에 빠지고 우울해한다.

몸이나 마음의 문제 또는 질병을 다룬 기사는 띄엄띄엄 일부분만 읽지 말고, 처음부터 끝까지 한 글자도 빼놓지 않고 전체를 다 읽어야 한다.

HSP 관련 인터넷 기사를 찾아보면 'HSP는 병이 아니다', 'HSP는 전체 인구의 20퍼센트나 된다'라고 분명하게 적혀 있다. 처음부터 끝까지 차분하게 읽으면 불안하기보다는 오히려 마음이 놓일 것이다.

하지만 쉽게 불안에 빠지는 사람일수록 정보를 제대로 읽지 않는다. 제목만 읽고 만들어 낸 이미지 때문에 불안과 걱정에 사로잡혀 올바르고 냉정하게 판단하지 못한다.

HSP뿐 아니라 발달 장애를 비롯한 다른 질병에 대해서도 마찬가지다.

분명 '올바른 정보'가 적혀 있는데도 그 아래에는 엉뚱한 댓글이 많이 달린다. 내 유튜브 채널에도 동영상을 제대로 보지 않고 내 주장과 어긋난 선입견에 사로잡혀 내용을 잘못 이해하고는 혼자 멋대로 불안에 빠져 공격적인 댓글을 남기는 사람이 있다.

정보는 침착한 자세로 받아들이자. 일부분만 읽지 말고 처음부터 끝까지 전체를 읽자.

평소 질병에 대해 알아볼 때 인터넷에서만 정보를 구하는 사람은 특히 주의하자. 틀린 정보를 바탕으로 판단을 그르치면 불안과 걱정만 자라날 뿐이다.

Fact 3 ▶ HSP의 네 가지 특징

HSP에 대한 불안은 정보를 곡해해서 일어나는 경우가 대부분이다.

다시 한번 HSP의 개념을 짚어 보고 자신이 HSP에 해당하는지 생각해 보자. HSP의 특징은 다음과 같다.

□ 생각이 복잡하게 얽혀 있어 깊이 생각하고 나서 행동한다.
□ 자극에 민감해서 쉽게 지친다.

□ 남의 기분에 쉽게 휩쓸리고 공감을 잘한다.

□ 모든 감각이 예민하다.

네 가지 항목에 모두 해당하면 HSP로 본다.

이렇게 말하면 꼭 누군가는 "세 가지 항목에 해당할 때는요?"라고 질문한다.

다시 한번 잘 읽어 보자.

'네 가지 항목에 모두 해당하면 HSP'다. 세 가지에만 해당하는 사람은 HSP가 아니다.

이러한 '정의'는 엄밀하게 적용해야 한다. 진단 기준에 적힌 항목을 하나만 느슨하게 적용해도 대상자가 20퍼센트 이상 늘어난다.

HSP의 네 가지 기준 모두에 해당하는 사람은 전체 인구의 20퍼센트 정도다. 이 기준을 두세 가지 이상 항목에 해당하는 사람으로 넓히면 대상자가 전체 인구의 절반을 넘는다.

부분적으로 읽지 말고 처음부터 끝까지 제대로 읽은 다음 '나는 세 가지 항목에 해당하니 HSP가 아니구나'라고 생각할 줄 알아야 한다. 자발적으로 불안을 만들어 낼 필요가 전혀 없다.

To Do 2 HSP 체크 리스트로 진단해 보자

앞에서 제시한 HSP의 네 가지 특징에 모두 해당한다면 HSP라는 개념을 만든 에런 박사의 공식 홈페이지를 살펴보자. 그곳에 실린 더 상세한 HSP 체크 리스트(http://hsperson.com/test/highly-sensitivetest/)로 직접 진단해 볼 수 있다.

To Do 3 대처법을 배운다

음악가나 예술가와 대화를 나누다 보면 자신이 HSP라고 밝히는 사람이 의외로 많다.

'자극에 민감하다', '감각이 지나치게 예민하다' 같은 특징은 인간관계에 쉽게 지친다는 면에서는 '단점'이지만 음악가나 예술가처럼 창작 활동을 하는 사람에게는 '재능'이다. 소리나 색채의 미묘한 차이를 알아차리는 능력, 일상의 사소한 일에도 의문을 품는 능력이 있다는 것은 직감적인 통찰력이 뛰어나다는 말이기도 하다. 그렇게 보면 무척 멋진 재능이다.

이러한 능력을 재능으로 잘 살리면 사회적으로 활약하는 인물로 성장한다. 하지만 직업을 잘못 고르면 '쉽게 지치는 사람', '타인의 감정에 휩쓸려 쉽게 상처 받는 사람'으로 살지도 모른다.

발달 장애를 설명할 때도 말했지만 증상은 그저 하나의 특징일 뿐이다. 그것을 단점으로 여기고 괴로워할지 장점으로 여기고 무기로 삼을지는 스스로에게 달렸다.

'HSP여도 걱정할 필요가 없다'라는 말을 들어도 금세 남에게 휘둘리거나 기분이 나빠지거나 정신적으로 지쳐서 스스로 부정적인 면을 매일 실감하는 사람도 있을 것이다. 그런 사람은 다음 페이지의 대처법을 활용해 보자.

표 ▶ HSP의 부정적인 면에 대처하는 방법

- 자신의 민감성을 자극하는 일은 피한다.

- 과민하게 만드는 자극을 미리 차단한다. 예를 들어 빛에 예민하면 선글라스를, 소리에 예민하면 헤드폰을 쓴다.

- 푹 쉬면서 회복한다.

- 지나치게 애쓰지 않는다.

- 편하게 지낼 수 있는 환경을 조성한다. 마음 편한 장소를 만든다.

- 자신을 바꾸려 하지 말고 자신에게 맞는 일을 찾는다.

- 단점을 극복하려 애쓰기보다는 장점을 기르는 데 집중한다.

- HSP의 장점에 주목한다.

- 동시에 여러 가지 일을 하지 말고 간결하게 진행한다.

- 자신과 상대방 사이에 경계선을 긋는다.

- 자신을 표현한다.

- 다른 사람에게 의지하고 동료를 찾아낸다.

- 친한 사람에게 HSP라고 밝히고 이해를 구한다.

* 다케다 유키가 쓴 《너무 신경 썼더니 지친다》를 참고로 저자가 정리했다.

치매를 예방하는 방법

키워드 ▶ MCI, 마인드 식단

일본의 연령별 치매 발생률을 살펴보면 70~74세가 약 5퍼센트, 80~84세가 약 25퍼센트, 85세 이상은 55퍼센트나 된다. 지금은 '인생 100세 시대'라는 말이 키워드로 자리 잡은 지 오래다. 그런데 오래 살수록 치매의 위험은 급격히 상승한다. 모처럼 100세까지 살게 되어도 치매에 걸려 간병을 받는다면 그 삶은 즐겁지 않을 것이다.

치매에 걸리지 않고 살 수는 없을까? 이는 우리 모두와 관련 있는 중요한 문제다.

Fact 1 ▷ 치매는 예방할 수 있다

대부분의 병은 갑자기 질병으로 확정되지 않는다. 우선 예비군으로서 가벼운 증상을 드러내는데 이 상태를 방치하면 병으로 진행된다. 예비군 상태일 때는 생활 습관 개선 같은 간단한 노력만으로도 본래 상태로 되돌릴 수 있을 만큼 증상이 호전된다. 치매 예비군을 '경도 인지 장애'(MCI)라고 부른다. 하지만 일단 병에 걸리면 아무리 애써도 잘 낫지 않는다. 즉 본래 상태로 되돌릴 수 없다.

노쇠의 단계를 설명한 181쪽 그림과 마찬가지로 치매와 경도 인지 장애의 관계 역시 아래 그림과 같다. 즉 건강한 상태와 치매 사이에 놓인 상태가 경도 인지 장애다. 고령자 네 명 가운데 하나는 경도 인지 장애에 해당할 정도로 흔한 증상이다. 경도 인지 장애 상태에서 잘 견디면 치매로 진행되지 않게 막을 수 있다.

많은 사람이 건망증은 노화 때문에 생기는 증상이라 고칠 수 없다고 생각한다. 대략 10년 전까지만 해도 그것이 상식이었다. 하지만 최신 연구에서 밝혀진 바에 따르면 가벼운 건망증, 즉 경도 인지 장애를 겪더라도 운동 요법을 비롯한 몇 가지 방법을 착실하게 실천하면 증상이 호전되어 평범한 상태로 돌아갈 수 있다.

만약 치매로 진행된다고 해도 속도를 늦추거나 건망증 증상을 개

그림 ▶ 치매와 경도 인지 장애(MCI)

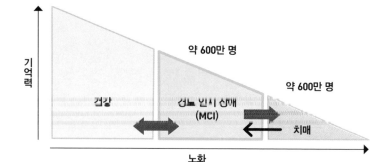

선할 수 있다는 보고가 잇따르고 있다.

가족 중에 건망증 증상을 보이는 사람이 있다면 건망증과 치매를 다루는 종합 병원 외래 전문의나 치매 전문 병원 의사에게 진료를 받고 정상인지 경도 인지 장애인지 치매인지 제대로 진단받는 것이 중요하다.

'최근 건망증이 심해진 것 같지만 별일 아닐 테니 상태를 지켜보자'라고 스스로 판단하지 말자. 건망증이 서서히 진행되어 간병이 필요한 상태에 이를 수 있다. 빠른 시일 내에 병원을 찾는 편이 좋다.

Fact 2 ▶ 치매는 발병 25년 전부터 이미 진행되고 있다

최근 알츠하이머병에 관한 연구에서 알츠하이머병은 발병하기 25년 전부터 시작된다는 사실이 밝혀졌다. 보통 몇 년 전부터 발병의 원인이 일어난다고 생각하기 쉬운데 그렇지 않다.

뇌 안에 아밀로이드 베타 단백질이라는 신경 독성이 높은 노폐물이 조금씩 쌓이면 서서히 신경 세포를 죽이기 시작한다. 최근 영상 진단 장비를 이용해 축적된 아밀로이드 베타 단백질을 시각적으로 검사할 수 있게 되면서 해당 물질이 발병 25년 전부터 쌓이기 시작한다는 사실을 알아냈다.

예순이 넘은 시점에 '최근 들어 건망증이 심해졌다'라며 허둥대도 이미 늦었다. 완전히 시기를 놓쳤다고 말할 수는 없지만 치매 예방은 40대가 되기 전에 시작해야 한다.

운동과 수면으로 치매를 예방하자

치매를 예방하는 가장 효과적인 방법은 '운동'과 '수면'이다.

일주일에 150분 이상 유산소 운동을 하면 알츠하이머병에 걸릴 위험을 2분의 1에서 3분의 1까지 낮출 수 있다. 주당 150분의 유산소 운동이라고 하면 쉬워 보이지만 고령자에게는 힘들 수 있다.

이미 체력이 약해진 고령자는 조금만 걸어도 숨이 가빠진다. 당사자에게는 걷는 것도 상당한 운동이다. '넘어지면 위험하다'라며 가족이 나서서 말릴 것이 아니라 함께 산책하자고 권유하기 바란다.

스페인 마드리드 대학교 연구에 따르면 평균 일곱 시간씩 자는 사람에 비해 여섯 시간 이하로 자는 사람은 경도 인지 장애와 치매에 걸릴 위험이 36퍼센트나 높다고 한다. 치매는 40대부터 시작될 수 있으므로 치매를 예방하기 위해 젊을 때부터 반드시 일곱 시간 이상은 자야 한다.

알츠하이머형 치매의 원인 물질은 아밀로이드 베타 단백질이다. 아밀로이드 베타 단백질은 매일 자는 동안 청소된다. 잠자는 동안에는 뇌의 용적이 줄어드는데 그로 인해 뇌척수액이 뇌 사이사이로 유입되면서 아밀로이드 베타 단백질을 깨끗하게 씻어 낸다.

이 과정을 가시화한 동영상을 보면 뇌척수액이 분사기로 물을 뿌리듯이 흐른다. 수면 시간이 적으면 뇌를 청소하는 시간이 줄어든다. 그만큼 알츠하이머형 치매가 발병할 위험이 크게 높아지니 수면에는 특히 신경 써야 한다.

치매에는 '혈관성 치매'와 '알츠하이머형 치매'가 있다. 대사 증후군을 일으키는 고혈압, 고지혈증, 비만, 당뇨병 같은 생활 습관병은 동맥 경화를 유발하므로 오래전부터 혈관성 치매의 위험 인자로 알려져 있었다. 최근에는 이러한 생활 습관병이 알츠하이머형 치매의 발병과도 깊은 관련이 있는 것으로 밝혀졌다.

고혈압, 고지혈증, 비만, 당뇨병이라는 네 가지 위험 인자를 많이 보유할수록 알츠하이머형 치매의 발병률이 증가한다. 위험 인자를 세 가지 이상 보유할 경우 발병 위험이 세 배 이상이 된다는 연구도 있다.

고혈압의 경우 노년기가 아닌 중년기의 고혈압이 치매의 발병에 큰 영향을 미친다. 그러니 나이 든 이후가 아니라 중년일 때부터 예방해야 한다.

적절한 운동과 식사를 통해 대사 증후군을 예방하면 심근 경색이나 뇌졸중 같은 신체 질환뿐 아니라 치매나 우울증 같은 정신 질환도 예방할 수 있다.

치매를 예방하려면 금연도 필수다.

흡연자는 비흡연자보다 치매에 걸릴 위험이 45퍼센트나 높다. WHO의 연구에 따르면 흡연과 치매는 상관성이 매우 높으며 담배를 많이 피울수록 치매에 걸릴 위험이 높아진다. 전문가들은 전 세계 알츠하이머병의 14퍼센트가 흡연 때문일 가능성이 있다고 추측한다.

적절한 운동과 수면을 통한 생활 습관병의 예방은 치매 예방에도 필수적이다. 추가로 치매를 예방하는 효과적인 방법을 몇 가지 소개하겠다.

⑴ 마인드 식단을 도입한다

식단 조절은 치매 예방에 상당한 도움이 된다고 알려져 있다.

미국 러시 대학교 연구에 따르면 평소 '마인드 식단'이라고 불리는 방법에 따라 식사할 경우 알츠하이머병 발병 위험이 53퍼센트나 낮아진다고 한다. 마인드 식단의 마인드(MIND)는 Mediterranean-DASH Intervention for Neurodegenerative Delay의 약자로, 지중해 식단과 미국에서 고혈압 환자를 위해 개발한 대시(DASH) 식단을 결합한 것이다.

핵심은 고기보다 생선을 많이 먹고 채소, 뿌리채소, 콩류를 골고루 섭취하는 것이다. 특히 고등어, 정어리, 꽁치 같은 등 푸른 생선에는 DHA나 EPA가 풍부하므로 혈중 콜레스테롤 수치 감소와 혈액 순환 개선 효과를 기대할 수 있다.

표 ▶ 치매를 예방하는 식사법(마인드 식단)

섭취해야 할 식품	섭취하지 말아야 할 식품
녹황색 채소를 비롯한 채소류, 뿌리채소, 건과류, 콩류, 베리류, 생선, 통곡물, 올리브유, 닭고기, 와인	붉은색 고기, 치즈, 버터, 마가린, 달콤한 빵이나 과자, 튀김을 비롯한 패스트푸드

표에 나와 있는 식품 외에 카레, 커피, 녹차도 치매 예방에 효과적이다. 제4장에서 커피와 녹차에 항산화 물질이 풍부하다고 설명했는데 카레의 주원료인 강황에 들어 있는 커큐민(curcumin)도 강한 항산화 작용을 한다.

술을 너무 많이 마시면 치매에 걸릴 위험이 증가한다. 중간 수준의 음주는 치매 발병 위험을 1.5배, 과음은 4.6배나 높인다.

⑵ 고독을 막자

네덜란드의 한 연구소에서 사회적 고립과 고독이 치매 발병에 미치는 영향을 알아보기 위해 고령의 남녀 약 2000명을 3년에 걸쳐 추적 조사했다. 그 결과 고독을 느끼는 사람은 그렇지 않은 사람에 비해 치매 발병률이 약 2.5배나 높은 것으로 나타났다. 그 밖에도 고독이 치매 발병과 관련이 있음을 보여 주는 연구가 다수 존재한다.

정기적으로 사람을 만나고 친구와 놀러 다니고 취미 모임에 참가하면서 인간관계를 꾸준히 이어 가도록 하자. 주민 자치회 같은 곳에서 사회적인 역할을 맡는 방법도 좋다. 고독을 막는 이러한 활동은 치매를 예방하는 데 큰 도움이 된다.

⑶ 배움의 끈을 놓지 말자

고학력자일수록 치매 발병 위험이 낮다. 일본 지바 대학교 연구에 따르면 교육받은 기간이 6년 미만인 고령자는 13년 이상인 사람에 비해 치매에 걸릴 위험이 높다. 남성은 30퍼센트, 여성은 20퍼센트 높게 나타났다.

이는 '인지 비축분'(cognitive reserve)이라는 개념 때문이다. 지식이나 경험이 풍부한 사람은 인지 비축분이 충분해 뇌세포가 일부 상실되어도 기존에 획득한 지식이나 경험으로 부족함을 보완할 수 있어 치매 증상이 잘 나타나지 않는다.

나이를 먹어서도 꾸준히 배우는 것은 중요하다. 사회인이 되어서 대학의 평생 교육원이나 대학원에 진학하는 사람도 있다. 자격증 취득이나 어학 관련 공부를 해도 좋다. 문화 센터를 이용하거나 매일 책을 읽을 수도 있다.

인지 훈련도 좋은 방법이다. 새로운 일에 도전하기, 악기 연주를 비롯해 장기나 바둑을 비롯한 보드게임, 십자말풀이나 스도쿠 같은 퍼즐도 치매 예방에 효과적이라는 연구가 늘어나는 추세다. 평생 배움의 끈을 놓지 않으면 치매를 예방하는 데 큰 도움이 된다.

85세 이상 고령자의 50퍼센트 이상이 치매나 경도 인지 장애를 앓는다. 누구든 오래 살면 치매에 걸릴 수 있다.

한편으로 치매는 예방법과 그 효과가 명확하게 나와 있는 병이므로 예방법을 제대로만 실천하면 막을 수 있다.

명석한 두뇌를 유지하면서 오래 살 수 있도록 치매 예방에 힘쓰자.

마음 건강

11 죽고 싶은 마음이 들 때의 대처법

키워드 ▶ 자살 충동, 세로토닌 농도 저하

일본 재단이 발표한 '2016 자살 의식 조사'에 따르면 '진심으로 자살을 생각한 적이 있는가'라는 질문에 25.4퍼센트가 '그렇다'라고 답했다.

자살을 생각한 시기에 관한 답변으로 '최근 1년 이내'가 3.4퍼센트, '지금 현재'가 1.6퍼센트나 되었다. 즉 네 명 중 한 명은 진심으로 자살을 생각한 적이 있고 약 예순 명 중 한 명은 지금 이 순간에 죽음을 생각한다.(우리나라 보건복지부가 발표한 '2018 자살 실태 조사'에 따르면 18.5퍼센트가 자살을 생각해 본 적이 있고 그중 23.2퍼센트가 자살을 계획했다. 2018년 기준으로 최근 1년 이내에 자살을 시도한 사람은 3.8퍼센트다.— 옮긴이)

죽고 싶은 마음은 극한 상황에 몰렸을 때 일어나는 특별한 감정 같지만 의외로 많은 사람이 안고 있는 공통된 고민이다.

앞의 조사를 바탕으로 '최근 1년 이내에 자살을 시도한 경험자'를 미루어 계산했더니 일본 전체 국민 중 53만 5000명이라는 결과가 나왔다. 일본인의 약 2퍼센트, 쉰 명 중 한 명이 최근 1년 이내에 자살을 시도했다는 말이다.

우리 주위에는 죽고 싶다고 생각하거나 자살 기도를 실제 행동으로 옮기는 사람이 상상 이상으로 많다.

Fact 1 ▶ 정신과 의사로서의 개인적 경험

정신과 의사로 일하다 보면 환자에게서 "죽고 싶어요"라는 말을 자주 듣는다. '어떤 식으로 말을 건네야 환자가 자살을 생각하지 않을까?'라는 고민을 하며 25년 넘게 이 일을 계속해 왔나. 말을 건네는 가장 적절한 방법, 가장 적절한 말이 무엇일지 항상 고심한다.

유튜브로도 죽고 싶다는 내용의 고민이 많이 접수된다. 이런 사람들에게는 뭐라고 답하면 좋을까.

그동안 '죽고 싶다', '자살하고 싶다'라고 말하는 사람들에게 닿기를 바라면서 꾸준히 집필 활동을 하고 유튜브에 동영상도 올렸지만 여전히 그들에게 들려줄 최고의 말은 찾지 못했다.

그러한 시행착오 속에서 지금 누군가가 '죽고 싶어요'라고 호소한다면 내가 건넬 수 있는 말은 이것뿐이다.

"죽지 않으면 좋겠어."

소년이나 충고도 아닌, 그저 개인의 희망이나 바람으로 들릴지도 모르겠다. 그 생각이 맞다.

404

지금 책을 읽는 여러분은 나와 한 번도 만난 적이 없을 것이다. 하지만 이 책을 손에 들고 있다면 우리는 서로 작은 인연의 끈으로 이어져 있는 셈이다. 그런 상대가 스스로 목숨을 끊고 세상을 떠나는 것은 너무도 슬픈 일이다.

그냥 하는 말이 아니다. 나는 이제까지 스스로 생을 마감한 사람을 여러 명 봤다.

환자 입장에서는 '내가 자살해도 의사는 슬프기는커녕 아무 생각도 없겠지'라고 생각할 수 있지만 그렇지 않다.

환자가 세상을 떠났는데 슬퍼하지 않을 정신과 의사는 없다. 자신의 환자가 스스로 목숨을 끊으면 '내가 그때 어떻게 했어야 자살을 막을 수 있었을까?', '환자가 마지막으로 병원을 찾은 날, 어떤 식으로 대응하는 편이 좋았을까?', '환자의 자살은 담당 의사인 내 책임이 아닐까?'라는 생각이 끊임없이 머릿속을 맴돈다. 하지만 아무리 고민해도 환자는 살아 돌아오지 않는다.

담당 환자 중에 Y라는 여성이 있었다. 성격 장애(personality disorder) 진단을 받은 환자로 죽고 싶다는 말을 입버릇처럼 했다. 너무 괴로울 때는 입원 치료를 받으면서 어떻게든 넘겼다. 내가 담당했던 2년 동안은 자살 시도도 하지 않고 비교적 잘 지내는 것처럼 보였다.

그러다 내가 다른 병원으로 전근하게 되었다. Y는 다른 의사에게 인계되었다.

반년쯤 지났을까. 어느 날 아침 신문을 읽다가 Y가 근처 강에 투신해 사망했다는 기사를 발견했다. 나는 평소에 신문을 꼼꼼히 읽지 않는다. 기사도 눈에 잘 띄지 않는 하단에 열 줄 정도로 작게 실려 있었지만 이끌리듯 눈길이 갔던 것 같다.

다른 의사로 담당이 바뀌고 반년 정도 지났을 때라 최근 병세는 알지 못했지만 내가 2년간 치료했다는 사실은 변하지 않는다. 그때의 치료가 죽고 싶다고 말하던 Y의 본질적인 부분에 영향을 미치지 못했다는 생각이 들어 무력감에 사로잡혔다. '죽지 않길 바랐는데.' 당시의 내 진심은 그것뿐이었다.

나는 전근하기 전에 Y에게 선물을 받았다. 고리 부분이 동물 얼굴 모양인 옷걸이다. 지금도 내 서가 한쪽에 놓여 있다. 이 선물은 나에게 십자가와 같아서 옷걸이를 보면 스스로 생을 마감한 Y의 얼굴이 떠오른다. 그럴 때마다 생각한다.

'절대로 다시는 나와 관련된 사람이 스스로 생을 마감하게 두지 않겠다. 자살하는 사람을 한 명이라도 더 줄이자.'

나는 그런 마음으로 유튜브로 정보를 알리고 집필 활동을 한다.

자살하는 사람을 한 명이라도 더 줄이려면 마음의 병을 앓는 환자를 줄여야 한다. 그래서 정보를 알릴 때 치료뿐 아니라 예방에도 무게를 두고 있다.

마음의 병을 예방하려면 인간관계를 개선하고 효율적으로 일하면서 몸과 마음의 건강에 관한 지식을 쌓아 스트레스를 줄여야 한다.

내 책이나 영상 자료를 본 사람들이 가끔 '자살하지 않기로 했어요', '저를 구해 주셨어요'라는 메일을 보낸다. 지금의 활동을 이어 가면서 죽음을 생각하는 사람을 만났을 때 내가 할 수 있는 말은 "죽지 않으면 좋겠어"라는 한마디뿐이다. 달리 할 수 있는 말이 없다.

Fact 2 ▶ 자살하는 사람은 아무에게도 상담하지 않는다

앞서 언급한 일본 재단의 조사에 따르면 '진심으로 자살을 생각했지만 남에게 상담하지 않은 사람'이 73.9퍼센트나 된다.

일본 후생노동성 연구팀이 자살 시도자 1516명, 자살자 209명을 대상으로 자살 전에 '죽고 싶다는 마음을 누군가에게 전했는지'를 조사한 결과 16.3퍼센트가 가족, 8.3퍼센트가 친구에게 상담한 것으로 나타났다. 정신과 의사에게 상담한 비율은 고작 3.8퍼센트에 그쳤다. 가족과 친구 모두에게 털어놓은 경우를 계산에 넣으면 전체 대상자 가운데 자살 전에 상담한 사람은 고작 20퍼센트 정도다.

죽고 싶다고 생각한 사람, 자살을 시도한 사람, 자살한 사람의 대부분은 아무에게도 마음을 털어놓지 않고 어느 날 갑자기 스스로 생을 마감한다.

살아야 할까 죽어야 할까. 그들은 이러한 인생 최대의 고민을 아무에게도 상담하지 않고, 때때로 우울증 때문에 아무 생각을 할 수 없거나 초조함이 극에 달해 냉정을 잃은 상태에서 '죽고 싶다'라는 기분을 행동으로 옮기고 만다.

누군가에게 상담하면 분명 상당수가 자살하려는 마음을 버린다.

죽고 싶어 하는 사람에게 "누군가에게 상담하세요"라고 말하면 매번 '말한다고 해결될 문제가 아니라서 상담해 봤자 소용없다'라는 반박이 날아온다.

하지만 이 책에서 몇 번이나 얘기했듯이 상담의 목적은 문제 해결이 아니다. 상담하라고 말하는 이유는 다른 사람에게 속내를 털어놓으면 숨통이 트이기 때문이다. 즉 기분 전환을 할 수 있다는 점에서 의미가 크다. 상담은 틀림없이 효과를 발휘한다.

To Do 1 ▶ 죽고 싶은 마음은 바꿀 수 없지만 자살 충동은 금방 가라앉는다

상담은 기분 전환을 위한 것이라고 했는데, 더 구체적으로 말하자면 자살 충동에서 빠져나오는 것이 목적이다. 자살 행동을 분해하면 다음의 요소로 나뉜다.

그림 ▶ 자살 행동

자살 생각	✕	자살 충동	=	자살 행동
'죽고 싶다', '사는 것이 괴롭다'라는 생각이 그냥 든다. 만성적, 지속적으로 존재하며 많은 사람이 갖고 있는 생각이다.		지금 당장 죽고 싶다고 느끼는 강렬한 충동이자 가만히 있지 못하게 만드는 에너지다. 어느 시점에 갑자기 강해지는데 정점에 머무는 시간은 5~10분 정도다. 마음의 병을 앓는 사람에게서 발생하기 쉽다.		

지살 충동은 누군가에게 상담하거나 속내를 털어놓거나 전화로 얘기하면 가라앉습니다!

'자살 생각'은 평소에 하는 죽고 싶다는 생각이다. '자살 충동'은 '지금 당장 죽고 싶어!', '지금 죽어야겠어!' 같은 억누를 수 없는 충동이다.

일본인 중에 지금 바로 죽고 싶다고 생각하는 사람은 1.6퍼센트나 되지만 대부분이 행동으로 옮기지 않는 이유는 자살 충동이 낮기 때문이다.

자살에는 상당한 용기가 필요하다. 죽음은 두려운 일이다. 그러한 죽음에 대한 공포가 자살에 이르는 감정을 억누른다.

죽을 생각으로 자살할 준비까지 다 해 놓고 이루 말할 수 없는 공포 때문에 아슬아슬한 지점에서 단념하는 사람도 많다.

생과 사의 갈림길에서 자살하는 사람과 자살하지 않는 사람의 차이는 자살 충동의 차이로 설명할 수 있다.

자살 충동은 '안절부절못하는 죽음을 향한 에너지'라고 할 수 있는데 이는 오래가지 않는다. 충동이 정점에 머무는 시간은 5~10분 정도다. 누군가와 30분쯤 대화를 나누면 침착한 상태로 돌아온다.

실제로 나도 응급실에서 지금 당장 죽고 싶다고 말하는 자살 충동이 강한 환자를 몇 번이나 만나 왔다. 그런데 30분 정도만 대화를 나누면 신기할 정도로 환자는 차분해진다.

나중에 환자에게 당시 상황을 물으면 '그때는 이성을 잃었다', '그때 잠시 내가 어떻게 되었던 것 같다'라고 대답한다. 그리고 '그때 죽지 않고 살아서 다행이다'라고도 말한다.

자살을 일으키는 진범은 죽고 싶다고 느끼는 자살 생각이 아니라 단시간 동안만 존재하는 폭발적인 에너지, 즉 자살 충동이다.

그러니 정말 죽고 싶을 때는 30분만 지나가게 내버려 두자. 이때 다른 사람에게 상담하면 매우 효과적이다. 전화할 사람이 아무도 없을 때는 24시간 상담 센터를 이용하자.(우리나라의 24시간 상담 센터는 자살 예방 상담 전화 1393, 정신 건강 상담 전화 1577-0199, 한국 생명의 전화 1588-9191이 있다.— 옮긴이)

> 당신이 인생에 절망할지라도 인생은 당신에게 절망하지 않는다. 누군가 또는 무언가를 위해 할 수 있는 일이 반드시 있다. 시간은 당신을 기다린다.
>
> 빅터 프랭클(오스트리아의 정신과 의사.
> 나치의 유대인 강제 수용소에 수감된 상황에서도 절망하지 않고 줄곧 삶의 의미를 생각했다.)

To Do 2 ▶ 술로 달아나지 말자

만성적으로 죽고 싶다는 감정이 일어나는 사람에게는 술을 마시지 말라고, 술을 끊으라고 당부하고 싶다. 일본에서 자살한 사람을 조사한 결과, 32.8퍼센트에서 알코올이 검출되었다. 특히 심각한 자살 방법을 택한 사람에게서 더 높은 농도의 알코올이 검출되었다.

자살 시도 후 응급실을 찾아온 사람에게서는 평균 40퍼센트 비율로 알코올이 검출되었다. 자살하려는 사람의 30~40퍼센트가 취한 상태에서 술김에 일을 저지른다.

알코올을 가끔 마시는 사람보다 하루에 3홉(약 540밀리리터) 이상 마시는 사람의 자살 위험이 2.3배나 증가한다는 연구 결과도 있다.

만성적인 음주는 자살의 위험을 높이고 고독을 부추기고 죽고 싶다는 마음을 더 크게 키운다. 순식간에 만취하면 사고력과 판단력이 약해지고 자살에 대한 공포도 희미해져 계획에 없던 자살 행동을 저지르기도 한다.

기분 나쁜 일이 있을 때마다 술로 달아나거나 술의 힘을 빌려 싫은 기억을 잊는 버릇이 쌓이고 쌓이면 자살 행동으로까지 이어진다. 이는 자신의 의지에 따른 행동이 아니다. 술에 죽임을 당하는 것일 따름이다.

To Do 3 ▶ 일상을 정돈하자

자살 행동을 막는 가장 강력한 방법은 자살 충동을 억누르는 것이라고 말했다. 뇌 과학적으로 자살 충동은 '세로토닌 농도 저하'로 바꿔 말할 수 있다.

이미 여러 번 언급했듯이 세로토닌을 높이는 방법으로는 아침 산책이 좋다. 건강에 이로운 생활 습관으로 적절한 수면과 운동, 아침 산책을 권장했는데 이러한 습관은 자살 예방에도 효과적이다.

죽으려고 마음먹은 사람은 자신이 몇 달씩 고민하고 괴로워하는 과정에서 스스로 해답을 이끌어 냈다고 생각하겠지만 실제로는 그렇지 않다. 신경 전달 물질의 수치가 낮아지면서 발생한 '뇌의 오류'일 뿐이다. 혈당치가 내려가면 배고프다고 느끼듯이, 세로토닌이나 노르아드레날린 같은 신경 전달 물질이 극단적으로 떨어지면 죽고 싶다는 감정이 저절로 생겨난다.

일시적인 신경 전달 물질의 불균형은 회복 가능한 문제인데 그런 일로 생을 끝내다니 참으로 안타깝기 그지없다.

세로토닌과 노르아드레날린의 극단적인 저하로 발생한 우울 상태는 수면, 운동, 아침 산책, 금주 같은 생활 요법과 약물 치료를 병행하면 개선할 수 있다. 매일 일곱 시간씩 잠을 자고 일주일에 150분 이상 운동하고 아침 산책을 해 보자. 그리고 나서도 죽고 싶은지 다시 생각해 보기 바란다. 내 경험상, 매일 꾸준히 규칙적으로 생활하면서 진심으로 죽고 싶다고 말하는 사람은 단 한 명도 본 적이 없다.

맺음말

정신과 의사가
도달한
궁극의 사고법

삶의 방식

인생을 즐기는 사람이 되는 방법

키워드 ▶ 중립, 안전지대, 위시 리스트

똑같은 일을 할 때도 '즐기는 사람'과 '즐기지 못하는 사람'이 있다.

모든 일에는 좋은 면과 나쁜 면이 있고 둘 중 어떤 면을 보느냐는 자신에게 달렸다. 하루 동안 일어난 기분 좋은 일과 기분 나쁜 일 가운데 어느 쪽에 초점을 맞추느냐에 따라 인생이 결정된다.

모처럼 사는 인생이라면 사물의 좋은 면을 찾아내 삶을 즐기는 편이 행복하다. 그러한 삶을 위해 갖춰야 할 사고방식에 대해 알아보자.

Fact 1 ▶ 인생을 즐기는 사람은 솔직하다

인생을 즐기는 사람들에게는 중요한 공통점이 있다. 바로 '솔직함'이다.

솔직함은 성공의 키워드로도 자주 언급된다. 이는 편견과 선입견을 버리고 '중립'에 선 상태를 말한다.

많은 사람이 선입견을 갖고 있다. '그런 일은 해 봤자 분명 시시할 거야', '전에도 이런 상황에서 실패했으니까 이번에도 분명 실패하겠지' 같은 식으로 과거의 경험에 크게 얽매인다. 그래서 선입견이 있으면 행동에 제동이 걸린다.

중립 상태에서는 다른 사람이 충고나 조언을 해 주었을 때 '일단 해보자' 하고 솔직하게 받아들일 수 있다. 그러면 새로운 기회와 만남의 폭이 넓어질 뿐 아니라 즐겁고 재미있는 일을 접할 기회도 늘어난다.

선입견이 강하면 수많은 기회를 잃고 지금과 다름없는 일상을 반복한다. 그런 삶에서는 즐겁고 재미난 사건이 벌어질 수 없다. 중립이 아닌 상태일 때 아무리 대단한 정보를 들려주어도 뇌에서 그 정보를 차단한다. 한 귀로 듣고 한 귀로 흘려보낸다.

그림 ▶ 정보를 차단하는 사람

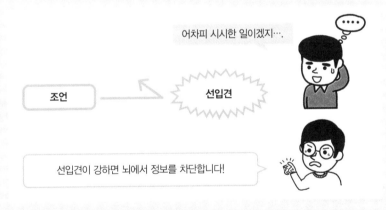

솔직해지고 싶다면 무엇이든 일단 하고 보자. 누군가가 "이 책 재미있어"라고 말하면 일단 읽어 보자. "그 영화 엄청나더라"라고 하면 일단 한번 보자. "이번 모임에 꼭 와 줘"라고 권유받으면 일단 가 보자.

선입견을 걷어 내고 상대의 추천이나 권유를 믿고 받아들여 보자. 그 앞에는 기회와 만남이 무한히 펼쳐져 있다. 즐겁고 재미나는 일은 뜻밖의 장소에서 찾아오는 법이다.

To Do 1 ▶ 안전지대에서 나오자

220쪽에서 소개했지만 안전지대는 매일 우리가 생활하는 영역을 뜻한다. 매일 가는 장소, 매일 만나는 사람, 항상 먹는 음식은 모두 안전지대에 속한다.

매일 일상에서 즐겁다고 느끼지 못한다면 현재의 안전지대 안에 즐거운 일이 없기 때문이다. 즐거운 일은 안전지대 밖에 있다. 용기를 내어 안전지대 밖에 펼쳐진 무한한 세계로 한 발짝 내디디면 즐거움과 행복이라는 보물이 나타난다.

보물은 처음 경험하는 장소, 사람, 이벤트, 상점 같은 곳에 숨어 있다.

안전지대 밖으로 나오는 것은 괴롭고 난처한 일에 도전하는 모험이기도 하다. 하지만 그곳에는 자신의 무한한 가능성이 숨어 있다. 즐거운 인생을 위해 용기 내어 한 발짝만 내디뎌 보자.

> 가장 중요한 것은 행복해지기 위해 인생을 즐기는 것이다.
> 그것이 전부다.
>
> – 오드리 헵번(영국의 영화배우)

416

안전지대 이야기가 자신의 바깥으로 나아가는 접근법이라면, 자신의
내부에 집중하는 접근법도 있다. 자신이 무엇을 즐거워하는지, 무엇
을 하고 싶은지, 무엇을 표현하고 싶은지, 무엇을 갖고 싶은지를 분
명히 해야 한다.

　그러기 위해 '위시 리스트' 써 보기를 추천한다.

그림 ▶ 위시 리스트 쓰는 법

[1단계]
인덱스카드 같은 자그마한 메모지를 200매 준비한다.

[2단계]
갖고 싶은 물건이나 하고 싶은 일을 포함해 소망, 꿈, 목표를 최
대한 많이 쓴다. 적어도 100개 이상은 반드시 해내야겠다고 생각
하면서 구체적으로 적는다.

예) × 해외여행을 떠나고 싶다.
　 ○ 미국 로스앤젤레스에 있는 디즈니랜드에 놀러 가고 싶다.
　 ○ 스페인 바르셀로나에 가서 사그라다 파밀리아 성당을 보
　 고 싶다.

[3단계]
비슷한 장르나 내용별로 분류한 다음, 종이 한 장에 들어가게 정
리한다. 정리한 내용을 언제든 볼 수 있도록 책상 앞에 붙이거나
스마트폰에 저장해 두자.

바라는 일을 틈틈이 반복해서 보면
기억으로 남아 뇌에 깊이 새겨집니다!

위시 리스트는 1년마다 되돌아보고 어디까지 달성했는지 평가한 다음 업데이트하자.

나는 위시 리스트에 적은 내용을 1년에 절반, 2~3년에 70~80퍼센트 정도 이루어 왔다. 쓰고 싶은 만큼 실컷 써낸 소망, 꿈, 목표 중에서 70~80퍼센트이니 절대 적지 않은 양이다. 안 쓰는 사람이 손해다.

그렇다면 어째서 위시 리스트를 쓰기만 했을 뿐인데 바라는 일이 이루어질까?

뇌가 '하고 싶은 일'(Wish)에 안테나를 세우기 때문이다.

예를 들어 '하와이에 가고 싶다'라는 내용을 적었다고 가정해 보자. 어느 날 친구가 "올여름 휴가에는 하와이에 가고 싶어"라고 말한다면 자신도 "그럼 같이 가자"라고 바로 반응할 수 있다. 만약 위시 리스트에 소망을 적어 놓지 않았다면 "하와이 좋지" 정도에서 끝난다.

위시 리스트를 적어 놓으면 관련 정보가 눈에 들어와서 실현하는 속도가 더 빨라진다.

사람들은 연말연시가 되면 새해 목표를 정한다. 그때 뭘 하며 놀지 계획을 짜는 사람은 드물지 않을까 싶은데 꼭 적기 바란다. 나는 '1년에 영화 120편 보기', '1년에 6주는 해외에서 보내기' 같은 올해의 놀이 계획을 세운다.

아침마다 그날의 투 두 리스트를 적는 사람이라면 '오늘 할 놀이'도 같이 적어 두자. '저녁 7시부터 영화 ○○를 본다'라고 적으면 7시 전까지는 무조건 일을 마쳐야 한다는 긴박감이 생겨 일 처리 속도가 빨라지고 결국 놀 수 있게 된다.

'평일에 무슨 수로 영화를 보겠어'라는 선입견에 사로잡힌 사람은 평생 가도 변하지 않는다.

'올해의 놀이 계획', '오늘 할 놀이'를 쓰면 놀 기회가 늘어날 뿐 아니라 일 처리 효율도 높아진다.

반드시 인생을 '즐기는 사람'이 되기 바란다.

결단하는 습관을 들이자

키워드 ▶ 확증 편향, 결단의 기준, 비전

자기 인생의 주도권을 잡느냐 마느냐는 '스스로 결단을 내릴 수 있느냐'로 결정된다. 멋진 인생을 살아온 사람들의 삶을 되돌아보면 대부분 스스로 중요한 결단, 인생의 결단을 내렸다.

그들도 당연히 그 순간에는 심각하게 고민하고 이리저리 헤맸을 것이다. 인생의 주도권을 쥔 사람들은 그런 순간에 어떤 식으로 판단하고 결단을 내렸을까? 후회하지 않는 삶을 보내려면 어떻게 해야 하는지 알아보자.

Fact 1 ▶ 단지 정보가 부족한 탓은 아닐까?

우리는 왜 결정을 망설일까? 정보가 부족하기 때문이다. A와 B라는 두 가지 선택지를 두고 결과를 정확히게 예측할 수 있다면 결단을 내리는 데 주저하지 않는다. 우리는 정보가 부족하고 결과가 모호할 때

머뭇거린다.

망설여진다면 할 일은 딱 하나다. 빠짐없이 정보를 모으자. 더 이상 수집할 정보가 없다고 생각될 때까지 철저하게 모아야 한다.

나는 '창업을 할지 말지 망설여집니다'라는 상담 문의를 매우 많이 받는다. 그런 사람에게 주식회사 설립 방법이나 창업 시 세금 감면 혜택 같은 정보를 물어보면 거의 아무도 대답하지 못한다. 기본적인 창업 관련 지식이 전혀 없으니 결단을 내리지 못하는 것은 당연하다.

To Do 1 ▶ 조사하는 습관을 들이자

결정이 망설여질 때는 철저하게 조사하는 습관을 들이자.

책에서 정보를 수집하는 경우에는 세 권 읽기를 하라고 이야기했다.

어떤 의견에 찬성하는 책만 세 권 읽으면 결론은 당연히 찬성 쪽으로 기운다. 만약 창업을 계획하고 있다면 일단 장점과 단점을 모두 파악해 놓아야 비로소 성공할 가능성이 생긴다. 다시 말해 창업해서 성공한 사람만이 아니라 실패한 사람의 이야기도 알아 두어야 한다.

인간에게는 무의식적으로 자신의 생각에 부합하는 정보를 모으고 부합하지 않는 정보를 멀리하려는 성질이 있다. 심리학에서는 이를 '확증 편향'(Confirmation Bias)이라고 부른다. 확증 편향에 맞서야 비로소 객관적인 판단이 가능해진다.

확증 편향에 맞서는 현실으로 효과적인 방법이 서로 나쁜 입장에서 쓴 책을 읽는 것이다. 입장이 다른 사람의 의견을 듣고 다방면으로 정보를 수집하면 좀 더 정확한 판단을 내리는 데 도움이 된다.

그다음 단계로 나아가고 싶다면 다른 사람의 이야기를 직접 듣자.

고민 중인 일을 실제로 겪은 사람의 생생한 경험담을 들으면 이미지가 한층 명확해진다.

경험자는 가까운 사람 중에서 찾아봐도 좋다. 아니면 창업 관련 주제를 다루는 모임이나 세미나에 참석해 보자. 미리 조사를 마친 상태에서 다른 사람의 경험담을 들으면 '그냥 창업 한번 해 보고 싶다' 같은 대책 없는 말이 아니라 핵심을 찌르는 질문을 할 수 있다. 이러한 수준에 이르는 것을 목표로 사전 조사에 임하자.

Fact 2 ▶ 기준을 세우는 것이 중요하다

결단을 내리는 데 서툰 사람에게는 '결단을 위한 기준'이 부족하다. 명확한 기준을 마련해 두면 그것에 맞춰 기계적으로 정하기만 하면 된다.

결단의 기준이 없으면 당연히 우왕좌왕할 수밖에 없다. 중심축이 없기 때문에 그날의 기분에 따라 이리저리 생각이 바뀐다.

그러니 자신의 마음속에 결단의 기준을 정하자.

너무 늦은 결단은 결단하지 않은 것이나 마찬가지다.

– 손정의(소프트뱅크 그룹 회장)

422

결단의 기준을 마련하려면 어떻게 해야 할까? 다음의 세 가지 항목
에 비추어 생각해 보자.

(1) 더 설레는 일을 선택한다.

(2) 더 어려운 일을 선택한다.

(3) 더 극적인 일을 선택한다.

(1) 더 설레는 일을 선택한다

정보를 모을 만큼 모으고 책이나 다른 사람을 통해 배운 내용을 바
탕으로 객관적인 판단을 할 수 있게 되었다면 이제 살필 것은 자신의
감정뿐이다.

'고백하고 싶다', '유학을 떠나고 싶다', '창업하고 싶다'처럼 '하고
싶다'는 생각이 들면 하자.

어떤 일을 하고 싶은 이유는 아마도 설레기 때문일 것이다. 마음이
들뜨고 두근거리는 일을 하지 않으면 분명 나중에 후회한다.

내리지 못한 결단에 얽매여 '그때 고백했더라면', '그때 유학을 떠
났더라면', '그때 창업했더라면' 같은 생각을 살아가는 내내 끊임없이
하게 된다.

설레는 일을 선택하면 설시 실패하더라도 후회가 없다. 후회가 없
으면 앞으로 얼마든지 만회할 수 있다. 고백했다가 차이더라도 이전
처럼 친구 관계를 이어 갈 수 있게 노력하면 된다.

할 수 있는 일은 하자. 자신의 마음이 내는 목소리를 믿어 보자.

(2) 더 어려운 일을 선택한다

자신의 인생을 되돌아보자. '쉽게 해치운 일'과 '어려워서 애먹은 일' 중에 분명 후자가 기억에 더 선명하게 남아 있을 것이다.

그리고 애는 먹었지만 더 뿌듯하고 즐거웠던 일로 기억하고 있을 것이다.

어려운 일을 선택하고 나면 지식과 경험이 늘어 점점 성장한다. 만일 실패하더라도 경험은 남기 때문에 그로부터 커다란 깨달음을 얻을 수 있다.

그렇다고 말도 안 되게 어려운 일에 무모하게 뛰어들라는 소리는 아니다. 조금 어려울 수도 있겠다 싶은 정도의 일에는 무수히 많은 이점이 숨어 있다. '어려울 것 같다'라는 생각을 긍정 에너지로 전환하자.

(3) 더 극적인 일을 선택한다

자신을 작품 속 주인공으로 객관화했을 때 어떻게 보일지 의식하자.

예를 들어 주인공이 위기가 잇따르는 현실에 맞서 싸우는 영화가 있다고 해 보자. 산 넘어 산이 계속되는 파란만장한 스토리일수록 더 흥미진진하다.

인생도 영화나 마찬가지다. 자신의 인생을 영화를 보듯이 바라보자. 포기보다는 무조건 도전이 낫고 실패해도 주인공은 다시 일어설 수 있다는 생각이 들 것이다. 망설여질 때는 파란만장하고 극적으로 전개되는 일을 고르자. 한 번뿐인 인생이라면 '재미있는 인생'을 골라야 하지 않겠는가.

지금까지 이야기한 기준에 따라 결정하는 습관을 들이면 자신만의 비전이 보이기 시작한다. 고백, 유학, 창업 자체가 자신의 최종 목적은 아닐 것이다. 그것들은 모두 도구이자 수단에 불과하다. 작은 결단을 거듭해 가면서 자신의 최종 목적, 즉 비전을 생각해 보자.

03 삶의 의미를 생각하다

키워드 ▶ 부록, 보물 지도

마음의 병을 앓는 많은 환자가 죽고 싶다고 말한다. 니는 정신과 의사로서 적절한 답은 무엇일까 늘 생각한다. 그들에게 살아갈 의미를 주려면 어떻게 해야 할지 고민하며 그동안 공부와 사색을 거듭해 왔다.

Fact 1 애초에 삶의 의미란 게 존재할까?

왜 사느냐 하면, 죽지 않기 때문이다.

– 다테카와 단시(일본의 만담가)

내 나름대로 삶의 의미를 모색하던 중에 이 말과 만났다.

예전에 NHK에서 방영한 〈10대들의 진지한 수다 판〉(真剣10代しゃ
べり場)이라는 10대 토론 방송에 만담가 다테카와 단시가 출연했다.

그때 한 학생이 "사람은 무엇을 위해 사나요?"라며 삶의 의미를 물
었다. 그러자 단시는 "왜 사느냐 하면, 죽지 않기 때문이야. 죽지 않으
니까 산다는 말 말고는 딱히 할 말이 없어"라고 딱 잘라 말했다.

이 말에 정신이 번쩍 들었다. 그동안 막연히 생각해 오던 삶의 의미
를 멋지게 표현했기 때문이다. 지금도 기억이 생생하다.

내 나름대로 해석하자면, 인간은 살아갈 의미를 가지고 태어나는
것이 아니라 자신의 의식이 깨어 있는 상태에서 '살아 있다'고 실감
할 뿐이다. 다시 말해 '삶의 의미'는 존재하지 않는다.

'살아 있다'는 것은 단순히 '죽지 않은 상태'다. 말장난처럼 들릴 수
도 있지만 산다는 것은 그런 것이라는 데 생각이 미쳤다.

자신이 '살아 있다'는 현실이 먼저고 '삶의 의미', '삶의 이유', '삶의
목적'은 뒤따라오는 생각이다. 이들 전부가 나중에 덧붙인 부록 같은
것이다.

따라서 고민과 사색을 거듭한 후에 내놓은 '삶의 의미를 찾지 못했
다'라는 답은 실로 올바른 결론이다. 애초에 존재하지 않으니 발견하
지 못하는 게 당연하다.

그러니 '살아갈 의미를 찾지 못해서 죽고 싶다'라는 환자의 말대로
라면 세상의 모든 인간은 죽어 마땅하다는 결론이 나오나 아무리 봐
도 옳은 답은 아닌 듯하다.

> 인간은 자신의 존재 의의, 즉 세계 그 자체를 인식할 수 없다.
>
> — 이마누엘 칸트(독일의 철학자)

근대 철학의 아버지로 불리는 칸트가 '인간이란 무엇인가?'에 대해 오랫동안 거듭하여 생각한 끝에 내린 결론이다.

자신이 살아가는 진정한 의미를 스스로 이해하기란 불가능하다. 즉 삶의 의미를 찾지 못했다는 말은 철학적으로도 정답이다.

삶의 의미는 원래 없으니까 그것을 찾지 못했다고 해서 고뇌할 필요가 없다. 찾지 못하는 것이 당연하므로 찾을 수 없다고 해서 스스로 생을 마감할 필요도 전혀 없다.

Fact 2 ▶ 인생은 삶의 의미를 탐구하는 과정이다

인간의 진정한 존재 의의를 인간은 알 수 없다. 하지만 무언가를 겪으면서 그것이 자신이 사는 의미나 살아갈 목적이라고 깨닫는 순간은 있다.

214쪽에서 다룬 천직과도 통하는 이야기인데 10대나 20대 때는 좀처럼 삶의 의미나 목적이 보이지 않는다. 만일 10대에 삶의 의미를 찾아냈다고 해도 아마 그 의미가 평생 가지는 않을 것이다.

자신이 느끼는 삶의 의미나 목적은 절대적이고 고정적인 것이 아니라 변화하고 흔들리는 것이다. 바꿔 말하면 산다는 것은 '살아가는 의미를 생각하는 긴 여행'이다.

일생에 걸쳐 삶의 의미, 인생의 의미를 생각하다가 죽기 직전에 '참으로 의미 있는 인생이었다'라고 느낀다면 그것이 행복한 삶이다.

어느 순간 삶의 의미를 깨달은 것 같아도 그 역시 언젠가는 변한다. 하지만 삶의 의미를 찾아서 깊이 사색하고 행동하고 고민하는 것은 무척 의미 있는 일이다. 그러한 과정에서 반드시 자기 성장이 이루어지기 때문이다.

> 삶의 의미에 의문을 품는다면, 영적으로 뛰어나다는 증거다.
>
> – 빅터 프랭클

To Do 1 ▶ 시간을 들여 삶의 의미를 생각하자

삶의 의미와 목적을 생각하고 고민하는 일은 바람직하다. 정답을 바라고 '결론'을 내기보다는 생각을 거듭하면서 제 나름대로 의미를 찾는 '과정'이 중요하다.

오래도록 자기 자신과 마주하지 않으면 자신이 무엇을 하고 싶고 어디로 가고 싶은지도 모르는 채 타인에게 휩쓸리는 삶을 살 수밖에 없다.

그러니 차분하게 시간을 들여서 삶의 의미를 생각하자. 서두를 필요는 없다. 시간을 들이는 데 의미가 있다.

삶의 의미에 대해 자문자답을 이어 가던 나는 쉰이 넘어서야 하나의 결론에 이르렀다.

삶의 의미보다는 '비전'을 중시하자. 비전이라는 말은 이 책에서도 여러 번 등장하는데 '이렇게 하고 싶다', '이렇게 되고 싶다'에 해당하는 자신만의 철학, 그것이 비전이다.

삶의 의미와 비전의 가장 큰 차이는 무엇일까? 삶의 의미는 찾아야 하지만 비전은 스스로 결정할 수 있다. 삶의 의미는 몇 년, 몇십 년이 지나도 발견하지 못할 수 있지만 비전은 스스로 정하기만 하면 된다. 지금 당장이라도 정할 수 있다.

그림 ▶ 비전과 삶의 의미

비전은 '이렇게 되고 싶다'라는 희망이므로 자신이 원하는 대로 정

하면 된다. 비전을 정한다는 것은 그것을 이루기 위해 노력하겠다는 선언이기도 하다.

물론 몇 년쯤 해 보니 '이게 아닌데'라는 생각이 들 수도 있다. 그럴 때는 수정 또는 변경하면 된다. 지금 자신이 정한 비전이 평생 가져 갈 비전인지 아닌지는 실제 행동으로 옮겨 보지 않으면 모른다.

비전을 이루기 위해 살면 매일이 충실감으로 가득 찬다. 그것이 하루, 1년 365일, 10년, 20년 쌓여 간다.

비전이 보물 지도라면 삶의 의미는 보물 상자다. 비전을 그리면서 내달려야 최종적으로 숨겨져 있는 보물 상자, 즉 삶의 의미에 도달할 수 있다.

여러분은 무엇을 하고 싶은가? 어디로 향해 나아가고 싶은가? 무엇을 이루고 싶은가? 삶의 의미는 보이지 않아도, 지금 자신이 꿈꾸는 비전을 정하고 행동할 수는 있다.

04 죽음을 생각하다

키워드 ▶ 작품 속 이야기, 통제, 최상의 컨디션

인간뿐 아니라 살아 있는 만물은 모두 죽음에 공포를 느끼고 가능한 한 죽음을 회피하고 싶어 한다. 생물의 생존 본능이라고 해도 좋을 것이다.

그만큼 죽음을 두려워하는 마음은 누구에게나 적잖이 존재한다.

Fact 1 ▸ 죽음에 대한 공포는 나이 들수록 줄어든다

죽음에 대한 공포는 나이를 먹을수록, 다시 말해 죽음에 가까워질수록 강해진다고 생각할지도 모르겠다. 하지만 실제로는 그 반대다.

'죽음의 공포'에 관한 일본 제일 생명 경제 연구소의 조사에 따르면 죽음이 두렵다고 느끼는 사람은 40대이 54.5퍼센트, 60대이 34.7퍼센트, 70대의 30퍼센트로, 나이기 들수록 두려움은 줄어든다.

나이를 먹으면서 서서히 현실을 받아들이기 때문일 수도 있지만 어쨌든 죽음에 대한 공포는 점점 줄어든다.

To Do 1 　**죽음의 자리에서 삶을 생각하자**

죽음을 생각하면 지금 무엇을 해야 하는지가 보인다. 죽기 전에 무엇을 하고 싶은지, 무엇을 하지 못하면 후회할지 생각해 보자.

　죽음 그 자체를 생각하면 '살아 봤자 소용없다', '전부 헛되고 부질없다' 같은 부정적인 감정에 사로잡힌다. 실제로 자살을 생각하는 환자들을 진찰해 온 경험에서 봐도 그렇다.

　어차피 언젠가 죽는다면 '하고 싶은 일을 하자!'라고 생각하는 자세가 중요하다.

　이런 내용의 설교는 와닿지 않을 수 있지만 영화나 소설 같은 작품 속 이야기라면 절실하게 다가온다.

　1952년에 개봉한 구로사와 아키라 감독의 명작 〈살다〉(生きる)라는 영화가 있다. 일부 스포일러를 포함해 내용을 소개하겠다.

　무의미한 나날을 보내던 시청 과장 와타나베 간지는 어느 날 암을 선고받고 여생이 얼마 남지 않았다는 사실을 알게 된다. 자신이 살아가는 의미는 무엇이었을까 생각하던 중, 예전에 부하 직원이었고 지금은 장난감 공장에서 일하는 오다기리 도요와 재회한다.

　오다기리에게 "과장님도 무언가를 만들어 보면 어때요?"라는 조언을 들은 와타나베는 생기가 넘쳐흐르는 오다기리의 모습을 떠올리며 공원을 정비하는 일에 에너지를 쏟기 시작한다. 고생 끝에 완성한 공원에서 와타나베는 흔들리는 그네에 몸을 맡긴 채 숨을 거둔다.

이 작품은 '죽음'(死)에 중점을 두고 인생을 바라보면 '얼마 남지 않은 여생 동안 기를 쓰고 발버둥 치는 남자의 이야기'로 보인다. 하지만 '삶'(生)의 관점에서 접근하면 '귀중한 인생의 남은 시간 동안 가장 소중한 것을 이루어 낸 남자의 이야기'가 된다.

삶과 죽음은 동전의 앞뒤와 같다. 똑같은 현상, 사건, 이야기도 삶쪽에 서서 죽음을 바라보면 다르게 보인다.

그래서 주인공 한 사람의 인생을 그린 작품 속 이야기에는 강력한 힘이 있다. 이야기에는 자신의 인생에 비추어 감정을 이입할 수 있다는 특징이 있다. 인생에 대해 생각하기 좋은 영화를 추천하는 순서대로 몇 편 소개하니 본 적 없는 사람은 꼭 한번 보기 바란다.

표 ▶ 삶과 죽음을 다룬 추천 영화

1. 〈라스트 홀리데이〉, 웨인 왕 감독, 2006
2. 〈버킷리스트: 죽기 전에 꼭 하고 싶은 것들〉, 로브 라이너 감독, 2007
3. 〈바이센테니얼 맨〉, 크리스 콜럼버스 감독, 1999
4. 〈벤자민 버튼의 시간은 거꾸로 간다〉, 데이비드 핀처 감독, 2008
5. 〈내일의 기억〉, 쓰쓰미 유키히코 감독, 2006

To Do 2 ▶ 통제 가능한 영역을 명확히 하자

어떤 일로 고민할 때 '통제할 수 있는 일'과 '통제할 수 없는 일'을 나눠서 생각하면 효과적이다. 죽음에 대한 공포의 정체를 상세히 언어로 표현한 다음 통제할 수 있는 일과 없는 일로 나눠 보자.

표 ▶ 통제할 수 있는 일과 없는 일로 나누기

통제할 수 있는 일	죽음을 미룬다(질병을 예방한다, 건강에 이로운 생활 습관을 들인다) 죽음에 대해 배운다(죽음을 다룬 철학, 심리학, 문학, 영화 관련 콘텐츠를 찾아본다) 죽음에 대해 말한다(다른 사람과 논의한다) 죽음을 생각하지 않는다(즐거운 일에 몰두한다)
통제할 수 없는 일	영생을 얻는다(영원히 살아간다)

위의 표와 같이 스스로 통제할 수 있는 일이 무엇인지 명확히 알면 지금 무엇을 해야 하는지 보인다. 이 책에서 소개한 건강에 이로운 생활 습관을 실천하려는 각오도 어떤 의미에서는 죽음에 대한 공포를 원동력으로 삼고 있을 것이다. 혹은 언제 생을 마감해도 후회하지 않도록 '지금'을 즐기는 쪽으로 사고의 방향을 전환하는 것도 방법이다. 즐거운 일을 미루지 말고 매일 후회 없는 하루를 보내자. 하루하루 최선을 다해 살아가자. 이런 일상을 꾸준히 이어 가면 어느 날 갑자기 죽음이 찾아와도 후회는 하지 않는다.

죽음에 대한 공포를 극복하고 싶다면 '지금'에 초점을 맞추고 통제할 수 있는 일과 없는 일로 나누는 작업을 꼭 해 보기 바란다.

To Do 3 항상 최상의 컨디션을 유지하자

죽음에 대한 지나친 공포는 뇌와 마음이 지쳤을 때 특히 심해진다. 예를 들면 대부분의 우울증 환자는 죽음이나 미래에 대한 지나친 공포를 호소한다. 하지만 꾸준히 치료를 받아 상태가 좋아지면 죽음에 대한 이야기는 일절 꺼내지 않는다.

일곱 시간 이상의 수면, 일주일에 150분 이상의 운동, 몸에 이로운 식단, 아침 산책 같은 건강한 생활 습관을 갖추면 죽음에 대한 공포는 말끔히 사라진다. 반대로 수면 부족, 운동 부족 상태가 계속되면 부정적인 감정이 더욱 강해진다.

항상 최상의 컨디션을 유지하는 것을 목표로 건강을 살피고 생활 습관을 바로잡자. 이것이 '지금을 살아가기' 위한 필수 조건이다.

Fact 2 ▶ 삶에 감사한다

> 공포와 감사는 공존할 수 없다.
>
> – 마이클 볼덕(세계 제일의 목표 달성 코치)

올림픽이나 세계 선수권 대회에 출전하는 일류 선수들은 경기 전에도 팬, 감독, 코치에게 고맙다는 말을 전한다. 진심 어린 감사의 마음이 불안과 공포를 없앤다는 사실을 알고 있기 때문이다.

인간의 뇌는 동시에 여러 가지 일을 처리하지 못하므로 죽음에 대한 공포와 삶에 대한 감사는 동시에 성립하기 어렵다. 진심으로 고맙다는 말을 전하고 머릿속이 감사하는 마음으로 가득 차면 공포는 자연히 밖으로 밀려나 어느새 사라진다.

일본 가와사키 의료 복지 대학교가 진행한 '죽음의 수용'에 관한 연구에 따르면 인간은 '자신의 죽음이 머지않았다는 자각', '자아실현을 위한 의욕적인 행동', '죽음과의 화해', '남겨진 자들에게 남기는 이별과 감사의 말'이라는 네 가지 단계를 거쳐 죽음의 공포를 극복하고 수용한다고 한다.

이 책을 읽고 있는 지금 이 순간, '살아 있다'는 것은 매우 멋진 일이다. 게다가 건강한 상태라면 이보다 더 좋을 수는 없다. 건강하게 살아 있다는 사실에 감사하자. 물론 자신의 버팀목이 되어 주는 가까운 사람들에게도 말이다. 진심으로 감사하면 언젠가 찾아올 '죽음'에 연연해하지 않고 '지금'을 살아갈 수 있다.

05 행복을 구하는 방법

키워드 ▶ 세로토닌 → 옥시토신 → 도파민

유엔(UN)에서 발표한 '2019 세계 행복 보고서'에 따르면 일본의 행복 지수는 조사 대상 156개국 중 58위였다.(한국은 54위로, 2018년 순위인 57위에서 세 계단 상승했다.─옮긴이) 선진 주요 8개국 중에서는 러시아 다음으로 일본이 가장 낮았다. 일본은 명목 국내 총생산(GDP)이 세계 3위로 경제적으로는 풍요로운 국가지만 국민의 행복 지수는 매우 낮다.

행복해지려면 열심히 일해야 한다고들 한다. 하지만 어떤 이들은 일을 너무 열심히 해서 몸이나 마음의 병을 앓고 심한 경우에는 과로로 사망한다. 지나치게 일에만 몰두하느라 가족과 소통을 게을리한 탓에 이혼하거나 가정이 무너질 위기를 불러오는 사람도 있다. 행복해지는 방법을 올바르게 실행하지 않으면 아이러니하게도 불행의 길을 걷게 된다.

행복이란 무엇일까? 어떻게 하면 행복해질 수 있을까? 오랜 옛날부터 철학자, 사상가, 종교인, 정치가, 사회학자, 심리학자 같은 다양한 분야의 현자들이 행복론을 이야기하고 행복해지는 방법을 연구해 왔다. 하지만 결론이 하나로 모이지는 않았는데 어쩌면 당연하고도 바람직한 일이다.

나 역시 정신과 의사로서 뇌 과학적 지식을 참고해 내 나름대로 '과학적으로 행복해지는 방법'을 이야기해 보겠다.

사람이 행복을 느낄 때 뇌 안에서는 무슨 일이 일어날까?

행복감을 일으키는 신경 전달 물질이 나온다. 즉 행복 물질이 늘어나면 우리는 행복을 느낀다. 반대로 행복 물질이 줄어들면 괴롭고 힘들어지며 심한 경우에는 죽고 싶은 기분까지 든다.

행복감을 일으키는 행복 물질은 주로 세 가지다. 바로 세로토닌, 옥시토신, 도파민이다.(그 밖에 엔도르핀이라는 물질도 있지만 이번에는 제외한다.)

이러한 물질은 모두 행복한 기분을 느끼게 하지만 각각이 만드는 행복의 질은 전혀 다르다.

(1) 세로토닌성 행복

평온함, 치유, 기분과 관련 있는 행복감이다. 아침에 '날씨가 좋아서 기분이 상쾌해. 오늘 하루도 힘내자'와 같은 긍정적이고 적극적인 기분에 감싸인다면 세로토닌이 분비되고 있기 때문이다.

반대로 불안과 걱정이 일고 초조해서 안절부절못하고 기분 나쁜 일만 떠오르면서 부정적인 기분에 사로잡힌다면 세로토닌 수치가 현저하게 낮아졌기 때문이다.

(2) 옥시토신성 행복

유대감과 관련 있는 행복감이다. 배우자, 연인, 자녀, 친구처럼 가까운 사람과 함께 즐거운 시간을 보낼 때 분비되는 물질이다. 스킨십, 소통, 사람 사이의 유대감, 애정, 교류 등과 관련이 있다.

남에게 친절을 베풀 때나 남이 베푸는 친절을 받을 때도 분비된다. 따라서 봉사 활동, 사회 기여 활동을 하면서 주고받는 감사의 마음과도 관련이 있다.

(3) 도파민성 행복

의욕과 관련 있는 행복감이다. 도파민은 행복 물질로 널리 알려져 있는데 목표를 달성했을 때 분비되는 성공 물질이기도 하다. 프로젝트를 성공리에 마쳤을 때, 경기에서 우승했을 때, 거금을 손에 쥐었을 때, 승진 또는 승급했을 때와 같은 상황에서 분비된다. '해냈다! 최고다!'라고 소리 지르게 만드는 감정, 즉 성취감이나 고양감과 관련이 있다.

Fact 2 ▶ 도파민성 행복에 사로잡히지 말라

사람들은 행복이라고 하면 주로 도파민성 행복을 떠올린다.

'출세하고 싶다', '부자가 되고 싶다', '성공하고 싶다', '좋은 집에서 살고 싶다' 같은 바람은 모두 도파민성 행복이다.

물론 도파민은 삶의 원동력이 될 수 있지만 263쪽에 나온 연 소득과 행복 지수에 관한 그래프에서도 보았듯이 도파민만으로는 행복해질 수 없다.

연 소득은 1억 이상이지만 과도한 업무에 시달리다 우울증에 걸렸거나 지나치게 일에만 몰두하다가 가정이 무너질 위기를 맞은 사람의 이야기를 누구나 한 번쯤 들어 보았을 것이다.

인간이 살아가는 데 가장 중요한 행복은 세로토닌이 주는 행복이다. 이것을 바꿔 말하면 '건강'을 실감하는 행복이라 할 수 있다. 몸이나 마음이 병에 걸리면 세로토닌 수치가 낮아진다.

행복은 '세로토닌 → 옥시토신 → 도파민' 순서로 실현해 나가야 한다.

이것을 염두에 두고 각각의 행복 물질을 얻는 방법에 대해 알아보자.

> 행복은 다른 그 무엇도 아닌 건강 안에 있다.
>
> – 조지 윌리엄 커티스(미국의 작가)

To Do 1 세로토닌성 행복을 얻는 습관

행복해지기 위해서는 반드시 건강해야 한다. 신체적, 정신적으로 건강하고 아침에 상쾌하게 눈뜨는 삶을 목표로 삼자.

이미 여러 번 다루었지만 가장 효과적인 습관은 아침 산책이다. 아침에 15~30분 정도만 산책해도 세로토닌 신경이 활성화되어 세로토닌성 행복을 얻을 수 있다.

명상이나 좌선 같은 마음 챙김 활동이나 복식 호흡을 해도 세로토닌이 분비된다.

세로토닌 분비에는 충분한 수면이 필수다. 수면 부족이나 밤샘 활동은 악영향을 미친다. 웃는 표정을 지어도 세로토닌이 분비된다. 도파민의 도움으로 열심히 일하는 것도 중요하지만 건강을 해칠 정도로 지나치게 에너지를 쏟아부으면 반드시 불행해진다.

다른 그 무엇으로도 대체할 수 없는 세로토닌성 행복은 '하루 15분의 아침 산책'이라는 매우 간단한 습관만으로 얻을 수 있다.

표 ▶ 세로토닌성 행복을 얻는 방법

1. 아침 산책(아침 햇빛, 리듬 운동, 아침밥 꼭꼭 씹어 먹기)
2. 마음 챙김(명상, 좌선), 복식 호흡
3. 웃는 표정 짓기

To Do 2 ▶ 옥시토신성 행복으로 마음의 안정을 찾자

세로토닌 다음으로는 옥시토신을 목표로 해야 한다.

배우자, 자녀, 연인, 친구 같은 가까운 사람과의 관계가 안정되어야 행복할 수 있다. 이미 손에 넣은 행복의 소중함을 알지 못하고 소홀히 대하다가 다 잃고 나서야 깨닫는 경우가 많다. 일에만 몰두하고 가정을 돌보지 않던 사람이 이혼 서류를 받아 든 순간, 그제야 비로소 가족의 소중함을 깨닫고 후회하는 사례를 본 적이 있을 것이다.

인간관계가 안정되면 정신적으로 흔들리지 않는다. 직장에서 다소 스트레스를 받아도 안정된 인간관계가 마음의 버팀목이 되어 주기 때문이다.

반대로 외로움을 느끼거나 사람과의 유대가 부족하면 우울증이나 치매에 걸릴 위험이 높아진다. 가정에 문제가 생기면 일하는 도중에도 자꾸 그 일이 떠오르고 머릿속이 걱정으로 가득해 일에 집중하지 못한다. 이런 상태에서는 도파민성 행복도 얻을 수 없다.

도파민성 행복을 구하기 전에 기반이 되는 옥시토신성 행복을 다져 놓아야 마지막에 결국 큰 행복을 얻을 수 있다.

> 왕이든 백성이든, 가정에서 평화를 찾는 자가 가장 행복한 사람이다.
>
> – 요한 볼프강 폰 괴테(독일의 시인, 극작가)

옥시토신은 가까운 사람과 스킨십, 대화, 소통을 하면 분비된다.

스킨십 중에서도 특히 성적(性的)으로 애정을 누리는 때 가장 많이 분비된다고 하는데 20초 이상 포옹만 해도 옥시토신이 충분히 분비된다. 자녀를 꼭 껴안으면 안고 있는 부모와 아이 모두에게서 옥시토신이 분비된다.

연인 또는 친구와 즐겁게 대화를 나누거나 남에게 친절을 베풀거나 반대로 남이 베푸는 친절을 받을 때도 마찬가지다.

'봉사 활동을 하는 사람은 하지 않는 사람보다 5년 이상 오래 산다'라는 연구 결과가 있다. 이 역시 옥시토신과 관련이 있다. 옥시토신 분비량이 많으면 심혈관 질환에 걸릴 위험도 낮아진다.

연인이나 친구가 없다면 개나 고양이 같은 반려동물과 시간을 보내도 좋다. 반려동물과 함께 놀면 주인은 물론이고 반려동물에게서도 옥시토신이 분비된다. 개나 고양이를 쓰다듬으면 치유되는 기분이 드는 것은 뇌 과학적으로 근거가 있는 이야기다.

실제로 옥시토신은 스트레스를 낮추고 세포 재생을 돕는다. 그야말로 우리 몸과 마음을 낮게 하는 효과가 있다.

부모와 자식, 부부 사이에 대화를 중시해야 한다. 함께 보내는 시간과 소통을 늘리자. 긴장을 풀고 만날 수 있는 친한 친구와 편안한 시간을 보내는 것도 좋다. 어쩌면 당연하다고 생각할 수 있는 이런 일들이 행복에 매우 큰 영향을 미친다.

표 ▶ 옥시토신성 행복을 얻는 방법

1. 스킨십
2. 커뮤니케이션
3. 반려동물과 접촉하기
4. 친절 베풀기, 사회 기여 활동, 봉사 활동

To Do 3　도파민성 행복을 최후의 목표로 삼자

일상적으로 마음과 인간관계가 안정되면, 즉 세로토닌성 행복과 옥시토신성 행복을 얻으면 딱히 부자가 되거나 사회적으로 성공하지 않아도 행복하게 살아갈 수 있다.

두 가지 행복이 전체 행복의 토대를 이룬다는 사실을 깨닫지 못하고 실감하지도 못하는 사람은 도파민성 행복을 아무리 많이 얻어도 끝내 만족하지 못한다.

끊임없이 위쪽으로 올라가려고만 하면 평생 불안한 상태에서 벗어날 수 없다.

도파민성 행복을 얻는 방법은 다음과 같다.

표 ▶ 도파민성 행복을 얻는 방법

1. 돈을 벌고 사회적으로 성공한다
2. 스포츠 경기나 대회에서 활약하거나 우승한다
3. 목표를 설정하고 달성해 낸다
4. 유산소 운동, 근력 운동
5. 웃는 표정 짓기, 명상

이 책에서도 주로 제3장에서 직장 생활을 다루면서 사회적으로 성공하는 방법을 몇 차례 언급했다. 하지만 성공은 행복의 일부이지 행복의 필수 조건은 아니나.

머리말과 제4장, 제5장에서 주로 다룬 몸과 마음의 건강으로 얻는 세로토닌성 행복과 제1장, 제2장에서 주로 다룬 인간관계로 얻는 옥

시토신성 행복이 우선이다. 이것들로 기반을 다진 상태에서 사회적 성공이라는 목표 달성으로 얻는 도파민성 행복이 더해져야 '최고로 행복한 상태'를 이룰 수 있다.

그림 ▶ 인생의 세 가지 행복

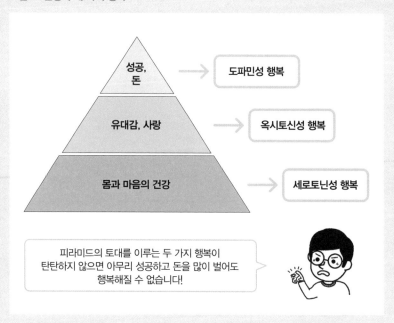

'행복의 토대'인 세로토닌성 행복과 옥시토신성 행복을 소홀히 여기고 도파민성 행복만 좇으면 머지않아 모든 것이 무너진다. 평소 일상에서 도파민성 행복에만 신경을 곤두세우지 말자. 이미 자신에게는 세로토닌성 행복과 옥시토신성 행복이 있음을 깨닫고 음미한다면 지금 이 순간부터 바로 행복해질 수 있다.

앞으로 어떻게 살아 나가야 할까?

이 책은 '삶의 방식'의 결정판을 만들겠다는 기획에서 출발했다.

하지만 그 내용이 막연하고 관념적이라면 배워도 실천하기 어렵다. 그래서 불안을 없애고 고민을 해결해 스트레스에서 자유로워지는 것을 목표로 삼고 한 걸음씩 행복을 향해 다가가는 데 필요한 구체적이고 실천적인 방법을 가득 담기로 마음먹었다.

다시 한번 본문의 내용을 되짚어 보면서 행복한 삶을 꾸리기 위해 알아야 할 가장 중요하면서도 본질적인 일곱 가지 핵심을 정리해 보았다. 이것만 기억해도 인생을 더 나은 방향으로 이끌어 갈 수 있을 것이다.

Essence 1 ▶ '이대로도 좋아'라고 입버릇처럼 말한다

나는 정신과 의사로서 누군가에게 조언할 때 '상대를 부정하지 말

자', '상대를 긍정하자'라고 다짐한다.

사람들은 대부분 자신의 부족한 부분에만 집중해 스스로를 탓하고 상처 입힌다. 무의식중에 점점 자기 자신을 부정하고 스트레스를 만들어 낸다.

지금 자신의 모습만으로도 괜찮다. '이대로도 좋아'라고 생각하는 순간, 자기 부정의 세계에서 자기 긍정의 세계로 옮겨 갈 수 있다.

자신이 할 수 있는 일을 가능한 범위 내에서 실행하자. 자기 나름대로 최선을 다하고 있다면 그대로도 괜찮다. '이대로도 좋아', '지금의 나로 괜찮아'라고 말하며 스스로를 인정하자.

'이대로도 좋아'라는 말은 자신을 긍정하는 최고의 표현이다. '이대로도 좋아'라고 입버릇처럼 말하거나 이 책에서 소개한 '사기 수용의 네 줄 일기'를 쓴다면 자기 긍정감의 계단을 더 높이 오를 수 있을 것이다.

Essence 2 ▶ '지금'에 초점을 맞춰서 살자

누구나 과거를 떠올리면 후회에 시달리고 미래를 생각하면 불안에 지배당한다. 좀처럼 앞으로 나아가지 못하는 까닭은 '지금'에 초점을 맞추지 않기 때문이다.

저도 모르게 과거나 미래의 일을 생각한다면 '지금을 관찰하는 것'에 집중하자.

오늘 할 일을 오늘 해 나가지. 이것민으토 충분하다.

이 책에서 자신이 할 수 있는 'To Do'를 찾아내 실행에 옮기는 일만 생각하자.

고작 하루 만에 새롭게 다시 태어날 수는 없다. 매일 꾸준히 작은 행동, 소소한 실천을 쌓아 가야 한다. 처음에는 거북이걸음일지라도 꾸준히 계속하면 반드시 괴로운 상황에서 벗어날 수 있다.

'지금 내가 할 수 있는 일은 무엇일까?'

그것으로 투 두 리스트를 만들어 실행에 옮기자.

Essence 3 ▶ 스스로 결정한 '자신의 인생'을 살자

부모가 원하는 대로 산다. 남의 눈치를 살핀다. 남과 자신을 비교한다. 남과 똑같지 않으면 마음이 놓이지 않는다.

이것들은 모두 '남의 인생'을 사는 사람의 특징이다. 아들러 심리학에서는 남의 인생을 사는 것을 최악의 삶의 방식으로 본다.

하고 싶은 일, 나아가고 싶은 길을 결정하는 중요한 때에 남에게 의존하면 그 순간에는 편하겠지만 시간이 흐른 뒤 분명 후회한다. 자신의 진짜 속마음과는 다른 결정을 내렸기 때문이다.

우리는 '자신의 인생'을 살아야 한다. 절대 어렵지 않다. 아주 사소한 일이라도 '스스로 결정하는 버릇'을 들이면 된다. 일단 평소에 혼자 생각할 시간, 상담 상대, 노트나 메모지 같은 도구를 갖춰 두자. 준비를 마쳤다면 자신의 생각과 기분을 말이나 글로 전달하는 아웃풋 습관을 만들어 가자.

아웃풋 능력을 단련하면 자신의 인생을 살 수 있다.

자신을 소중히 여기며 살자

자신과 가족을 소중히 여기자. 열심히 일하는 것은 그다음이다. 이렇게 우선순위를 명확히 해 두는 것이 중요하다.

나는 3년 동안 미국에서 유학 생활을 하면서 이 사실을 깨달았다.

주변 미국인 중에는 일 때문에 자신이나 가족과 보내는 시간을 희생하는 사람이 거의 없었다. 자기 자신과 가족을 희생해 가면서 필사적으로 일하는 것만큼 주객이 전도된 경우가 또 있을까.

그렇게 살면 몸과 마음이 병들고 가족 간 소통에 금이 가서 배우자와 갈라서거나 자식과 멀어지게 될 수 있다. 아무리 일에서 성공해도 병이 나거나 가정이 무너지면 아무런 소용이 없다.

자신을 소중히 여기라는 말은 자신의 건강을 소중히 여기라는 뜻이기도 하다. 앞에서 소개한 일곱 시간 이상의 수면, 일주일에 150분 이상의 운동, 아침 산책을 착실히 실행에 옮기자. 이 단순한 실천법이 바로 '인생을 행복하게 사는 법칙'이다.

자신이 먼저 마음을 열고 의논한다

스스로 결정해서 자신의 인생을 살라는 말은 남을 거스르고 무시하면서 외롭게 살라는 뜻이 아니다.

남의 의견을 참고하되 최종 결정은 직접 해야 한다. 이 순서를 지키는 것이 중요하다. 남에게 상담하고 제삼자의 의견을 참고하면 너 올바르게 판단하고 결정하는 데 도움이 된다.

나는 '가족, 친구, 의사를 포함한 타인에게 속내를 털어놓지 못하겠다'라는 고민을 많이 듣는다. 제1장에서도 설명했듯이 신뢰 관계는 처음부터 갑자기 100까지 오르지 않는다. 우선 자신이 먼저 마음을 열어야 서서히 깊은 관계를 쌓아 갈 수 있다.

몸이나 마음의 건강에 관한 고민은 반드시 전문가에게 상담해야 한다. 의사를 대할 때도 마찬가지다. 주치의를 신뢰하고 마음을 열고 속내를 털어놓아야 회복의 길로 갈 수 있다. 진심으로 신뢰하는 사람에게 마음을 털어놓자. 그렇게만 해도 우리를 괴롭히는 고민과 불안의 90퍼센트는 해결된다.

Essence 6 ▶ 반드시 행동하면서 생각한다

이 책의 서두에서 말했듯이 관념적, 철학적, 영적인 삶의 방식에 대해 이야기하는 책을 아무리 열심히 읽어도 '구체적으로 무엇을 하면 좋을까?'라는 의문은 사라지지 않는다. 그래서 나는 'To Do'를 집중적으로 다루고 '지금 해야 할 일'을 명확히 적었다.

불안과 고민이 사라지지 않는 이유는 멈춰 선 채 생각하기 때문이다. 오로지 생각과 고민에만 매달리면 앞으로 나아가지 못한다. 상황은 더욱 나빠지고 고민은 더욱 부풀어 오른다.

부정적 감정을 떨쳐 내고 앞으로 나아가려면 자신이 할 수 있는 To Do를 찾은 다음 행동하면서 생각하는 것이 중요하다. 뭐든 일단 해 보자. 소소한 일이라도 괜찮다. 십사기 끼겅된 인으 하러니 하범 시노가 나가지 않는다.

천직이나 인생의 의미는 나중에 삶을 되돌아보면서 깨닫는 것이다.

처음부터 거창하게 목표를 세우고 인생의 중대한 문제를 척척 결정해 내는 사람은 어디에도 없다. 성공하는 사람은 남들이 알아채지 못하는 소소한 행동을 꾸준히 쌓아 올린다.

Essence 7 ▶ 하루를 긍정적으로 마무리하자

'일이 바빠서 죽을 것 같아. 내 삶은 왜 이리 불행할까.'

이런 생각이 드는 상황에서도 관점을 바꾸면 행복이 보인다.

우선 병에 걸리지 않았고 월급을 받을 수 있는 상태일 것이다. 혹은 퇴근하면 먼저 들어온 가족이 집안일을 말끔히 해 놓은 집에 들어갈 수 있을지도 모른다.

아프거나 일이 없는 사람 입장에서 보면 침으로 행복한 삶이다.

누구나 매일같이 즐겁고 좋은 일과 괴롭고 힘든 일을 모두 겪는다. 중요한 것은 어느 쪽에 초점을 맞추느냐다. 사업에 크게 성공해서 부자가 된다 해도 부정적인 사건에만 주목하면 행복을 느끼지 못한다.

하루를 마무리하면서 즐겁고 좋았던 일에 초점을 맞추는 사람이 즐겁고 행복한 삶을 살 수 있다.

제5장에서 '세 줄 긍정 일기'의 긍정적 효과를 설명했다. 자기 전에 세 줄 긍정 일기 쓰는 습관을 들여서 반드시 하루를 긍정적으로 마무리하기 바란다. 간단한 방법이지만 이것만 실천해도 누구나 오늘부터 당장 행복해질 수 있다. 한 달 넘게 긍정 일기를 썼지만 아무런 효과를 보지 못했다고 말하는 사람은 본 적이 없다.

여기까지 정리한 일곱 가지 핵심 대처법을 기억해 두었다가 고민에 빠지거나 난처해졌을 때 실천해 보기 바란다. 삶의 방식을 찾아가는 지침이자 보물 지도가 되어 줄 것이다.

지금까지 30권 넘게 책을 썼는데 '삶의 방식'이라는 큰 주제를 다룬 적은 처음이다. 세상에는 '죽을 각오로 뛰어들라'라며 태연하게 노력을 말하는 책이 넘쳐 난다. 하지만 나는 죽을 각오로 자신을 몰아붙이다가 우울증에 걸린 사람을 수없이 봐 왔다.

불안이나 고민 없는, 스트레스에서 자유로운 상태가 되어야 행복의 기반을 마련할 수 있다. 다시 말해 우선은 몸과 마음이 건강해야 한다. 건강을 잃으면 아무리 돈을 많이 벌어도 소용없다.

몸과 마음의 건강을 주의 깊게 살피는 것은 행복한 삶, 사회적으로 성공한 삶과 모순되지 않는다. 아니, 몸과 마음의 건강이 탄탄하게 받쳐 줘야 행복이나 사회적 성공을 이루기가 수월해진다고 말하고 싶다. 정신 의학, 심리학, 뇌 과학적 근거를 바탕으로 내 인생에서 겪은 일과 임상 경험을 체계적으로 정리한 유일무이한 책이니 많은 이들에게 도움이 되기를 바란다.

이 책을 읽고 고민과 불안이 조금이라도 줄어 건강과 행복을 동시에 이루는 사람이 한 명이라도 늘어난다면 정신과 의사로서 그보다 큰 기쁨은 없을 것이다.

2020년 6월의 어느 좋은 날, 정신과 의사 가바사와 시온

제1장 | 남이 아닌 나를 바꾸자

인간관계 01   남과 나를 비교하지 않는 방법

오시마 노부요리(大嶋信頼), 《지우고 싶어도 지우지 못하는 질투와 열등감을 단숨에 지우는 방법》
(消したくても消せない嫉妬·劣等感を一瞬で消す方法), 스바루샤, 2018

난이도 ★

질투심을 없애는 구체적인 방법을 한 권에 담았다. 질투는 왜 생길까? 질투의 원인 중 하나인 열등감의 정체와 그것을 없애는 방법, 남이 자신을 질투할 때 대처하는 방법이 무엇인지 알려 준다. 뇌 과학과 심리학적 관점에서 질투를 바라보고 이해하기 쉽게 설명한다. '그 질투는 남의 것이 아닌지 되묻자', '10년 후의 자신에게 다가가자', '남의 성공을 기뻐하자' 등 대처법도 명쾌하고 실천적이다.

인간관계 02   남의 의견에 휩쓸리지 않는 방법

하부 요시하루(羽生善治), 《결단력》(決断力), 가도카와쇼텐, 2005

난이도 ★★

천재적인 능력을 타고난 전문가나 운동선수는 많지만, 자신의 두뇌와 몸에서 일어나는 일을 객관적으로 분석해 글로써 타인에게 전달할 수 있는 사람은 거의 없다. 일본 장기 기사인 하부 요시하루 명인은 이를 해내는 몇 안 되는 사람이다. 한 수, 한 수가 모두 결단으로 이루어지는 장기의 세계에서는 어떤 식으로 중대한 결단을 내릴까? 매우 흥미로운 주제가 아닐 수 없다.

개인적으로 재미있었던 부분은 하부 명인 정도의 실력자도 외통수(상대를 꼼짝 못 하게 만드는 옮긴이)를 놓치는 기본적인 실수를 한다고 고백하는 대목이었다. 중요한 것은 틀린 결단을 내린 후의 대처법이다. 위기에서 벗어나려면 실수나 실패에 연연하지 않아야 한다. 많은 깨달음을 얻을 수 있는 책이다. 하부 명인의 《대국관》(大局観)도 함께 읽으면 좋다.

인간관계 03   남을 신뢰하지 못할 때의 대처법

히가시야마 히로히사, 이규조 옮김, 《듣기의 힘》, 모색, 2005

난이도 ★★

듣는 기술을 다룬 책은 무수히 많다. 그중에서도 2000년에 처음 출간된 이 책은 듣는 기술을 다룬 책의 원조로 불린다. 남의 이야기를 들어 주는 전문가인 심리 상담사는 어떤 식으로 남의 이야기를 들을까? 이 책은 '듣기의 달인은 말하지 않는다', '자기 얘기를 하지 않는다', '맞장구치는 방법', '공감하는 요령' 등 듣기의 본질이라 할 수 있는 경청의 기본을 가르쳐 준다. 풍부한 사례를 다루어 실제 대화 상황을 그려 보기에도 좋다. 듣는 기술을 배우고 싶은 사람에게 입문서로 추천한다.

인간관계 04   신뢰할 수 있는 사람과 신뢰할 수 없는 사람을 알아보는 방법

애덤 그랜트, 윤태준 옮김, 《기브앤테이크》, 생각연구소, 2013

난이도 ★★

저자인 애덤 그랜트는 미국 최고의 경영 대학인 펜실베이니아 대학교 와튼 스쿨의 사상 최연소 종신 교수다. 예리한 눈을 가진 조직 심리학자가 비즈니스에서 성공하는 비결을 한 권에 담았다.

'기버', '테이커'라는 용어가 널리 쓰이는 데 큰 영향을 미친 책이기도 하다. '성공한 기버'가 되는 방법을 알고 싶다면 꼭 읽어 보자.

인간관계 05   싫어하는 사람과 잘 지내는 방법

가네오카 신지(神岡真司), 《싫어하는 사람이 사라지는 심리학》(嫌いな人が消え去る心理術)
세이류슛판, 2016

난이도 ★★

이 책에서는 심리학적으로 남을 싫어하는 감정을 없애는 방법뿐 아니라 자신을 싫어하는 남

의 감정을 없애는 방법까지 소개한다. '상대를 위협하지 말자! 명령과 의뢰의 화법', '도발에 넘어가지 말자! 공격에 방어하는 화법', '상대방을 존중하자! 거부와 거절의 화법' 등 구체적인 상황에서 어떤 화법으로 대처하면 좋을지에 대해 풍부한 사례를 들어 설명한다. '싫어하는 사람 앞에서 무슨 말을 하면 좋을지 모르겠다'라고 고민하는 사람이 읽으면 좋다.

인간관계 06   남에게 미움받고 싶지 않을 때의 대처법

기시미 이치로, 고가 후미타케, 전경아 옮김, 《미움받을 용기》, 인플루엔셜, 2014

난이도 ★★★

심리학자 알프레트 아들러에게 '남에게 미움받고 싶지 않다'라는 고민을 털어놓는다면 어떤 조언이 돌아올까? 이 책에서는 남이 자신을 싫어하든 말든 '대가를 바라지 말고 상대를 믿고 도와야 한다'라고 결론짓는다.

대가 없이 남을 믿고 돕는 일에 만족한다면 상대에게 미움받아도 행복해질 수 있다. 대가를 바라기 때문에 전전긍긍하고 남의 눈치를 살핀다. 이래서는 자신의 인생이 아닌 남의 인생을 살게 된다.

상대가 자신을 미워해도 그것은 상대가 해결할 과제다. 자신의 과제가 아니기 때문에 걱정하거나 불안해한들 소용없다. 자신이 통제할 수 있는 것은 대가를 바라지 않고 상대를 믿고 돕는 일뿐이다. 이 책을 읽으면 '스스로 사고방식을 바꾸고 움직이면 행복해진다'라고 말하는 아들러 심리학의 본질을 배울 수 있다.

인간관계 07   속마음은 드러내야 할까 말아야 할까

영화 〈마스크〉, 1994

난이도 ★

페르소나를 쉽게 이해하려면 영화 〈마스크〉를 보자. 배우 짐 캐리가 연기하는 주인공 스탠리는 내성적이고 마음 약한 은행원이다. 그는 자신이 좋아하는 여성 티나 앞에 서면 위축되어 진심을 전하지 못한다. 스탠리는 그러던 어느 날 우연히 나무로 만든 가면 즉 마스크를 발견한다. 마스크를 쓰면 석극석이 데다 대담하고 정열적이민서도 흥에 거우 악당으로 변신한다. 마스크 때문에 일어나는 소동을 그린 코미디 영화인데 심리 묘사도 탁월하다. 마스크라는 캐릭터는 스탠리와 정반대의 성격, 즉 '되고 싶은 자신의 모습'이었다. 그는 점차 마스

크 없이도 스스로 행동할 수 있게 되고 마지막에는 자신의 진심을 티나에게 전할 만큼 변화해 완전히 달라진 모습, 혹은 진정한 자신을 연기한다. 이 작품을 보면 페르소나를 깊이 이해할 수 있다.

인간관계 08   악의를 드러내는 사람에게 대처하는 방법

구사나기 류슌, 류두진 옮김, 《반응하지 않는 연습》, 위즈덤하우스, 2016

난이도 ★★

남에게 공격받으면 받아넘기면 된다. 그런데 구체적으로 어떻게 하면 좋을까? 스님이 그 방법을 가르쳐 준다. 불안, 긴장, 분노와 같은 부정적 감정은 사실 자신이 만들어 낸 것이다. 사물을 올곧게 바라보기만 해도 부정적 감정은 사라진다. 이를 위해서는 자기 통찰력을 길러서 자신의 몸, 마음, 감정을 냉철하게 관찰하고 정리해야 한다. 저자는 석가모니의 가르침을 바탕으로 대처 방법을 논리적으로 체계화했다. 석가모니도 사실은 매우 부정적으로 사고했다는 지적은 의외였지만 이 말에 더욱 용기가 생긴다. 부정적인 사람에서 공격을 받아넘기는 사람으로 변화하고 싶다면 읽어 보자.

인간관계 09   타인을 변화시키는 방법

데일 카네기, 《인간관계론》

누적 3000만 부 이상 팔린 세계적 베스트셀러이자 자기 계발서의 원조라고 할 수 있다. 원제는 'How to win friends and influence people'(친구를 얻고 사람에게 영향을 미치는 방법)이다. 간혹 제목을 '사람을 움직이는 기술'과 같은 식으로 '움직인다'라는 표현을 써서 번역한 책들이 보이는데, 사람을 변화시키는 것이 아니라 움직인다고 말하는 점이 매우 인상적이다. 사람을 변화시키기는 쉽지 않지만 움직이는 정도라면 할 수 있을 것 같은 기분이 든다. 이 책에서는 사람을 변화시키는 아홉 가지 기술, 상대방에게 호감을 주는 여섯 가지 기술, 사람을 설득하는 열두 가지 기술 등을 다룬다. 타인에게 영향을 미치면 상대의 감정과 생각이 변화하고 최종적으로 행동까지 변화한다. 이것이 사람을 움직인다는 말의 의미다. 본문 중에 적을 자기편으로 만드는 비결로 사소한 부탁을 하라는 조언이 나오는데 이 내용은 나도 앞에서 언급했다. 80여 년 전에 쓰인 책인데도 전혀 낡은 느낌이 나지 않는다.

그림 ▶ 반감을 사지 않고 사람을 변화시키는 아홉 가지 방법

방법 1	상대를 칭찬하고 존중하는 데서부터 시작하라
방법 2	상대의 실수는 간접적으로 알려 주라
방법 3	내 잘못부터 말하라
방법 4	명령하지 말고 질문을 던지라
방법 5	상대의 체면을 세워 주라
방법 6	작은 일을 포함해 모든 개선점을 칭찬하라
방법 7	실제보다 높게 평가하라
방법 8	무엇이 개선되었는지 알도록 격려를 아끼지 말라
방법 9	상대가 기뻐할 만한 제안을 하라

* 출처: 데일 카네기, 《인간관계론》

제2장 | 가족과 친구를 삶의 활력으로 삼자

사생활 01   고독의 위험을 줄이라

오시마 노부요리, 장인주 옮김, 《진정한 친구가 없어서 외롭다고 느낄 때 읽는 책》, 경향미디어, 2020
난이도 ★

'친구는 필요할까?'라는 질문에 대해 깊이 논하는 책이다. 저자는 '친구가 없어서 외로운 상태도 나쁘지 않다'라며 고독을 긍정한다. 그래서 친구가 없는 사람도 마음 놓고 읽을 수 있다. 그러는 한편으로 '친구를 만드는 요령'이나 '친구 사이의 다양한 문제를 해결하는 방법'도 알려 준다. 10대 후반부터 20대는 물론이고 그 윗세대까지 폭넓게 읽을 수 있으며 읽고 나면 위안이 될 것이다.

어른이 되고 나서 친구를 사귀는 방법

폴 애덤스, 이지선 옮김, 《Grouped(그룹드) 세상을 연결하는 관계의 비밀》,
에이콘출판, 2012

난이도 ★★★

친한 친구는 고작해야 몇 명 정도다. 많은 사람과 친하게 지내는 것은 불가능하다. 처음 읽었을 때 책에 담긴 내용에 놀라면서도 동시에 크게 공감했다. 그동안 나는 그저 막연하게 많은 사람과 깊은 관계를 맺는 것은 불가능하다고 생각해 왔다. 하지만 사회학자인 폴 애덤스는 여러 연구를 토대로 과학적으로 설득력 있는 근거와 함께 결론을 제시한다. 이 책을 읽으면 특히 SNS에서 많은 사람과 깊은 관계를 맺는 것은 불가능하다는 사실을 잘 알 수 있다. '모든 사람과 친하게 지내야 한다'라는 강박 관념에 사로잡힌 사람이 이 책을 읽으면 속박에서 벗어나게 될 것이다.

애니메이션 〈목소리의 형태〉

난이도 ★

어떤 사건 이후로 마음을 굳게 닫은 고등학생 쇼야는 친구가 없다. 그러던 그가 청각 장애가 있는 초등학교 동창 쇼코와 다시 만난 뒤로 차츰 마음을 열어 간다. 쇼야의 주변에 한 명, 또 한 명씩 친구가 다가오기 시작하고 정신을 차려 보니 어느새 일고여덟 명의 친구가 모여 있었다. 이들은 혼자는 외롭지만 거절당하고 상처받기도 싫다고 생각해 왔다. 유리처럼 깨지기 쉬운 마음을 안은 채 삶이 힘들다고 느꼈던 이들은 서로에게 마음을 열면서 친구가 되어 간다. 이 작품은 자그마한 용기를 내어 스스로 마음을 열면 지금의 상황을 바꿀 수 있다고 말한다. 살아갈 용기를 주는 걸작이다.

SNS 피로를 해결하는 방법

제이크 냅, 존 제라츠키, 박우정 옮김, 《메이크 타임》, 김영사, 2019

난이도 ★★

스마트폰이나 SNS를 과도하게 사용하시 낳도록 주의하지. 인디넷 얼견을 끊게나 스마트폰 사용을 제한하는 디지털 디톡스가 유행인데 이 책은 그런 방법의 결정판이다. 다양한 시간 관리법이 소개되어 있는 이 책에서 저자는 특히 스마트폰 사용 시간을 줄이라고 강조한다. 구체적인 방법으로는 '홈 화면을 비워 둔다', '비밀번호를 스무 자리 정도로 길게 설정한다', '매일 반드시 로그아웃한다', 'SNS 앱을 모두 삭제한다', '알림을 끈다', '디바이스를 회사에 두고 퇴근한다' 같은 과격한 기술이 나열되어 있다. 그대로 실천한다면 분명 스마트폰 중독에서 벗어나 자유로운 시간을 확보할 수 있을 것이다.

사생활 04   상대가 나에게 호감이 있는지 알아보는 방법

로미오 로드리게스 주니어, 김하경 옮김, 《위험한 심리술》, 알에이치코리아, 2017

난이도 ★

상대가 보내는 비언어적 메시지를 읽고 심리를 파악하라고 말했지만 연애 경험이 적은 사람에게는 이 또한 쉽지 않을 것이다. 이 책에서는 몸짓, 시선, 자세 같은 비언어적 메시지를 보고 상대의 마음을 읽어 내는 방법을 구체적으로 설명한다. 그뿐 아니라 사람의 마음을 사로잡는 방법, 사람을 매료하는 방법, 상대를 마음대로 조정하는 방법 같은 다양한 심리 기술도 알려 준다. 책에 나온 방법대로 실천하면 관찰력이 길러지고 커뮤니케이션 능력도 향상될 것이다.

사생활 05   부모와 자식 사이의 문제에 대처하는 방법

나카노 노부코(中野信子), 《독친》(毒親), 포플러샤, 2020

난이도 ★★

독친을 다루는 책은 많지만, 독친에게 시달리는 당사자는 심리학적으로 깊이 접근한 책일수록 괴롭고 힘든 과거를 떠올리며 괴로워할 수도 있다. 이 책은 뇌 과학자인 저자가 뇌 과학, 유전자, 과학 실험 결과를 소개하면서 매우 담담한 어조로 '독친이란 무엇인가'를 분석한다. 독친인 자신의 부모나 독친의 뜻대로 따르던 스스로를 탓하지 않고 객관적으로 자신과 부모, 자신과 아이의 관계성을 되돌아보는 데 도움이 될 것이다.

영화 〈블랙 스완〉

난이도 ★

내털리 포트먼이 아카데미 여우 주연상을 받은 영화인데, 독친이 위험성을 그린 영화도 보면 좋을 작품이다. 주인공인 니나의 어머니 에리카는 자신이 이루지 못한 발레리나의 꿈을 딸이 대신해 주길 바라며 니나에게 과도한 애정을 쏟아붓는다. 그러나 니나가 〈백조의 호

460

수)에서 프리마 돈나가 될 기회를 얻자 손바닥 뒤집듯 딸의 성공을 방해하기 시작한다. 딸을 자신의 뜻대로 통제하려는 독친과 거기에서 달아나려는 딸의 장렬한 심리 싸움이 펼쳐진다.

사생활 06   부부 관계를 원만하게 유지하는 방법

다카쿠사기 하루미, 유윤한 옮김, 《당신도 내 맘 좀 알아주면 좋겠어》, 더난출판사, 2018

난이도 ★

부부 싸움을 줄이고 부부 관계를 개선하려면 남편과 아내의 사고방식이 어떻게 다른지 알아야 한다. 서로의 차이만 알아도 부부 싸움의 위험을 훨씬 낮출 수 있고 부부 사이도 원만해진다. 이 책을 읽으면 부부 관계에 문제가 있는 사람뿐 아니라 원만한 사람도 더 좋은 관계를 만들어 갈 수 있다. 부부 문제 전문 상담사가 알려 주는 부부 관계 개선법을 알고 싶다면 읽어 보자. 공감할 만한 사례도 풍부하게 담겨 있어 읽으면 당장 실천하고 싶어질 것이다. 아래의 두 권도 함께 추천한다.

존 그레이, 김경숙 옮김, 《화성에서 온 남자 금성에서 온 여자》, 동녘라이프, 2010

이오타 다쓰나리, 황소연 옮김, 《남심탐구 여심탐구》, 지식너머, 2016

사생활 07   육아 문제를 극복하려면

트레이시 커크로, 정세영 옮김, 《최강의 육아》, 앵글북스, 2018

난이도 ★ ★

시중에 나와 있는 육아 책은 대부분 개인의 경험을 바탕으로 썼다. 반면에 이 책은 '과학적으로 올바른 육아'라는 관점에서 과학적으로 올바르고 신빙성 높은 육아 노하우 쉰다섯 가지를 소개한다. 유아기부터 아동기를 거치면서 반드시 당면하는 문제인 애정 표현, 말 걸기, 생활 습관, 놀이, 유대감 쌓기, 가정 교육 등을 총망라해 명확한 대처법을 제시한다.

예를 들면 아이를 칭찬할 때는 '재능'을 칭찬하면 안 되고 '과정'을 칭찬해야 한다고 알려 준다. 현명한 아이로 키우려면 춤, 무술, 악기 연주를 가르치면 좋다. 읽고 이해하고 실천하기 쉬운 실용적인 육아서다.

간병의 걱정을 덜어 내는 방법

이지마 가쓰야(飯島勝矢), 《도쿄대가 조사하고 알아낸 쇠약해지지 않는 사람의 생활 습관》

(東大が調べてわかった衰えない人の生活習慣), 가도카와, 2018

일본 NHK 생활 정보 방송 〈갓텐〉(GATTEN)에도 출연했던 저자가 고령자도 알기 쉽도록 노쇠에 대해 큰 글씨로 차근차근 해설한 책이다. '같이 산책하자'라고 권해도 '안 간다니까'라며 거부하는 고령자에게 이 책을 건네자. 스스로 노쇠의 위험성을 이해하면 함께 산책해 줄 것이다.

노쇠에 대해 더 자세히 알고 싶은 사람에게는 아래 사이트도 추천한다.

- 건강장수넷(공익 재단 법인 장수 과학 진흥 재단) '노쇠란 무엇인가'
  https://www.tyojyu.or.jp/net/byouki/frailty/about.html
- 도쿄도 의사회 '노쇠 예방'
  https://www.tokyo.med.or.jp/citizen/frailty

제3장 | 천직을 목표로 억지로 하는 일에서 벗어나라

직장 내 인간관계를 해결하자

일본 드라마 〈변두리 로켓〉

난이도 ★

직장 내 인간관계로 고민하는 사람은 소설가 이케이도 준 원작의 텔레비전 드라마 〈변두리 로켓〉을 보기 바란다.(국내에서는 2015년 12월에 채널J를 통해 시즌 1이 방영되었으며 현재 왓챠에서 〈변두리 로켓 고스트〉라는 제목으로 스트리밍 서비스를 제공한다. 같은 제목의 원작 소설 《변두리 로켓》은 제145회 나오키상을 받았다.— 옮긴이) 로켓 엔진 개발이 목표인 쓰쿠다 제작소 사장 쓰쿠다 고헤이를 중심으로 이야기가 펼쳐진다. 매일같이 회사의 존속 위기라 할 만한 중대 사건이 일어나지만 쓰쿠다 사장과 직원이 힘을 합쳐 위기를 극복해 나간다.

드라마에서 주목해서 보기 바라는 점은 '함께 난관을 극복하면 동료가 된다'라는 점이다. 사건이 일어날 때마다 제작소 직원들은 야근을 해 가며 위기를 극복한다. 이렇게 힘겨운 시간을 함께 보내면 서로 신뢰 관계가 깊어지고 우정도 생기고 직장 동료로서도 결속력이 강해진다. 사장에게 이의를 제기하는 직원이나 동료의 테두리 안으로 들어가지 못하는 직원도 있지만 수차례 난관을 극복하면서 점차 마음을 터놓는다.

신입 사원과 입사한 지 몇 년 되지 않은 직원이 바로 동료 무리 안으로 들어가기는 어렵다. 하지만 함께 난관을 극복하면 비로소 필요한 동료로서 인정받게 될 것이다.

직장 생활 02   일이 재미없을 때 극복하는 방법

이와세 다이스케, 황미숙 옮김, 《입사 1년 차 교과서》, 모모, 2019

난이도 ★

'수'의 단계에서 일하느라 재미가 없다면 하루빨리 '파'의 단계로 올라서자. 갓 입사한 신입 사원이 무엇을 배우고 무엇을 마스터하면 '파'의 단계로 올라설 수 있을까? 그 방법을 배울 수 있는 책이다.

입사 1년 차 신입이 해야 할 일, 일에 대한 마음가짐, 공부법에 이르기까지 총 쉰 가지 방법을 자세히 알려 준다. 이 책에서는 일할 때 중요한 세 가지로 '부탁받은 일은 반드시 해낸다', '50점짜리 자료라도 상관없으니 빨리 제출하라', '시시한 일은 없다'라는 원칙을 제시한다. 이러한 원칙을 토대로 일하면 업무 실력이 늘고 상사의 평가도 높아져 일이 즐거워진다. 입사 1년 차뿐 아니라 일이 잘 풀리지 않거나 일하는 게 즐겁지 않다고 느끼는 사람, 부하 직원을 어떻게 가르쳐야 좋을지 몰라서 헤매는 관리직에게도 추천한다.

직장 생활 03   그래도 퇴사하고 싶을 때의 대처법

기타노 유이가, 노경아 옮김, 《이 회사 계속 다녀도 괜찮을까》, 비씽크, 2020

난이도 ★★

'이대로 지금 다니는 회사에 계속 있어도 될까?', '이직하는 편이 좋을까?'라고 고민하는 사람에게 어떻게 생각하고 결정하면 좋은지를 알려 준다. '상사를 보고 일하는가, 시장을 보고 일하는가?'라는 질문에는 정신이 번쩍 든다. 이직을 고민할 때는 시장 가치를 높이는 데 기준을 두어야 한다. 이것을 알면 이직해야 할지, 어느 기업으로 옮겨야 할지를 포함한 이직을 둘러싼 여러 의문을 스스로 해결할 수 있을 것이다.

자신의 천직을 찾는 방법

나카고시 히로시(中越裕史), 《하고 싶은 일을 찾아 드립니다! 심리 상담사가 알려 주는 이해하기 쉬운 천
    직 발견법》(やりたいこと探し専門心理カウンセラーの日本一やさしい天職の見つけ方), PHP겐쿠쇼, 2019

난이도 ★★

제목에서 알 수 있듯이 '천직 찾는 방법'에 중점을 둔. 흔해 보이지만 흔하지 않은 책이다. 아
무것도 하지 않으면 천직은 절대 눈앞에 나타나지 않는다. 움직이고 행동하면서 시행착오를
거쳐야 하고 싶은 일을 발견할 수 있다. '하루 5분의 작은 실천'으로 천직을 찾아 나서자. 천
직을 찾고 싶은 사람, 지금 하는 일에 만족하지 못하면서도 무엇을 하면 좋을지 몰라 고민하
는 사람에게 추천한다.

인공 지능에 일자리를 빼앗길까 두려운 마음을 극복하는 방법

호리에 다카후미, 오치아이 요이치, 전경아 옮김, 《10년 후 일자리 도감》, 동녘라이프, 2019

인공 지능에 일자리를 빼앗기느냐 하는 문제에 명확한 답을 제시한다. 시류를 잘 파악한 책
이다. 결론적으로 없어지거나 변화하는 일자리도 많겠지만 그만큼 많은 일자리가 새로 생겨
나고 성장할 것이다. 비관할 필요는 전혀 없다. 비즈니스 측면에서는 오히려 시대의 변화를
잘 따라잡으면 절호의 기회를 잡을 수 있다. 미래에 대비하는 사람 앞에는 밝은 미래가 기다
린다. 이 책을 정독하면 새로운 시대를 대비하는 방법을 알 수 있다.

일이나 공부를 할 때 집중력을 높이는 방법

멜 로빈스, 정미화 옮김, 《5초의 법칙》, 한빛비즈, 2017

난이도 ★

저자인 멜 로빈스는 변호사, CNN 해설자, 텔레비전 사회자, 작가, 연설가로서 다양한 분야
에서 활약하는 인물이다. 이 책은 미국 전역에서 100만 부 이상 팔려 베스트셀러에 올랐다.
책에서 소개하는 '5초 법칙'은 매우 간단하지만 실천하면 바로 효과를 볼 수 있다. 그저 무언
기를 시작하기 싶을 때 "5, 4, 3, 2, 1, 시작!"이라고 말하는 것이 전부다. 아침에 이불에서 빠
져나오기 힘들 때 "5, 4, 3, 2, 1"이라고 5초 동안 카운트다운하고 나서 "시작!"이라는 구호와
함께 일어나자. 5초 법칙을 응용하면 바로 실행에 옮길 수 있다. 그뿐 아니라 자신 안의 공포

심을 극복하고 용기가 이끄는 대로 자신의 목소리를 따라 행동할 수 있다. 술 끊기, 다이어트, 미루는 버릇 고치기, 중독이나 우울증 치료 같은 목표를 이루는 데도 도움이 될 것이다.

하이디 그랜트 할버슨, 전해자 옮김, 《작심삼일과 인연 끊기》, 에이지21, 2017

난이도 ★★

미국 컬럼비아 대학교에서 동기 부여 이론을 가르치는 사회 심리학자가 심리학적으로 올바른 목표 달성법을 제시한다. 목표를 세분화해서 '언제', '무엇을' 할지만 정해도 실현율이 두세 배 높아진다. '지금 못 해도 언젠가 할 수 있다'라고 믿기만 해도 능력이 대폭 향상된다. 실패해도 괜찮다는 생각만으로 실패 확률을 크게 낮출 수 있다는 연구 결과는 매우 놀랍다. 사고방식을 조금만 바꾸면 빠르게 목표를 달성할 수 있다고 말하는 매우 실천적인 책이다.

직장 생활 07   업무를 잘 습득하지 못할 때의 대처법

마에다 유지, 김윤경 옮김, 《메모의 마법》, 비즈니스북스, 2020

난이도 ★★

업무를 잘 습득하지 못하는 사람은 제대로 메모하는 방법을 알아야 한다. 기록으로 남겨 잊지 않도록 돕는 것은 메모의 기본 기능에 불과하다. 저자는 메모법을 응용해 단편적인 정보를 재구축하고 추상화하는 방법을 알려 준다. 추상력은 '본질을 간파하는 힘'이다. 추상화를 거치면 단편적인 정보를 비즈니스에 응용 가능한 영감이나 아이디어로 재탄생시켜 폭넓게 활용할 수 있다. 메모법을 제대로 실천하면 시키는 일만 하는 사람이 아니라 스스로 생각하고 아이디어를 짜내고 부가 가치를 창출하는 사람이 된다.

직장 생활 08   실력을 제대로 평가받지 못할 때의 대처법

야나가와 노리유키, 손영석 옮김, 《동경대 교수가 가르쳐 주는 독학 공부법》, 스타북스, 2015

난이도 ★

상사에게 무언가를 질문했을 때 "그 정도는 스스로 판단해"라는 말을 들을지도 모른다. 하지만 어떤 절차를 밟아 조사하고 판단하면 좋을지 모를 때는 어떻게 해야 힐까? 직접 조사하고 스스로 공부해야겠다고 마음먹어도 독학하는 방법을 모르는 사람이 의외로 많다. 이 책은 어떻게 하면 남의 도움 없이 스스로 공부하고 문제를 해결할 수 있는지 그 방법을 알려 준다. 구체적인 절차, 주제를 설정하고 자료를 수집하는 방법, 책 읽는 요령, 필기하고 메모하는 방법, 성과를 아웃풋하는 방법에 이르기까지 독학에 관한 기본을 배울 수 있다. 독학으로 도쿄대 교수가 된 저자의 방법론은 매우 명쾌하므로 사회인이 되고 나서 다시 공부를 시작하려는 사람이 읽으면 큰 도움이 될 것이다.

직장 생활 09　본업 이외에 부업을 하자

세비도슛판 편집부(成美堂出版編集部), 《가장 쉽게 부업의 시작법을 알려 주는 책》
(いちばんやさしい 副業のはじめ方がわかる本), 세비도슛판, 2019

난이도 ★

산더미처럼 많은 부업 관련 책들 중에서 부업에 관한 지식이 거의 없는 사람도 쉽게 읽을 수 있는 책을 소개하겠다. 이 책은 그림과 도표가 풍부해서 직관적으로 이해하기 쉽다. 부업의 기본부터 부업을 찾고 고르는 방법, 부업 금지 규정 문제, 세금 정보에 이르기까지 부업에 관한 모든 정보가 담겨 있다. 이 책 한 권이면 부업으로 인한 불안과 걱정이 한결 줄어들 것이다.

모토(moto), 《이직과 부업의 곱셈으로 생애 소득을 최대화하는 삶의 방정식》
(転職と副業のかけ算 生涯年収を最大化する生き方), 후소샤, 2019

난이도 ★★

부자가 되려면 창업하라고들 하지만 회사를 그만두기는 불안하다. 그만두고 싶지 않은 사람도 많을 것이다. 이 책은 직장인으로 살면서 어떻게 하면 부업으로 자신의 경력이 될 만한 일을 할 수 있는지 방법을 제시하면서 논리적으로 이끌어 준다. 저자는 본업으로 1000만 엔, 부업으로 4000만 엔을 벌지만 앞으로도 직장 생활을 계속할 예정이라고 말한다.

직장 생활 10　경제적 불안을 없애는 방법

혼다 켄, 황지현 옮김, 《운을 부르는 부자의 본능》, 더난출판, 2019

난이도 ★★

돈과 인연이 없는 사람은 돈에 대한 선신서 상태가 높다. 그러한 장벽을 깨부수고 싶은 사람에게 추천하고 싶은 책이다. 저자는 돈을 쓸 때 진심으로 감사하는 마음을 담아서 쓰면 돈이 몇 배가 되어 돌아온다고 말한다. 말도 안 된다고 생각할지도 모르지만 돈은 더러운 것이 아니며 돈에는 그 돈을 지불한 사람의 감사하는 마음, 기쁨의 감정이 담겨 있다는 사실을 깨달아야 한다.

스에오카 요시노리, 유나현 옮김, 《부의 열차에 올라타는 법》, 비즈니스북스, 2020

난이도 ★★

저자는 평범한 직장인이었다가 부동산 1000호를 소유한 대부로 자리 잡았다. 회사의 연 매출이 30억 엔이고 개인의 연 소득도 1억 엔이 넘는다. 자신이 직접 경험한 일을 바탕으로 부자가 되기 위한 마인드, 사고방식, 행동부터 구체적인 방법에 이르기까지 알기 쉽게 단계적으로 설명해 놓았다. 부자가 되려면 무엇을 준비하고 어떻게 행동해야 하는지 알 수 있는 책이다.

제4장 | 지치지 않는 몸으로 만들자

몸 건강 01   수면 부족을 해소하자

니시노 세이지, 조해선 옮김, 《스탠퍼드식 최고의 수면법》, 북라이프, 2017

난이도 ★

세계 최고의 수면 연구 기관이라고도 불리는 스탠퍼드 대학교에 몸담고 있는 니시노 세이지 교수의 첫 저서로, 그가 쓴 수면 관련 저서가 유행하는 데 큰 역할을 한 책이다. '수면 부채'라는 말은 이 책에서 퍼져 나갔다고 해도 과언이 아니다. 잠을 푹 자는 데 중요한 요소는 체온이다. 체온을 적절히 조절하기 위해 저자는 잠들기 90분 전에 목욕을 마치라고 권한다. 과학적 근거와 구체적 방법이 골고루 담겨 있어 읽고 나서 바로 실천하기도 좋다.

몸 건강 02   수면의 질을 한층 더 높이는 방법

숀 스티븐슨(Shawn Stevenson), 《SLEEP 최고의 뇌와 몸을 만드는 수면의 기술》 (SLEEP 最高の脳と身体をつくる睡眠の技術), 다이아몬드샤, 2017

난이도 ★★

내가 가장 좋아하는 수면 관련 책이다. 의사나 연구자가 쓴 책들은 과학적 근거, 메커니즘,

원인을 많이 다루어 설득력과 신빙성이 높지만 구체적 실천법은 다소 부족한 편이다. 건강 어드바이저로 활동하는 숀 스티븐슨은 굉장한 건강 마니아이자 수면 마니아다. 그는 다양한 방법을 연구하고 직접 실천해서 검증한 결과를 모아 수면 기술 백과사전이라 할 만한 이 책을 썼다. 전체가 스물한 장으로 구성되어 있는 데다 실천법을 중점적으로 다루는 점이 마음에 든다. 이 책에서 소개하는 방법 중 하나라도 실행에 옮겨 보자. 실천하면 할수록 효과를 볼 수 있는 수면 책의 결정판이다.

몸 건강 03   운동 부족에 대처하는 방법

존 레이티, 에릭 헤이거먼, 이상헌 옮김, 《운동화 신은 뇌》, 녹색지팡이, 2009

난이도 ★★★

운동이 뇌에 좋다는 사실을 세상에 알린 책이자 운동과 뇌의 관계를 다룬 책의 결정판이다. 운동과 뇌에 관한 다양한 논문과 연구를 바탕으로 운동의 장점을 빠짐없이 가르쳐 준다. 다 읽고 나면 운동하고 싶은 욕구가 들끓는다. 나도 이 책을 읽은 후에 본격적으로 운동하기 시작했다. 내 인생을 바꾼 책이기도 하다.

몸 건강 04   이상적인 운동법을 꾸준히 계속하는 방법

다니구치 도모카즈(谷口智一), 《10만 명이 주목한 과학적으로 올바르게 인생을 바꾸는 근력 트레이닝》
(10万人が注目! 科学的に正しい人生を変える筋トレ), SB크리에이티브, 2020

난이도 ★

저자인 다니구치 도모카즈는 '베스트 보디 저팬'(BEST BODY JAPAN)을 주최하는 인물이다. 대회 참가자 10만 명을 접하면서 경험한 바를 과학적 근거를 바탕으로 풀어냈다. 유머 섞인 글이라 쉽고 재미있으며 읽기만 해도 근력 운동을 하고 싶어진다. 바벨이나 덤벨 같은 도구를 쓰지 않고 집에서 맨몸으로 할 수 있는 운동을 주로 다루었기 때문에 실제로 따라 해 보기도 쉽다.

Testosterone, 주원일 옮김, 《웨이트 트레이닝이 최강의 솔루션이다》, 매니룩스, 2010

난이도 ★

100만 명 이상의 트위터 팔로워 소유자이자 근력 트레이닝 전도사인 Testosterone이 트위

터에 쓴 글을 정리한 책이다. 근력 트레이닝의 중요성을 다양하고 이해하기 쉽게 풀어내어 읽고 나면 분명 운동하고 싶은 마음이 들 것이다. 운동에서 중요한 것은 '시작하기'와 '꾸준히 하기'다. 저자의 긍정적이고 유머러스한 글을 읽으면 근력 트레이닝을 하고 싶은 마음과 계속해야겠다는 의욕이 생겨난다. 덤벨은 배신하지 않는다!

몸 건강 05   **정말로 건강에 이로운 음식은 무엇일까?**

쓰가와 유스케, 송수영 옮김, 《과학으로 증명한 최고의 식사》, 이아소, 2020

난이도 ★★

미국 캘리포니아 대학교 로스앤젤레스(UCLA)의 내과 조교수가 쓴 책이다. 과학적으로 증명된 좋은 식품을 쉽고 간결하게 정리해 놓아서 내용을 이해하고 실행에 옮기기가 수월하다. 메타 분석, 무작위 대조 시험, 관찰 연구의 차이와 각 연구법으로 도출해 낸 과학적 근거의 신뢰도를 알기 쉽게 해설해 놓았다. 일반 대중서인데도 전문적인 내용을 이렇게까지 잘 풀어낸 책은 좀처럼 찾기 힘들다. 과학적 근거를 든다는 것이 어떤 것인지를 잘 보여 준다. '건강에 이로운 식사'에 대한 일반적인 질문은 거의 다 들어 있으므로 건강을 위해 무엇을 먹으면 좋을지 궁금한 사람이 읽으면 흡족할 것이다.

몸 건강 06   **건강하게 살 빼는 식사법**

시라사와 다쿠지(白澤卓二) 감수, 《명의가 생각한 면역력을 기르는 최강의 식사법》
(名医が考えた! 免疫力をあげる最強の食事術), 다카라지마샤, 2020

난이도 ★

2020년 코로나19라는 재난 이후 면역력 기르는 방법에 관심을 보이는 사람이 급증했다. 식사법은 면역력을 기르는 데 매우 중요한 요소다. 식사와 건강 관련 서적을 약 70권 집필한 의사 시라사와 다쿠지가 감수를 맡은 면역력을 기르는 식사법에 관한 책의 결정판이다.

가와이 하루유키(川井治之), **《애쓰지 않아도 단칼에 성공할 수 있는 금연》**
(頑張らずにスッパリやめられる禁煙), **선마크슛판**, 2017

난이도 ★

니코틴 중독은 무엇이고 어떤 특징이 있을까? 금연에 실패하는 이유는 적에 대한 지식 없이 자기식대로 하기 때문이다. 몸의 중독, 습관적 중독, 마음의 중독이라는 세 가지 유형을 파악하고 각각에 대처하는 방법을 배우면 금연 성공률이 훨씬 높아진다. 금연 성공률을 높이고 싶다면 금연을 시작하기 전에 최소한의 기본 지식을 익히자.

산지브 초프라(Sanjiv Chopra), **데이비드 피셔**(David Fisher), **사쿠라이 유코**(櫻井祐子) 옮김,
《하버드대 의학 교수가 가르쳐 주는 건강의 정답》(ハーバード医学教授が教える健康の正解),
다이아몬드샤, 2018

난이도 ★★

산더미처럼 쌓인 수많은 건강법 가운데 과학적 근거가 충분하고 효과도 뛰어난 건강법을 다섯 가지로 추려서 소개했다. 다섯 가지 요소는 커피, 운동, 비타민D, 견과류, 명상이다. 과학적 근거를 바탕으로 커피의 효과를 이렇게까지 자세히 설명한 책은 좀처럼 찾아보기 힘들다.

제5장 | 마음을 가다듬고 새로운 자신으로 업데이트하라

야마자키 다쿠미(山崎拓巳), **《성격 180도 바꾸기》**(がらっと), **생크추어리슛판**, 2012

난이도 ★

앞서 '자신의 성격은 바꿀 수 없다', '타인을 바꿀 수 없다'라고 이야기했는데, 행동을 바꾸는 데 초점을 맞추고 꾸준히 노력하면 모두 바꿀 수 있다. 이 책에서는 성격을 바꾸는 요령과 아이디어를 잔뜩 알려 준다. 독서를 꺼리는 사람을 위한 책을 만드는 출판사에서 나온 책답게 보기에도 편하고 직관적으로 이해하기도 쉽게 구성되어 있다. 독서가 서툰 사람에게 추천한다.

나카시마 데루(中島輝), 《쓰기만 해도 인생이 바뀌는 자기 긍정감 노트》

(書くだけで人生が変わる自己肯定感ノート), SB크리에이티브, 2019

난이도 ★

자기 긍정감이 무엇인지 매우 알기 쉽게 정리해 놓았다. 실천할 만한 아웃풋 작업 열 가지 이상을 구체적으로 다루었다. 책을 읽고도 실행에 옮기지 않는 사람이 대부분이지만 이 책은 직접 쓸 수 있도록 작업 노트 형식으로 구성해 놓았기 때문에 누구나 손쉽게 실천하고 결과를 낼 수 있다.

호소카와 덴텐, 미즈시마 히로코, 황국영 옮김, 《이대로 괜찮습니다》, 휴머니스트, 2018

난이도 ★

단 한마디로 부정적인 자신을 인정하고 받아들이는 마법의 말, '이대로도 괜찮아.' 자기 부정감에 사로잡힌 사람이 스스로를 받아들이고 새로운 한 걸음을 내디딜 수 있게 도와준다. 학술적으로 신뢰할 만한 실천적인 자기 수용 방법을 즐겁게 배울 수 있다. 호소카와 덴텐의 꾸밈없는 펜 터치가 돋보이는 그림 덕분에 누구나 부담 없이 읽을 수 있다. 자기 긍정의 첫발을 내딛도록 용기를 주는 책이다.

영화 〈겨울왕국〉

난이도 ★

삽입곡인 〈렛 잇 고〉(Let It Go)가 강렬한 인상을 남기면서 큰 인기를 누린 디즈니 영화다. 스스로를 억누르면서 자기 부정에 갇혀 살아온 주인공 엘사가 자기 수용을 거쳐 자기 긍정의 세계로 나아가는 작품이다. 영화를 보면 자기 수용이 무엇인지 생생하게 이해할 수 있을 것이다.

가바사와 시온, 《좋은 긴장감은 능력을 두 배로 키운다》(いい緊張は能力を2倍にする), 분쿄샤, 2018

난이도 ★★

긴장 조절하는 방법을 다룬 수십 권의 책을 읽고 고금동서의 긴장을 완화하는 온갖 방법을 모은 다음 그것들을 전부 과학적으로 검증했다. 그렇게 정리한 과학적으로 효과 있는 긴장

완화법 서른세 가지를 소개한 책이다. 긴장에 관한 백과사전이므로 분명 자신에게 맞는 긴
장 조절법을 찾을 수 있을 것이다.

마음 건강 04 　분노를 다스리는 방법

후지이 히데오(藤井英雄), 《분노에 사로잡히지 않는 마음 챙김 훈련》
(怒りにとらわれないマインドフルネス), 다이와쇼보, 2019

난이도 ★★

화가 날 때는 지금 자신이 화가 났다는 사실을 인식해야 한다. '지금 여기'에 집중하는 것이
바로 마음 챙김이다. '지금 나는 화났어'라는 사실을 인식하려고 해도 잘 되지 않을 수 있다.
그런 사람은 이 책에서 소개하는 하루 10초 마음 챙김 훈련을 따라 해 보자. 평소 화나지 않
은 상태에서 '지금 여기'에 집중하는 연습을 해 두면 어느 날 분노, 긴장, 짜증 같은 부정적
감정이 일어나더라도 냉정하게 자신을 관찰하고 통제할 수 있다.

마음 건강 05 　기분 나쁜 일을 잊는 방법

우에니시 아키라(植西聰), 《잊고 싶은 일을 잊는 연습》(忘れたいことを忘れる練習), 포레스트슛판, 2015

난이도 ★★

기분 나쁜 일을 잊는 방법과 비슷한 내용을 다루는 책을 열 권 이상 연구했지만 싫은 기억을
한순간에 지우는 방법은 좀처럼 찾기 힘들었다. 어쩌면 당연하다. 그렇게 편리한 방법이 있
을 리가 없다. 하지만 싫은 기억에 사로잡히지 않고 사는 방법은 있다. 바로 이 책에서 그에
관한 아흔 가지 요령을 소개한다. 깔끔하게 포기하기, 집착 버리기, 받아들이기, 감사하기,
무언가에 열중하기 같은 연습을 반복하다 보면 싫은 기억에 사로잡히거나 휘둘리지 않고 살
아갈 수 있다.

영화 〈쓰레가 우울증에 걸려서〉(ツレがうつになりまして。)

난이도 ★

머릿속 생각만으로 우울증이 어떤 병인지 알기는 어렵다. 실제 환자를 본 적이 없으면 자신이 우울증인지 아닌지 판단할 수 없다. 만약 우울증의 이미지를 알고 싶다면 이 영화를 보기 바란다. 우울증에 걸린 남편 곁에서 아내가 함께 우울증을 치유하고 극복하는 이야기다. 초반 30분 동안 우울증의 주요 증상을 알기 쉽게 묘사하고 있다. '나랑 똑같다'라는 생각이 든다면 우울증을 의심해 보자. 영화의 원작이 된 만화 《남편이 우울증에 걸렸어요》(호소카와 덴텐, 양억관 옮김, 한스미디어, 2007)를 읽어도 좋다.

마음 건강 07   마음의 병에 대처하는 방법

다지마 오사무(田島治) 감수, 《좀처럼 낫지 않는 난치성 우울증을 낫게 하는 책》
(なかなか治らない難治性のうつ病を治す本), 고단샤, 2019

난이도 ★

우울증을 위한 생활 요법, 요양법, 마음가짐에 대해 당사자인 환자도 가볍게 읽고 이해할 수 있도록 쉽게 쓰인 책은 의외로 많지 않다. 이 책에는 좀처럼 병이 낫지 않아 고민하는 환자가 직접 할 수 있는 일, 해야 할 일이 일러스트와 함께 정리되어 있다. 병이 잘 낫지 않아서 고민하는 지금의 심리를 스스로 이해하고 대처한다는 점이 좋다. 기본적이면서도 꼭 필요한 지식을 두루 다루었다. 기본 지식을 아느냐 모르느냐에 따라 증상이 호전되는 정도가 크게 달라진다. 우울증 외에 다른 마음의 병에도 도움이 되는 책이다.

마음 건강 08   발달 장애가 의심된다면

쓰시마 요이치로(對馬陽一郎), 야스오 마사미(安尾真美), 하야시 야스아키(林寧哲),
《발달 장애를 가진 사람이 사내 인간관계에서 곤란을 겪지 않기 위한 책》
(発達障害の人が会社の人間関係で困らないための本), 슈에이샤, 2018

난이도 ★★

진짜 문제는 발달 장애로 진단받았는지 여부가 아니라 발달 장애 관련 증상 때문에 직장에서 일하거나 인간관계를 꾸리는 데 어려움을 겪는다는 점 아닐까. 그런 사람은 대처법을 배워야 한다. 발달 장애 진단을 받은 사람을 위한 대처법은 발달 장애 특징을 지닌 사람에게도 도움이 된다. 대처법을 익히고 발달 장애 관련 증상을 단점이 아닌 장점으로 바꾸는 것이 중요하다. 이 책에는 직장에서 맞닥뜨리는 상황별 대처법을 구체적으로 다루고 있으므로 바로 도움이 될 것이다.

사토 에미(佐藤恵美), 《만약 부하 직원이 발달 장애라면》(もし部下が発達障害だったら),

디스커버21, 2018

난이도 ★★

발달 장애 당사자뿐 아니라 고용주나 관리직도 발달 장애를 지닌 사람을 어떻게 대하는지 알아 두면 좋다. 관리직을 대상으로 발달 장애에 대처하는 방법을 다룬 이 책 한 권만 읽어도 웬만한 문제에는 대처할 수 있다.

마음 건강 09 ▶ 나는 혹시 HSP일까?

다케다 유키, 전경아 옮김, 《너무 신경 썼더니 지친다》, 미래지향, 2020

난이도 ★

HSP에 대처하는 방법을 알고 싶다면 이 책을 추천한다. HSP를 '섬세한 사람'이라고 부르기 때문에 질병 같다는 느낌이 들지 않는다. 오히려 매력적인 특징을 지닌 사람처럼 다루면서 HSP를 적군이 아닌 아군으로 보는 관점이 좋다. 심리 카운슬러인 저자 자신도 HSP라서 그들의 고충을 잘 안다. HSP의 눈높이에서 자기 나름대로 시행착오를 거쳐 가며 발견한 실천적인 대처법을 소개하므로 바로 활용할 수 있다.

다카노 유(高野優), 《HSP! 자기 취급 설명서, 공감만 실컷 하다가 날이 저물었다》

(HSP! 自分のトリセツ 共感しすぎて日が暮れて), 이치만넨도숫판, 2019

난이도 ★

'나는 HSP인 것 같아'라는 생각에 침울해지는 사람이 있다. 그런 이들에게는 이 책을 추천한다. 다채로운 색감의 만화가 가득해서 바라보기만 해도 기분이 밝아진다. 'HSP는 그다지 고민할 일이 아니니 '나'라는 사실을 깨닫은 것이나, 민감한 사실과 잘 지내는 방법을 매우 알기 쉽게 풀이놓았다.

NHK과학환경방송부(NHK科学環境番組部) 편저,
《NHK 갓텐! 치매를 예방하자! 젊은 뇌로 되돌리는 과학적 비결》
(NHKガッテン! 認知症を防ぐ! 脳若返り科学ワザ), 슈후토세카쓰샤, 2018

난이도 ★

주변의 고령자에게 "치매 예방을 위해 운동합시다"라고 말해도 그들은 좀처럼 따라 주지 않는다. 이런 상황에 놓인 사람들에게 고령자도 읽고 따라 하기 쉬운 이 책을 추천한다. 텔레비전에 방송된 내용이라고 말하면 '그럼 한번 해 볼까' 하는 마음이 들 것이다. 주변 사람이 치매에 걸리면 자신이 간병인이 될 수 있다. 그런 일을 막기 위해서라도 가까운 주변 사람들에게 운동하라고 권하자.

모카(モカ), 다카노 신고(高野真吾), 《12층에서 뛰어내리고 한 번 죽은 내가 전하고 싶은 이야기》
(12階から飛び降りて一度死んだ私が伝えたいこと), 고분샤, 2019

난이도 ★

환자에게 "선생님이 죽고 싶은 사람의 심정을 알 리가 없어요"라는 말을 들은 적이 있다. 진심으로 죽고 싶다고 생각하는 사람에게는 정신과 의사가 쓴 책보다 똑같이 자살을 생각하고 시도했던 사람이 쓴 책이 마음에 더 와닿을 것이다. 저자인 모카는 진심으로 고민하고 괴로움에 몸부림치다가 절망의 나락으로 떨어진다. 우울함에 빠져 아파트 12층에서 뛰어내렸지만 겨우 살아남은 저자는 설득력 있는 말로 우리의 마음 깊은 곳을 파고든다. 지금 죽고 싶다고 생각하는 사람에게도 분명 마음의 울림이 전해질 것이다.

가바사와 시온, 《인생이 잘 풀리는 사람의 감정 초기화 기술》(人生うまくいく人の感情リセット術), 미카사쇼보, 2018

가바사와 시온, 신찬 옮김, 《하루 5분, 뇌력 낭비 없애는 루틴》, 매일경제신문사, 2020

가바사와 시온, 전경아 옮김, 《아웃풋 트레이닝》, 토마토출판사, 2019

구노 도루(久能徹), 마쓰모토 게이키(松本桂樹) 감수, 《심리학 입문》(心理学入門), 나쓰메샤, 2002

나카노 아키라(中野明), 《쉽게 배우는 아들러 심리학》(アドラー心理学がよくわかる本), 슈와시스템, 2019

니시노 세이지(西野精治), 《수면 장애, 현대의 국민병을 과학의 힘으로 극복하다》(睡眠障害 現代の国民病を科学の力で克服する), 가도카와, 2020

대니얼 골먼, 한창호 옮김, 《EQ 감성지능》, 웅진씽크빅, 2008

마키타 젠지, 전선영 옮김, 《식사가 잘못됐습니다》, 더난출판사, 2018

매슈 워커, 이한음 옮김, 《우리는 왜 잠을 자야 할까》, 열린책들, 2019

미즈시마 히로코(水島広子), 《스스로 할 수 있는 대인관계 요법》(自分でできる対人関係療法), 소겐샤, 2004

사이토 이사무(齊藤勇), 《인간관계 심리학》(人間関係の心理学), 나쓰메샤, 2002

수전 포워드, 도나 프레이지어, 김보경 옮김, 《이 세상 모든 엄마와 딸 사이》, 푸른육아, 2020

시부야 쇼조, 한주희 옮김, 《심리학 아는 척하기》, 팬덤북스, 2019

아리타 히데호(有田秀穂), 《뇌 스트레스를 없애는 기술》(脳からストレスを消す技術), 선마크슛

판, 2013

아리타 히데호(有田秀穗),《아침 5분, 머릿속 세로토닌 단련법》(朝の5分間　脳内セロトニン・トレーニング), 간키슛판, 2005

에이미 커디, 이경식 옮김,《자존감은 어떻게 시작되는가》, 알에이치코리아, 2017

오시마 노부요리, 나지윤 옮김,《무시했더니 살 만해졌다》, 미래타임즈, 2019

일본 신경학회, 치매 질환 진료 가이드라인 작성 위원회(日本神経学会,「認知症疾患診療ガイドライン」作成委員会),《치매 질환 진료 가이드라인 2017》(認知症疾患診療ガイドライン 2017), 의학서원, 2017

일본 정신신경학회(日本精神神経学会) 감수,《DSM-5 정신 질환 진단·통계 매뉴얼》(DSM-5 精神疾患の診断・統計マニュアル), 이가쿠쇼인, 2014

존 레이티, 리처드 매닝, 이민아 옮김,《맨발로 뛰는 뇌》, 녹색지팡이, 2016

톰 버틀러 보던, 이시은 옮김,《짧고 깊은 철학 50》, 흐름출판, 2014

가와카미 노리토(川上憲人), 정신 질환 유병률에 관한 대규모 연구(일본인 5000명 대상)

마이내비뉴스, 일은 재미있는가(300명 대상)

마이내비우먼, 의욕에 관한 조사(390명 대상)

미국 국립 보험 연구 기구, 운동 습관에 관한 조사

미시마 가즈오(三島和男), 수면의 도시 전설을 파헤치다, 내셔널지오그래픽 일본어판

세계 보건 기구(WHO), 최소 권장 운동량에 대한 가이드라인

세콤 주식회사, 노후의 불안에 관한 의식 조사(20세 이상, 500명 대상)

아사히 홀딩스 아오야마 해피 연구소, 긴장에 관한 조사(1579명 대상)

에듀내비, 발달 장애에 관한 조사(초중고생 자녀를 둔 보호자 300명 대상)

오치노 종합 연구소, 일에 관한 설문 조사(20~69세 노동자 1106명 대상)

요메슈, 한창 일할 세대의 위장 질환과 피로에 관한 조사(30~49세 비즈니스 리더 1000명 대상)

유엔(UN), 2019년 세계 행복 보고서(156개국 대상)

일본 경제 단체 연합회, 2019년 노동 시간 실태 조사(276 기업 대상)

일본 경제지 PRESIDENT, 질투에 관한 설문 조사(1000명 대상)

일본 내각부, 2013년 일본을 포함한 7개국의 만 13~29세를 대상으로 실시한 의식 조사

일본 뉴스 사이트 시라베(しらべぇ)에서 실시한 조사

기억에 관한 조사(10~60대 남녀 1733명 대상)

소중한 사람에게 배신당한 경험이 있는가?(10~60대 남녀 1653명 대상)

스스로에게 자신이 없다(10~60대 남녀 1721명 대상)

아무에게도 미움받고 싶지 않은가?(20~60대 남녀 1357명 대상)

자신의 의사에 관한 조사(20~60대 남녀 1357명 대상)

재산에 관한 조사(20~60대 남녀 1361명 대상)

정말 신뢰할 수 있는 동료가 있는가?(10~60대 남녀 1732명 대상)

최근 들어 화를 참기가 어렵다(10~60대 남녀 1733명 대상)

타인과의 비교에 관한 조사(20~60대 남녀 1537명 대상)

하루하루가 즐겁지 않다고 생각한다(10~60대 남녀 1378명 대상)

일본 시마네 현립 간호 단기 대학, 사생관의 차이에 관한 조사(20세 이상 269명 대상)

일본 재단, 2016 자살 의식 조사(20세 이상 남녀 4만 436명 대상)

일본 후생노동성 연구팀, 자살 전에 죽고 싶다는 마음을 누군가에게 전했는가?(자살 시도자 1516명, 자살자 209명 대상)

일본 후생노동성 정책, 건강 일본 21

일본 후생노동성, 2002년 보건 복지 동향 조사 현황 중 '운동을 시작하지 못하는 이유'에 관한 조사

일본 후생노동성, 2016년 국민 건강·영양 조사 중 '운동 습관이 있는 사람'에 관한 조사

일본 후생노동성, 2018년 국민 건강·영양 조사

일본 후생노동성, 21세기 출생아 종단 조사(2만 명 대상)

㈜ACCS컨설팅, 신규 졸업 채용 1년 차의 일에 대한 의식 조사(515명 대상)

주식회사 내일의 팀, 중소기업 인사 평가 관련 고민 및 과제에 관한 조사(1200명 대상)

주식회사 에자키글리코, 업무 중 휴식 시간에 관한 의식과 실태 조사(20~50대 남녀 800명 대상)

주식회사 할멕, 간병에 관한 조사(50~79세 여성 400명 대상)

2014년 후생노동성 과학 연구비 보조금 특별 연구 사업, 일본 치매 고령자 인구에 관한 미래 전망

ASMARQ, SNS 피로에 관한 조사(1000명 대상)

ASMARQ, 일에 관한 설문 조사(20~49세의 정규직 300명 대상)

Basement Apps, 상사는 신뢰할 수 있는 사람인가?

d's JOURNAL 편집부, 퇴사 이유 및 협상의 속내에 관한 조사 2019(298명 대상)

en Japan, 불언에 관한 조사(1만 207명 대상)

en Japan, 직장 내 인간관계에 관한 설문 조사(엔 전직 이용자 1만 776명 대상)

en Japan, 퇴사의 계기(엔 전직 이용자 8668명 대상)

Feely, 업무를 습득하지 못하는 이유(100명 대상)

INTERWIRED, 다이어트에 관한 설문 조사(4225명 대상)

LinkedIn, 일로써 실현하고 싶은 기회에 관한 조사(22개국 3만 570명 대상)

MACROMILL, 인공 지능(AI)에 관한 조사 2018(20~49세 노동자 1000명 대상)

SMBC CONSUMER FINANCE, 30~40대의 금전 감각에 대한 의식 조사 2019(30~49세 1000명 대상)

TOKYO FM 'Skyrocket Company', 사회인 의식 조사 중 '결단력이 있는가?'에 관한 조사